高速铁路
轨道巡检智能技术与系统

李清勇　刘　洋　彭文娟　著

本书受以下课题资助：

- 国家自然科学基金面上项目“面向不平衡样本的表面缺陷视觉检测方法研究”（项目批准号：62276019）。
- 北京市自然科学基金–丰台轨道交通前沿研究联合基金项目“基于大模型的轨道交通基础设施缺陷检测方法研究”（项目编号：L231019）。
- 中央高校基本科研业务费专项资金“高速列车关键结构可靠性提升与健康服役技术”（项目批准号：2022JBQY007）、“轨道缺陷的视觉感知、表示和识别方法”（项目批准号：2023JBZY037）。

科学出版社

北　京

内 容 简 介

高速铁路作为国家重要基础设施、国民经济大动脉和大众化运输方式，对社会经济发展有着不可替代的支撑作用。轨道是高速铁路系统的重要基础设施之一，其智能运维是智能高速铁路发展的重要组成部分。本书聚焦高速铁路轨道视觉巡检业务需求和人工智能前沿技术，系统地介绍基于计算机视觉的钢轨伤损检测技术和系统。首先，以无砟轨道为例介绍轨道的基本结构和常见的钢轨表面伤损；然后，按照钢轨表面伤损检测技术的特征，将主流检测技术划分为前景模型、背景模型、矩阵分解模型和深度学习模型四个类别，并分别详细阐述这四个类别的代表性模型与算法；最后，介绍基于虚拟仿真技术和生成式人工智能技术的轨道视觉巡检虚拟仿真系统，并展望基于大数据、大模型的下一代轨道巡检技术。

本书可供轨道交通、人工智能等领域科研人员、工程技术人员参考，也可供高等院校交通运输、物联网工程和人工智能等相关专业的高年级本科生、研究生阅读。

图书在版编目（CIP）数据

高速铁路轨道巡检智能技术与系统 / 李清勇，刘洋，彭文娟著. 北京 : 科学出版社, 2025. 5. -- ISBN 978-7-03-082089-1

Ⅰ. U238-39

中国国家版本馆 CIP 数据核字第 2025E4U193 号

责任编辑：王 钰 杨 昕 杜可欣 / 责任校对：赵丽杰

责任印制：吕春珉 / 封面设计：东方人华平面设计部

科学出版社 出版

北京东黄城根北街 16 号

邮政编码：100717

http://www.sciencep.com

北京中科印刷有限公司印刷

科学出版社发行　各地新华书店经销

*

2025 年 5 月第 一 版　开本：787×1092 1/16

2025 年 5 月第一次印刷　印张：13 1/4

字数：311 000

定价：128.00 元

（如有印装质量问题，我社负责调换）

销售部电话 010-62136230　编辑部电话 010-62138978-2032

前　言

中国高速铁路已发展成为世界上运营里程最长、商业运营速度最快和运行环境最复杂的高速铁路网络，高速铁路成套技术已经出口“一带一路”共建国家，中国高速铁路已成为国家智能制造的亮丽名片。轨道基础设施服役状态检测是保障高速铁路列车运营安全的重要手段，轨道视觉巡检是其中的重要内容。随着物联网、大数据、人工智能等新一代信息技术的发展，智能高速铁路成为高速铁路进一步发展和演变的方向，基于人工智能的轨道基础设施智能运维成为学术界和铁路行业关注的热门交叉课题。

随着高速铁路运营里程增长、速度提高及密度增大等，轨道基础设施状态逐渐由新转旧，随之而来的安全维护将是当前高速铁路管理的重中之重。传统的人工巡检不仅成本高、效率低，且检测结果极大地依赖巡检工人的经验和责任心。另外，当前轨道的养护维修大都采用“计划修”模式，检测和维修按照固定周期进行，过修和欠修现象严重，造成较大的财力、物力浪费。针对轨道检测的业务需求，各种新型检测技术不断涌现，如超声探伤、涡流检测、漏磁检测和视觉检测等，均产生了积极的效果。近年来，视觉检测技术在检测速度、准确性和可视化等方面的优势，得到了高度重视和广泛研究。作者在从事轨道基础设施智能运维的长期科学研究中，深刻体会到视觉检测在高速铁路运维中的重要地位，并体现在作者和合作者发表于国际权威和著名期刊的一系列论文中。为了系统性地向读者介绍高速铁路轨道视觉巡检的相关技术和研究体会，特著此书，以飨读者。

本书共 8 章。第 1 章简要介绍高速铁路、人工智能和智能高速铁路的基本概念和框架体系。

第 2 章介绍高速铁路轨道结构、钢轨表面伤损类型，以及经典的无损检测技术，为读者奠定高速铁路和轨道线路等方面的基础知识。

第 3 章～第 7 章系统阐述轨道巡检的四大技术路径：前景模型、背景模型、矩阵分解模型、深度学习模型，以及轨道视觉巡检虚拟仿真实验系统。具体如下。

基于前景模型的伤损检测方法：钢轨表面伤损在图像上表现为灰度、纹理与背景不一致的区域，但是其特征简单、形态多样，而且易受噪声的影响，传统图像分割方法难以胜任相关工作。第 3 章介绍基于投影轮廓的伤损检测模型和基于比例强化最大熵的伤损检测模型，这两种方法受生物视觉系统的对比度敏感性启发，提出基于对比度的伤损增强方法，使得伤损前景与背景显著区分。另外，第 3 章还提出由粗到精的多尺度伤损检测模型，它按照子图像、区域和像素三个尺度分别对伤损进行建模分析，获得了优异的识别效果。

基于背景模型的伤损检测方法：伤损背景，即轨道图像，本质上是纹理一致性强的灰度图，特别地，在行车方向上的一致性更加稳定，伤损是对这种一致性的破坏。相应地，第 4 章从背景建模切入设计有效的伤损检测模型，提出基于层次提取器的伤损检测模型和基于背景统计特征的伤损检测模型。前者利用灰度特征空间中簇的结构信息和伤损区域的空间位置先验，实现了伤损与背景的有效分离；后者随机性策略建模背景分布，在确保模型稳定性和鲁棒性的同时显著提升了计算效率，实现了实时在线伤损检测。

基于矩阵分解模型的伤损检测方法：钢轨伤损隐含一种本质属性，即稀疏性。伤损在运维良好的线路上发生概率低，伤损区域在单张图像中占比一般比较小，从数学角度上讲，轨道图像是稀疏、低秩的。因此，第 5 章提出基于稀疏表示的伤损检测方法和基于矩阵重建的伤损检测方法。此类方法将伤损图像建模为图像背景、伤损目标和噪声的叠加，然后应用稀疏、低秩等正则化约束进行矩阵分解，实现伤损和背景的分离。此类方法数学定义优美完备，为通用的工业视觉异常检测提供了新思路。

基于深度学习模型的伤损检测方法：深度学习在计算机视觉领域大放异彩，该技术也适用于钢轨表面伤损检测。但是，轨道巡检系统伤损样本少，深度学习方法面临标注样本的限制。因此，第 6 章首先设计基于数字孪生的模拟数据生成方法，基于钢轨的三维数字模型和商业 3D 软件自动生成钢轨伤损图像，并用于训练深度神经网络。为了提高模拟数据在真实场景中的适用性，第 6 章依次介绍基于域对齐的伤损检测方法和基于域适应的伤损检测方法，综合利用模拟伤损图像和实际巡检图像来训练深度学习模型，取得显著的检测性能。

轨道视觉巡检虚拟仿真实验系统：第 7 章介绍基于虚拟现实和生成式人工智能等技术的轨道视觉巡检虚拟仿真实验系统。该系统通过虚拟仿真封闭、高危、高成本、高消耗的高速铁路线路实践场景，模拟视觉巡检过程，实现 3 种创新型实验：传感器原理虚拟仿真实验、轨道视觉巡检虚拟仿真实验和轨道伤损识别虚拟仿真实验，展示其在“交通+AI”复合型人才培养方面的应用潜力。

第 8 章展望基于大数据、基于大模型的下一代轨道巡检技术。

在本书成稿及修订过程中，作者所在实验室的博士生甘津瑞、王建柱、俞浩敏，硕士生黄祺隆、崔文凯等人参与多次讨论，提出一些很好的想法，在此对他们表示深深的感谢。同时感谢铁道科学研究院任盛伟博士、戴鹏博士、王胜春博士等同行专家的支持和帮助。

本书源自作者多年教学和科学研究工作的成果，感谢国家自然科学基金面上项目“面向不平衡样本的表面缺陷视觉检测方法研究”（项目批准号：62276019），北京市自然科学基金—丰台轨道交通前沿研究联合基金项目“基于大模型的轨道交通基础设施缺陷检测方法研究”（项目编号：L231019）；中央高校基本科研业务费专项资金“高速列车关键结构可靠性提升与健康服役技术”（项目批准号：2022JBQY007）、“轨道缺陷的视觉感知、表示和识别方法”（项目批准号：2023JBZY037）等课题的资助。

囿于作者的理解水平和能力，不妥之处在所难免，敬请广大同行和读者不吝赐教，以便再版时补充和修改。

李清勇

2024 年 8 月于北京交通大学

目　　录

第1章 绪　论

高速铁路（high speed railway，HSR）与人工智能（artificial intelligence，AI）作为现代科技发展的两个重要方面，近年来都获得了飞跃式发展。当高速铁路与人工智能结合时，便诞生了“智能高速铁路”理念和技术体系。智能高速铁路利用 AI 技术提升高速铁路系统的智能化水平，包括但不限于智能建造、智能装备、智能运营等多个方面。这不仅能够提高高速铁路的运行效率和服务质量，还能够进一步增强其安全性。本章旨在探讨高速铁路和人工智能两者的基本概念及其相互间的融合——智能高速铁路的发展情况。

1.1 高速铁路概述

自 1825 年英国修建了世界第一条铁路以来，铁路由于运输效率高的优点，在很长一段历史时期内都是各国交通运输的骨干力量。从 20 世纪 50 年代开始，公路和航空运输迅速发展，铁路在速度上居于劣势，长途客运受航空运输冲击，短途客运被公路运输取代，铁路进入“夕阳产业”的被动局面。然而，20 世纪 70 年代以后，交通受能源危机、环境恶化、运输安全等问题的困扰，人们重新认识到铁路的价值。特别是高速铁路以其速度快、运能大、能耗低、污染轻等一系列的技术优势，适应了现代社会经济发展的新需求。

高速铁路是指设计标准等级高、可供列车安全高速行驶的铁路系统，简称高铁。高速铁路在不同国家、不同时代及不同的科研学术领域有不同的定义。1964 年建成通车的日本东海道新干线是世界上第一条正式的高速铁路，其连接日本三大都市圈，即东京、名古屋和大阪，设计速度为 200 km/h。1983 年，法国建成欧洲第一条高速铁路（TGV[①]东南线），它连接巴黎和里昂，最高运营速度为 270 km/h；法国后来陆续修建了大西洋线、北方线、地中海线、巴黎东部线等高速铁路，形成了一个以巴黎为中心、辐射法国全境的 TGV 高速铁路干线网络。中国国家铁路局 2014 年颁布的《高速铁路设计规范》（TB 10621—2014）将高速铁路定义为新建设计速度为 250～350 km/h，运行动车组列车的标准轨距客运专线铁路。2004 年，国务院批准实施《中长期铁路网规划》。2016 年 7 月 13 日，国家发展改革委、交通运输部、中国铁路总公司联合印发《中长期铁路网规划》，规划期为 2016—2025 年，远期展望到 2030 年。

1.1.1 高速铁路技术体系

日本、法国、德国的高速铁路建设和发展比较早，高速铁路技术在历史上形成以日、法、德 3 个技术原创国为代表，适合各自国情和发展状况的技术体系。中国铁路在运输

① TGV 是法语 Train à Grande Vitesse 的简称，表示“高速铁路”。

组织、路网结构、轨下基础、谐振式无绝缘轨道电路制式等方面与国外高速铁路存在差异，没有照搬任何一国的技术体系，而是立足自我，充分利用多年来积累的技术储备，学习和借鉴国外铁路高速客运的经验，加强包括原始创新、集成创新和引进消化吸收再创新在内的全面创新，系统设计，系统集成，构建了具有中国特色和世界一流水平的高速铁路技术体系。高速铁路技术体系包括工务工程、牵引供电、通信信号、动车组、信息系统、运用维修六大系统，每个系统又包含了若干个子系统，体系框图如图 1.1 所示[1-2]。

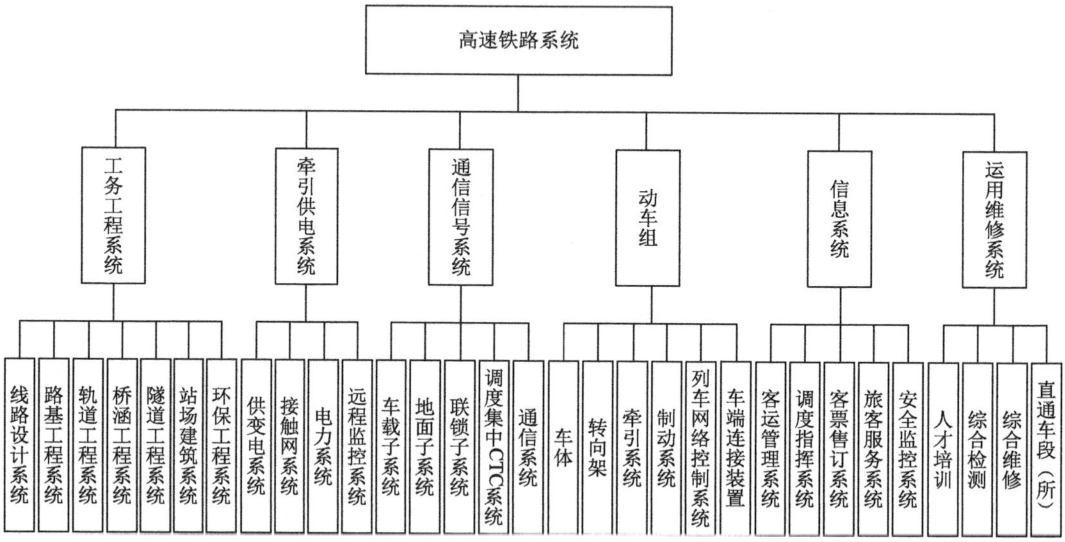

图 1.1　高速铁路的技术体系框图

1）工务工程系统

工务工程系统一般包括线路设计系统、路基工程系统、轨道工程系统、桥涵工程系统、隧道工程系统、站场建筑系统、环保工程系统等子系统。在线路技术方面，中国高速铁路采用基床、无碴轨道、无缝道岔、跨区间超长无缝线路等技术，提高了轨道平顺性、刚度均匀性，大幅减少了维修工作量，保证了行车安全，满足了旅客舒适度的要求。同时，为了解决与既有公路、道路立体交叉，节约土地资源，减少拆迁工程数量，控制无碴轨道铺设完工后的沉降等问题，中国高速铁路根据地形、地貌、地质情况广泛建设高架线，以桥代路。经过多年的技术攻关和试验研究，中国铁路制定了时速 250～350 km 的铁路线路设计规范［即《高速铁路设计规范》（TB 10621—2014）］对国内外先进的无碴轨道、扣件和高速道岔技术进行系统集成、创新、国产化，建立了中国高速铁路工务工程的技术体系。

2）牵引供电系统

牵引供电系统一般由供变电系统、接触网系统、电力系统、远程监控系统等构成。国家电网的外部电源接入变电所，通过接触网为高速列车供电。监控与数据采集（supervisory control and data acquisition，SCADA）系统实现远程监测、控制与调节，实现保护、控制一体化和越区供电。中国高速铁路普遍采取综合接地、防雷、融冰雪技术，满足免维护、少检修、抵御自然环境侵害的要求。时速 350 km 的线路采用不断电过分相技术，即通过地面和车载装置，实现列车瞬间通过无电区的系统控制，切换时间 0.3 s 左右，高速列车动力丢失少，长距离运行节能效果非常明显，大幅缩短了运行时间。高速接触网在明线、隧道、桥梁等复杂工程和不同气候条件下采用简单链形悬挂技术。中国高速铁路运用国内外先进的牵引供电技术，进行系统集成，全面实现设计速度 350 km/h 牵引供电系统的国产化，构建具有自主知识产权的高速铁路牵引供电系统技术平台。

3）通信信号系统

通信信号系统包括车载子系统、地面子系统、联锁子系统、调度集中（centralized traffic control，CTC）系统和通信系统等模块。高速铁路通信信号系统以传输及接入、电话交换、数据网、全球移动通信系统-铁路（global system for mobile communications-railway，GSM-R）专用移动通信等设备为基础，建立调度、会议电视、救援指挥、动力环境监控和同步时钟分配等通信系统，将有线和无线通信有机结合起来，实现话音、数据、图像、列车控制信号的传输。列车控制系统（简称列控系统）是确保列车行车安全的控制系统，中国高速铁路采用中国列车控制系统（China train control system，CTCS）系列技术。时速 300～350 km 的高速铁路线路一般应用 CTCS-3 列车控制系统作为技术平台，兼容 CTCS-2 列车控制系统。CTCS-3 采用 GSM-R 无线通信传输列车控制信号，包括两个关键装备：地面的无线闭塞中心（radio block center，RBC）系统和车载的列车自动防护（automatic train protection，ATP）系统。RBC 系统是基于无线通信的计算机控制系统，根据列车位置情况、运行情况、线路情况、调度命令及进路状态向所管辖区内的所有列车发出列车运行许可和列车控制信号，实现列车“该走的时候走，该停的时候停”。ATP 系统是确保列车运行速度不超过目标速度的安全控制模块，连续不间断地对列车实行速度监控，实现超速防护。

4）动车组

动车组是指列车由若干带动力的车辆（动车）和不带动力的车辆（拖车）组成，列车在正常使用期限内以固定编组模式运行。动车组主体构造包括车体、转向架、牵引系统、制动系统、车端连接装置、受流装置（电动车组）、车厢内部设备和驾驶室设备、列车网络控制系统等，以及其他细节硬件和软件设备，并集成了机械、电子、新型材料和计算机等诸多现代科学技术。2004 年，中国引进德国、日本等国的高速动车组技术，在消化吸收再创新的基础上，生产出了“和谐号”系列高速动车组，满足了百姓高效出行的需要。然而，“和谐号”动车组基于不同国家的技术平台研制而成，标准不统一，不能互联互通，难以互为备用，运营和维修成本较高。因此，2012 年由中国铁路总公司主导，中国铁道科学研究院技术牵头，中国中车所属企业设计制造，开展了中国标准动车组设计研制工作。2016 年 7 月 1 日至 15 日，中国标准动车组在郑州至徐州高速铁路上成功进行了综合试验，完成了中国标准动车组提速试验、交会试验和重联试验，最高速度均达到 420 km/h，创造了动车组在实际运营环境和条件下的世界最高运行速度。2017 年 2 月 25 日 10 点 33 分，G65 次列车驶出北京西站，运行于京广高速铁路，标志着中国自行设计研制的、拥有全面自主知识产权的中国标准动车组样车正式上线运营。2017 年 6 月 25 日，中国标准动车组被正式命名为“复兴号”。新一代标准动车组“复兴号”集成了大量现代国产高新技术，牵引、制动、网络、转向架、轮轴等关键技术实现重要突破，是中国科技创新的又一重大成果。

5）信息系统

信息系统包括客运管理系统、调度指挥系统、客票售订系统、旅客服务系统、安全监控系统等多个子系统。信息化是现代化的基础，没有信息化就没有高速铁路的现代化。高速铁路信息化广泛利用现代通信和信息技术，构建技术先进、功能完善、经济适用、安全可靠的高速铁路信息系统，实现调度指挥智能化、客货营销社会化、经营管理现代化，为提高运输效率、扩大运输能力、优化资源配置、保障运输安全、改进服务质量、提升管理水平、提高经济效益提供支撑。现代高速铁路是一个复杂的物理信息系统，信息采集、加工、传递是高速铁路系统运转的重要方面。车辆管理、供电管理、旅客服务、综合维修等业务主要是通过车辆维修管理系统、供电系统、客运服务系统、票务系统、综合维修作业系统、防灾安全监控系统、通信系统、信号系统、视频监控系统、乘务管理系统、综合检测系统等管理信息系统实现信息共享的，这些信息系统为编制运输计划，实施计划，合理掌握列车运行速度，安排和传递与旅客服务有关的事项，安排设备维修，处置突发事件，进行查询、统计、分析等提供数据和支撑。

6）运用维修系统

运用维修系统包括人才培训、综合检测、综合维修和直通车段/所等要素。高速铁路的维修运用高速综合检测列车、钢轨探伤车和轨道检测车等装备，实现对轨道几何状态、接触网及受流状态、通信信号设备工况、钢轨表面及内部伤损、轨道部件状态、线路限界侵入等的定期检测和临时检测，向调度指挥中心（综合维修系统）、地面维修部门发送信息，并作为制定维修计划和安排综合维修天窗的主要依据。

高速综合检测列车是一种综合检测高速铁路运行线路、接触网、信号等质量达标情况的动车组列车，是“体检列车”，是进行铁路基础设施综合检测的重要技术装备，为动车组运行线路的运营安全评估和指导各铁路局的养护维修提供技术支撑。高速综合检测列车的主要装备包括录像装置、架线间隔测定装置、自动列车控制（automatic train control，ATC）测定装置、列车无线设备测定装置及测定台；轴重横压测定轴、轴箱测定加速度计；轨道高低变位和车辆摇动测定装置、线路状态监视装置、轮重横压数据处理装置和录像装置；架线磨耗偏位高低测定装置、集电状态监视装置、受电弓观测装置；电力测定台、数据处理装置、供电回路测定装置、车次号地面设备测定装置等。

1.1.2 高速铁路安全保障

1. 高速铁路的优势

与传统铁路相比，高速铁路具有以下优势。

（1）输送能力大：输送能力大是高速铁路的主要技术优势之一。高速铁路列车最小行车间隔可达 3 min，列车行车密度可达 20 列/h。

（2）速度快：高速铁路是陆上运行距离最长、运行速度最快的地面交通运输方式，因此速度是高速铁路技术水平的主要标志之一。

（3）安全性好：由于高速铁路在全封闭环境中自动化运行，又配有一套完整的安全保障体系，大幅提高了高速铁路的安全性能。

（4）受气候变化影响小、正点率高：高速铁路受环境气候变化的影响较小，除危及行车安全的自然灾害外，可以全天候运营。同时，高速铁路系统设备的可靠性和较高的运输组织水平，可以做到旅客列车极高的正点率。

（5）舒适便捷：高速铁路线路平顺、稳定，列车运行平稳，振动和摆幅很小。同时，列车车内设施齐全，坐席宽敞舒适，减振、隔音性良好。

（6）能源消耗低：根据有关资料统计，在各种交通运输工具中，高速铁路的平均能耗量最低，平均每人每公里的能耗量为571.2 J。

2. 高速铁路的安全要求

高速铁路虽然具有上述显著特征和优势，但是在安全保障、运输组织和管理一体化、旅客服务三个方面的要求都远高于普速铁路。其中，安全是高速铁路运营的第一要素，其安全性不仅要在规划、设计、建设和验收时给予充分考虑，而且在运营管理中也要不断研究、改进和提高。

（1）高速铁路在设计时，安全性是首先要考虑的因素。在《高速铁路设计规范》（TB 10621—2014）中，安全原则主要体现在以下几个方面。

① 确保铁路运营安全，明确了高速铁路采用动车组列车的原则要求，细化完善了建筑限界图，规定了高速铁路设计采用四新技术（即新技术、新材料、新工艺、新设备）时应符合国家及行业有关准入规定，以及高速铁路设计应加强风险防范措施。

② 综合选线规定了区域地面沉降、冻土地区选线的原则要求，规定了高速铁路采用全封闭、全立交设计。提出了高速铁路与其他铁路、公（道）路及输油、输水、输气管道等设施交叉跨越、并行的有关技术要求。强调了区域地面沉降及邻近线路抽取地下水、深基坑开挖和堆载等外部环境变化对线路的影响。

③ 规定了路基结构应按土工结构物进行设计，具有足够的强度、刚度，基础稳固不下沉，加强了路基排水系统设计，能够保证路基平顺，能经受天寒地冻和雨水冲刷等恶劣气候的考验，保证铁路基础设施长期稳定安全。

④ 桥梁结构规定了梁体竖向挠度、水平刚度、墩台沉降等控制限值标准，实现了对桥梁结构变形的严格控制，保证桥梁足够的强度、刚度、稳定性和耐久性。

⑤ 隧道设计提出了长度大于10 km或地质复杂地段的隧道宜采用单洞单线，规定了隧道防灾救援的原则性技术要求，规定了隧道洞口选址及设置明洞等相关措施，确保各种复杂地质条件下的隧道安全。

⑥ 明确了高速铁路应建立精密测量控制网，确保线下基础设施和轨道铺设要求。规定了轨道结构类型铺设条件、轨道静态铺设精度等标准，保证了轨道结构的高平顺性、高可靠性和高稳定性。

⑦ 针对高速铁路车站特点，明确了体型复杂、重要的站房及跨线设施的结构安全标准，并提出建立结构安全健康监测体系的要求。

⑧ 明确牵引供电和铁路电力系统应采取相应设计措施，具备一定的抗风、雨、雪、

冰等自然灾害的能力；隧道内接触网结构采用预埋固定方式，强调安装基础安全可靠、耐受动载荷、防火、便于调整和接地的要求。

⑨ 强化了信号系统故障导向安全的基本原则，明确采用中国列车控制系统（CTCS）中的 CTCS-2、CTCS-3，以及车站接近锁闭计算长度，车站联锁、列控进路数据应保持一致，联锁、列车控制等关键设备电源回路应采用双回路独立供电的有关规定，确保高速铁路信号系统安全性。

⑩ 规定了高速铁路应设置自然灾害及异物侵限监测系统，对风、雨、雪、地震及异物侵限等灾害进行实时监测，为列车运行安全提供保障。

（2）高速铁路在运营管理中要不断研究、改进和提高安全保障水平，需要建立一套科学的、系统的高速铁路运营安全保障技术系统，确保高速铁路高效运营，最大限度地保障乘客的财产和人身安全。高速铁路安全保障体系主要包括“人一机一物”三大基础要素和管理要素。高速铁路安全保障系统是一个以保障行车安全为目的，以“管理”为中枢、“人”为核心、“机”为基础、“物”为条件所组成的“人一机一物”系统。其中，“人”是指与维护系统安全相关的所有人员，“机”是由人所操控的所有对象的总称（包括固定设备和移动设备），“物”是指人、机共处的工作环境（包括内部环境和外部环境），“管理”是最终的控制手段，使人、机、物之间的相互关系得以协调，并将相关信息反馈给管理信息系统，从而使安全管理方法得以改进，循环往复，趋于完善。

在“人一机一物”系统中，人扮演了重要角色，掌握足够技能的工作人员能够发现并消除系统故障。然而大多数事故的发生都与人相关，都是由于人的不安全行为造成的。在铁路运输工作的每项作业、每个环节中，人控制、操纵、监控各种设备，完成各项操作，使人的因素在整个系统的安全中起着关键的主导作用。影响高速铁路运营安全的人员主要分为以下两类。

① 运输系统内人员，主要指铁路系统各个部门的各级领导、专职管理人员和基层作业人员，这些人员是保证铁路运输安全的关键人员。

② 运输系统外人员，主要指旅客、货主、铁路沿线居民、机动车驾驶员等。系统外人员对安全的影响主要表现在两个方面：首先，旅客携带违禁“三品”上车而引发事故；其次，铁路沿线人员违反铁路安全法规，偷盗通信器材、破坏线路安全屏障、拆卸铁路设备和在线路上放置障碍物等，这些违法行为会导致安全事故发生。

3. 高速铁路安全的关键因素与技术

高速铁路相关设备是决定高速铁路运营安全与否的另一个重要因素，设备的良好状态是保证运输安全的重要因素。影响高速铁路运营安全的设备因素主要指相关设备的安全性能，包括设计安全性和使用安全性。设计安全性指设备的可靠性、可操作性、可维修性等。设备在投入使用的初始阶段，可靠性一般较高，经过一段时间的运转后，由于磨损、老化、生锈等原因，其可靠性会逐渐降低，且随着时间的推移，最后必然会发生故障。可操作性是指设备在使用过程中易于操作和控制的特性，确保操作人员能够高效、安全地使用设备，关键要素包括操作界面、操作流程和技术培训等。可维护性是指设备在出现故障或需要保养时，易于维修和保养的特性，关键要素包括配件的标准化、故障诊断技术和备件管理等。因此，从安全角度考虑，相关工作人员应充分了解设备的可靠性，保证其得到及时修理或更换。使用安全性包括设备的运行时间、维护保养情况等。设备运行时间越短，即设备越新，其使用安全性越好；设备维修保养得越好，其使用安全性也越好。

影响高速铁路运营安全的环境因素分为内部环境因素和外部环境因素。铁路运输系统是一个复杂、庞大的系统，内部环境由系统工作人员、系统硬件、组织机构等部分构成，它们相互作用、相互影响、相互制约。外部环境包括自然环境和社会环境。自然环境是指自然界决定的且人在短时间内难以改变的生态环境，其对运输安全有很大影响，如洪水、风沙、暴雨、地震及泥石流等自然灾害会威胁高速铁路运营安全。社会环境是指影响交通运输安全的当地社会生活和生产状态，如经济发展和人员流动状况等。

影响高速铁路运营安全的管理因素较多，主要有安全组织、安全法制、安全教育、安全信息、安全资金等。高速铁路运输安全管理是指为了最大限度地减少或者消除运输事故及由事故造成的损失而采取的一切控制行为。具体而言，它是指参与管理的人员按照一定的客观规律，对系统内的各种资源进行合理的计划、组织、指挥、协调和控制，从而达到减少或消除事故的目的。管理具有计划、组织、指挥、协调、控制的功能，可以使人、设备、环境等其他要素组成一个协调统一的大系统。从表面上看，造成事故的直接因素是人、设备、环境，但管理才是最根本的因素，因为其他三个要素都是受管理支配的，管理对运输安全至关重要。

高速铁路运营安全保障技术是以保障高速铁路运营安全为总体目标，结合线路自身的特点，以运营安全相关的固定设施、移动设备等为检测、监控和管理对象，以先进、成熟、经济、适用、可靠的信息技术为支撑，以信息系统为管理手段，通过不断集成和创新形成的对高速铁路运营安全态势分析、对可能发生的事故进行预警及事故发生后应急救援的有机整体，以此指导高速铁路运营安全保障的控制、管理和决策工作。高速铁路运营安全保障系统是一个包括多个独立运行并互相补充的集合体，代表性的子系统包括设施装备的监测与在线诊断系统、环境监测与灾害预测预警系统、事故救援和减灾系统等。

（1）设施装备的监测与在线诊断系统。设施装备的监测与在线诊断系统集中对全线的线路、桥梁、信号及相关的控制设备的状态进行综合检测，包括周期性、实时检测等。该系统监测系统运行是否正常、各监测点及车站信息处理中心是否正常工作，确认各种主要设备的技术状态是否完好。建立通信网管监测系统、各专业机房环境监测系统，及时掌握工务、电务设备及其工作环境的状态，合理安排维修，保证系统正常运转，防事故于未然。

（2）环境监测与灾害预测预警系统。环境监测与灾害预测预警系统主要对环境因素进行常规检测，还对可能发生的灾害、突发性灾害等异常事件实施全面、准确、实时的安全监控。各类灾害监测的原始信息经过灾害预测预警模块的数据处理、分析与判断后，根据灾害的性质和级别对运动中的列车实施预警，或限速运行或中止行车，以确保高速列车运行安全。该系统的代表性功能模块包括雨量及洪水监测预警系统、强风监测预警系统、地震监测预警系统等。

（3）事故救援和减灾系统。尽管高速铁路为保证行车安全采取了各种措施，但是仍可能有不可预见的事故发生。因此，除了采取各种防患未然的措施外，还应具备各种应急救援、事故处理、灾后恢复等设备和能力，需要建立一套完备的事故救援和减灾系统。该类系统对减少人员伤亡、减轻事故损失具有非常重要的意义。事故救援和减灾系统的主要功能模块包括应急救援指挥与信息发布系统、预案及事故资料管理系统、应急救援辅助决策系统、救援资源管理系统和应急演练管理系统。

1.1.3 智能高速铁路

高速铁路集现代高新技术于一体，是现代科技革命的重要成果。相比于传统铁路，高速铁路运行速度更快、技术条件更高、故障影响更大、生产节奏更快、环境要求更严，对安全保障、运行效率及服务质量等提出了更高的要求，持续推动高速铁路向着更加自动化、智能化的方向发展。另外，信息技术日新月异，人工智能实现重大突破，新技术进一步加速推进高速铁路向智能高速铁路转型升级。

智能高速铁路广泛应用云计算、大数据、物联网、移动互联网、人工智能、北斗卫星导航系统、建筑信息模型（building information model，BIM）等新技术，综合高效利用资源，实现高速铁路移动装备、固定基础设施及内外部环境信息的全面感知、泛在互联、融合处理、主动学习和科学决策，是实现全生命周期一体化管理的新一代智能化高速铁路系统[3]。智能高速铁路的总体组成可概括为“一核三翼”，即以一个智能高速铁路大脑平台为核心，包含智能建造、智能装备、智能运营三部分。智能高速铁路的总体框架如图 1.2 所示。

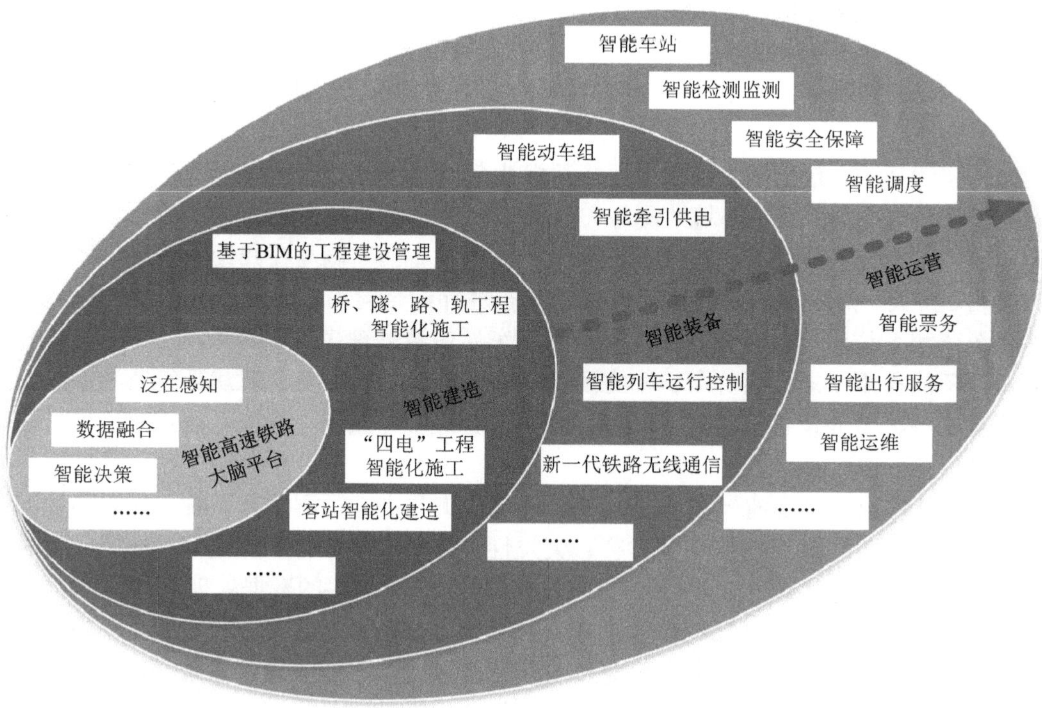

图 1.2 智能高速铁路的总体框架[3]

智能高速铁路大脑平台是实现智能建造、智能装备、智能运营三个复杂系统互联互通、协同互动、有机统一的“神经”中枢，基于智能建造、智能装备、智能运营系统感知获取数据，开展数据的汇聚、治理，建成智能高速铁路大数据资源库，支持开展跨专业、跨行业的多维智能分析，为智能诊断、智能预测、智能决策等提供支持。

智能建造以“BIM+地理信息系统（geographic information system，GIS）”技术为核心，综合应用物联网、云计算、移动互联网、大数据等新一代信息技术，与先进的工程建造技术相融合，通过自动感知、智能诊断、协同互动、主动学习和智能决策等手段，进行工程设计及仿真、数字化工厂、精密测控、自动化安装、动态监测等工程化应用，构建勘察、设计、施工、验收、安质（即安全管理和质量管理）、监督全寿命可追溯的闭环体系，实现建设过程中进度、质量、安全、投资的精细化和智能化管理，推动高速铁路建设从信息化、数字化走向智能化。

智能装备基于全方位态势感知、自动驾驶、运行控制、故障诊断、故障预测与健康管理（prognostics and health management，PHM）等技术，实现高速铁路移动装备及基础设施的自感知、自诊断、自决策、自适应、自修复，实现动车组的自动及协同运行；实现新一代智能化牵引供电和通信体系；实现线路、通信信号、牵引供电等基础设施全生命周期精细化管理及优化配置，保持基础设施的最佳使用状态。

智能运营采用泛在感知、智能监测、增强现实、智能视频、事故预测及智联网等技术，实现智能化出行服务、预测性运营维护、主动性安全防控和智能化经营管理。具体包括：在服务方面，为旅客提供购票、进站、候车、乘车、出站等全环节的自助化、精准化、个性化、智能化全过程出行服务；在运维方面，全面掌握基础设施及移动装备劣化机理及演变规律，以便实现预测性维修；在安全方面，通过高速铁路固定设施、移动装备、运输过程及自然环境等的状态感知，实现设备故障、行车事故趋势预测预警，做到超前防范；在经营方面，准确把握市场需求，科学开展客运产品设计及优化，实现客票价格的动态化、售票组织的智能化、运输收益的最大化。

智能高速铁路的主要特征包括：全面感知、泛在互联、融合处理、主动学习及科学决策等。全面感知是指对铁路运输系统中移动设备、固定设施、自然环境和其他相关要素等进行全面透彻的信息感知。泛在互联是指各类信息进行广泛、深度、安全可信的交互，实现信息的共享。融合处理是指充分利用不同时间、空间的多源、异构传感器数据资源，解决数据的不一致、不完整问题，为综合决策提供充足的依据。主动学习是指积累大量数据和知识，不断迭代，以适应铁路外部市场和环境的变化。科学决策是指基于大数据分析、知识推理等方法，从海量数据中提出决策信息，辅助运营管理和经营决策[4-5]。

智能高速铁路具有典型的智能系统必备的全面感知、泛在互联、融合处理、主动学习和科学决策等特征，为实现上述特征，迫切需要物联网、大数据、云计算、人工智能等新一代信息技术的支撑。

物联网技术是一种依靠传感器、射频识别、无线传感网络等技术，采集高速铁路固定设施、移动设备、外部环境状态等信息，运用智能计算技术对各类信息进行分析处理，实现智能化决策和控制的技术。

大数据技术是解决高速铁路海量内外部信息的采集、汇聚、治理、分析、挖掘等的核心技术，常用于客运组织与服务、运输调度、移动设备和固定设施检修与监测、经营管理等方面，能够有效提升智能高速铁路的数据实时接入、在线计算处理、数据价值挖掘、关联业务分析和辅助决策等能力。

云计算技术具有组件化、虚拟化、服务化的技术特性，为高速铁路业务系统提供集中统一、按需服务、弹性扩展、安全可控的硬件资源，以及平台组件和应用软件的集中服务，促进智能高速铁路业务高度互联协同。

人工智能技术基于大数据和新型高性能计算架构，应用深度学习、机器学习、自然语言处理、跨媒体智能、大数据智能、类脑智能等方法，使高速铁路移动装备和固定设施具有学习、推理、思考、决策等能力。人工智能技术可应用于人脸识别、列车自动控制、非法侵入识别、故障智能诊断、智能语音客服等方面。

1.2 人工智能概述

人工智能是研究、开发用于模拟、延伸和扩展人类智能的理论、方法、技术及应用系统的一门新学科，该领域的研究包括机器人、语言识别、图像识别、自然语言处理和专家系统等。人工智能概念最早可以追溯到古希腊神话中的自动机概念，但作为一个科学领域，其通常被认为起源于 20 世纪 50 年代。1956 年，约翰·麦卡锡（John McCarthy）、马文·明斯基（Marvin Minsky）、克劳德·香农（Claude Shannon）等人在达特茅斯学院组织了夏季研讨会，提出了一个假设：机器能够像人类一样思考和学习，并正式使用了人工智能这一术语。此次研讨会标志着人工智能学科的诞生。历经 60 多年的发展，人工智能技术经历了符号主义、联结主义、行为主义和大模型等重要技术流派。当前，人工智能技术自身持续更新迭代，而且与其他学科深度交叉融合，受到了学术界、工业界和政府管理部门的高度重视。2024 年，诺贝尔物理学奖被授予约翰·J.霍普菲尔德（John J. Hopfield）和杰弗里·E.辛顿（Geoffrey E. Hinton），以表彰他们在人工神经网络与物理学科结合的基础性发现和发明；诺贝尔化学奖被授予大卫·贝克（David Baker）、戴米斯·哈萨比斯（Demis Hassabis）和约翰·M.江珀（John M. Jumper），以表彰他们在蛋白结构预测和基于人工智能技术的蛋白预测系统 AlphaFold 方面的贡献。

1.2.1 符号主义

符号主义学派认为人工智能源于数理逻辑，并试图用符号系统和规则来表示和操作人类的思维过程，如推理、证明、解决问题等。符号主义学派是人工智能的早期和主流学派之一，其代表性成果有专家系统和知识工程等。1956 年，艾伦·纽厄尔（Allen Newell）和赫伯特·西蒙（Herbert Simon）等人研发的“逻辑理论家（logic theorist，LT）”被认为是符号主义学派的首个代表性成果，LT 本质上是一个数学定理证明程序，其证明了《数字原理》（*Principia of Mathematica*）中的 38 条数学定理（后来可以证明全部 52 条定理），充分展示了应用计算机模拟人类智能活动的能力。后来，研究者进一步研发了“通用解题者（general problem solver，GPS）”，其能够解决更为广泛的问题而不需要特定领域的知识。

专家系统是符号主义的另外一个代表性成果，其通过模拟人类专家的推理过程，利用大量的规则和符号来表示知识，完成逻辑推理和问题求解。专家系统可以应用于医疗诊断、金融分析、法律咨询等多个领域，为用户提供专业的建议和决策支持。DENDRAL 系统是 1965 年开发的一个早期专家系统，用于化学结构的推理，其被认为是第一个成功的专家系统，展示了人工智能在科学发现中的潜力。MYCIN 系统是 20 世纪 70 年代开发的一个医疗诊断系统，专门用于血液感染的诊断和治疗建议。MYCIN 系统利用复杂的规则系统，并引入不确定性推理的概念，成为医学人工智能应用的先驱。

1.2.2 联结主义

联结主义认为人工智能源于仿生学，应用人工神经网络和学习算法来模拟人类的大脑结构（神经元的连接）和功能。神经网络研究最早可以追溯到 1943 年沃伦·麦卡洛克（Warren McCulloch）和沃尔特·皮茨（Walter Pitts）提出的神经元模型。1958 年，弗兰克·罗森布拉特（Frank Rosenblatt）提出感知机（perceptron）模型，标志着联结主义的开始。感知机可以被视为一种最简单的前馈式人工神经网络，是一种二分类的线性判别模型，其输入为实例的特征向量（$x_1, x_2,\cdots$），神经元的激活函数 f 为符号函数 sign，输出为实例的类别（+1 或者−1），模型目标是正确判定输入实例的正负类别。1969 年，符号主义代表人物马文·明斯基在其著作《感知机》（*Perceptrons*）中提出对异或（exclusive-OR，XOR）线性不可分的问题：单层感知机无法划分 XOR 原数据，解决这一问题需要引入更高维的非线性网络，但多层网络当时并无有效的训练算法。1986 年，戴维·鲁梅尔哈特（David Rumelhart）、杰弗里·辛顿和罗纳德·威廉姆斯（Ronald Williams）等人发展了保罗·韦伯（Paul Werbos）于 1974 年提出的反向传播（back propagation，BP）算法，使多层感知机的训练成为可能。BP 算法不使用误差本身去调整权重，而是使用误差的导数（梯度）来调整权重。通过误差梯度进行反向传播，更新模型权重，通过下降学习的误差拟合学习目标，从而实现“网络的万能近似功能”的过程。多层感知机（multi-layer perceptron，MLP）是一种典型前馈神经网络，包括输入层、一个或多个隐藏层和输出层。每一层由若干个神经元组成，神经元之间全连接。BP 算法解决了 MLP 深层网络的训练问题，推动了神经网络研究的复兴。

联结主义在人工智能研究中应用广泛，不仅可以用于分类、回归、聚类等基本的机器学习任务，还可以用于生成模型、强化学习等更复杂的任务。此外，联结主义还与其他学派（如符号主义和行为主义）进行交叉融合，形成更加全面和高效的人工智能系统。需要注意的是，尽管联结主义在人工智能领域取得了显著的进展，但是仍然存在一些挑战和限制。例如，神经网络的训练需要大量的数据和计算资源，而且容易出现过拟合和泛化能力不强等问题。

1.2.3 行为主义

行为主义强调行为和刺激之间的关系，将人类的思维过程看作一种条件反射和刺激响应的过程。行为主义学派的早期研究主要关注于构建感知−动作模式的控制系统。这些系统能够通过传感器感知外部环境，并根据感知信息做出相应的动作反应。行为主义学派认为智能行为是通过与环境的不断交互和试错学习来逐渐优化和改进的。布鲁克斯研制的六足行走机器人可以认为是行为主义的最早代表性成果，其被看作新一代的“控制论动物”，是一个基于感知-动作模式模拟昆虫行为的控制系统。

强化学习是一种遵循行为主义原则的机器学习方法，用于训练智能体在某个环境中进行决策，并在与该环境的交互中不断优化其行为，获得某个最大化的奖励信号。在强化学习中，智能体不需要事先了解环境，而是通过不断地尝试和实验，根据环境反馈的奖励信号来学习最优策略。强化学习包含三个基本要素：智能体、环境和奖励信号。智能体通过执行某个行动与环境进行交互，环境会对智能体的行为进行反馈并提供奖励或惩罚信号，智能体根据奖励信号来更新策略，从而不断优化自己的行为。

行为主义学派在人工智能领域的代表产品主要体现在机器人技术和控制系统方面。以下是几个典型的代表产品。

（1）自主导航机器人：这些机器人通过感知环境信息，如障碍物和目标位置，自主规划行动路径并执行导航任务。它们被广泛应用于仓库物流、家庭服务、医疗护理等领域，能够自主完成搬运、清洁、辅助行走等任务。自主导航机器人的核心在于其感知-动作控制系统，这正是行为主义学派所强调的。

（2）无人机控制系统：无人机通过搭载各种传感器和摄像头，能够实时感知周围环境，并根据任务要求进行飞行控制和目标追踪。无人机在航拍、农业植物保护、灾害救援等领域发挥着重要作用，其飞行控制算法和自主决策能力体现了行为主义学派的智能理念。

（3）游戏 AI 角色：在游戏领域，行为主义学派的思想被广泛应用于 AI 角色的设计和控制。通过强化学习等方法，游戏 AI 角色能够学习并优化其行为策略，以更好地适应游戏环境和完成游戏任务。这些 AI 角色在游戏中的表现展示了行为主义在智能模拟方面的潜力。

这些代表产品都体现了行为主义学派的核心思想，即通过感知和行动来实现智能。它们在实际应用中展示了良好的性能和效果，为人工智能领域的发展作出了重要贡献。

1.2.4 深度学习

深度学习是联结主义的一个重要分支，利用深度神经网络模型来处理大规模数据，并通过逐层学习和特征提取来实现复杂的模式识别和智能决策。

卷积神经网络（convolutional neural network，CNN）是一类包含卷积计算且具有深度结构的前馈神经网络，是深度学习的代表算法之一。卷积神经网络模拟生物视知觉的感受野机制，可以进行监督学习和非监督学习，其隐藏层内的卷积核参数共享和层间连接的稀疏性，使卷积神经网络能够以较小的计算量对格点化输入（如像素和音频）进行学习。2012 年，亚历克斯 • 克里泽夫斯基（Alex Krizhevsky）等人开发的卷积神经网络 AlexNet 在 ImageNet 竞赛中取得了压倒性的胜利，卷积神经网络在图像识别和计算机视觉领域取得了巨大的成功。

循环神经网络（recurrent neural network，RNN）是一类以序列数据为输入，在序列的演进方向进行递归计算，且所有节点（循环单元）按链式连接的递归神经网络。循环神经网络具有记忆性、参数共享并且图灵完备等特征，因此在进行序列的非线性特征学习时具有明显优势，在自然语言处理和语音识别等领域应用广泛。长短期记忆（long short-term memory，LSTM）网络和门控循环单元（gated recurrent unit，GRU）解决了传统 RNN 中的梯度消失问题，提升了模型性能。

生成对抗网络（generative adversarial network，GAN）由生成器和判别器两个对抗网络组成，能够生成高质量的图像和其他数据。生成对抗网络包含一个生成模型和一个判别模型。其中，生成模型负责捕捉样本数据的分布，判别模型一般情况下是一个二分类器，判别输入的是真实数据还是生成的样本。GAN 的优化过程是一个“二元极小极大博弈”问题，训练时固定其中一方（判别网络或生成网络），更新另一个模型的参数，交替迭代。生成对抗网络的出现对无监督学习、图片生成的研究起到了极大的促进作用。生成对抗网络的应用已经从最初的图片生成，拓展到计算机视觉的各个领域，如图像分割、视频预测、风格迁移等。

深度学习的成功应用已经在语音识别、图像识别、自然语言处理等领域取得了显著成果。以下是一些与深度学习密切相关的代表性产品。

（1）深度学习框架：如 TensorFlow 框架、PyTorch 框架等，这些框架为构建和训练神经网络提供了强大的工具。它们允许研究人员和开发者定义神经网络的结构，通过 BP 等算法调整网络参数，以实现各种复杂的任务，如图像识别、语音识别、自然语言处理等。

（2）图像识别系统：基于深度学习的图像识别系统能够自动识别和分类图像中的物体、场景或人脸等。这些系统已被广泛应用于安防监控、自动驾驶、医疗影像分析等领域。

（3）语音识别助手：如苹果的 Siri、谷歌的 Google Assistant 等，它们能够理解和回应人类的语音指令，实现语音转文字、查询信息、控制设备等功能。

（4）推荐系统：许多在线平台，如电商网站、视频流媒体服务等，都使用基于深度学习的推荐系统，根据用户的历史行为和偏好推荐相关内容。这些系统通过分析大量用户数据，学习用户的兴趣模式，从而提供个性化的推荐。

（5）自然语言处理应用：如智能聊天机器人、机器翻译软件等，它们能够理解和生成自然语言文本，实现人机对话、跨语言交流等功能。

2024 年的诺贝尔化学奖得主戴米斯・哈萨比斯就是深度学习技术和应用的集大成者。戴米斯・哈萨比斯本人是深度思考（DeepMind）公司的创始人兼 CEO，2016 年他带领团队开发了 AlphaGo（围棋 AI 程序），AlphaGo 先是在 2016 年 3 月以 4∶1 的比分战胜曾经的围棋世界冠军、韩国职业九段棋手李世石；接着在 2017 年 5 月的中国乌镇围棋峰会上以 3∶0 的战绩战胜了当时处于巅峰状态的围棋世界冠军柯洁。从技术角度，战胜李世石的 AlphaGo 1.0 主要依赖深度神经网络、监督学习和蒙特卡罗树搜索等核心技术；战胜柯洁的 AlphaGo 2.0 则是通过自监督学习、生成对抗学习达到出神入化之境。例如，AlphaGo 2.0 在比赛中不少走棋出乎意料，这些走棋在教科书中会被认为是低级错误，但是在后续走向中，这些棋招被验证是更优的策略。

2018 年，戴米斯・哈萨比斯领导的 DeepMind 研究团队推出了可预测蛋白质结构的

AI 系统 AlphaFold 1，开创性地为医学研究领域提出了新工具和新思路。2021 年 7 月，戴米斯・哈萨比斯和约翰・贾伯在《自然》(*Nature*)杂志上发表论文，宣布 AlphaFold 2 诞生并开源。《科学》(*Science*)杂志对此成果发表评论：“人工智能技术让人类无须实验即可了解蛋白质结构”。诺贝尔官网对此成果作出如下评价：“直到 2020 年，这两位科学家提出一个名为 AlphaFold 2 的 AI 模型。借助该模型，他们能够预测研究人员已经确定的超 2 亿种蛋白质的结构。这无疑是一个惊人的突破。自诞生以来，AlphaFold 2 模型已被来自 190 多个国家的 200 多万人使用。”2024 年 5 月，DeepMind 发布了更为高阶的 AlphaFold 3，除了蛋白质之外，AlphaFold 3 还可以预测 DNA 和 RNA 等。

1.2.5 大模型

大模型是指拥有超大规模参数(通常在十亿个以上)、复杂计算结构的机器学习模型，能够处理海量数据，完成各种复杂任务，如自然语言处理、图像识别等。它们能够处理大规模数据并执行多种任务，显示出强大的泛化能力。2018 年，Google 公司提出了双向变换器编码器表示(bidirectional encoder representations from transformers，BERT)模型，这是基于 Transformer 架构的语言模型。BERT 通过双向训练的方式在各种自然语言处理任务中取得了优异表现。美国开放人工智能研究中心 OpenAI 的生成预训练变换器(generative pre-trained transformer，GPT)系列模型，包括 GPT-2、GPT-3、GPT-4 等，能够生成高质量的自然语言文本，被广泛应用于对话系统、文本生成等任务。国内外随即掀起了一场大模型浪潮，Gemini、文心一言、Copilot、LLaMA(large language model meta AI)、SAM(segment anything model)、SORA、深度求索(DeepSeek)等大语言模型如雨后春笋般涌现，进一步推动了大模型的发展。虽然大模型显示出强大的能力，但是其也面临计算资源消耗大、训练成本高、数据隐私泄露等挑战。未来的研究方向包括提高模型的效率、增强模型的解释性和安全性等。

人工智能从符号主义、行为主义、联结主义、深度学习到大模型，经历了漫长的发展历程。每一个阶段都有重要的理论突破和应用成果。随着技术的不断进步，人工智能将在更多领域发挥重要作用，为人类社会带来更多的创新和变革。未来，人工智能的发展将更加注重跨学科融合、伦理与安全及人机协作的新模式，为人类创造更加智能和美好的未来。

1.3 轨道巡检概述

高速铁路带来的变革，使其在安全保障、运输组织和管理的一体化、旅客服务等方面的要求都远高于普速铁路。其中，安全是高速铁路运营的第一要素，其安全性不仅要在规划、设计、建设和验收时给予充分考虑，并且在运营管理中也要不断研究、改进和提高。因此，建立一套科学、系统的高速铁路运营安全保障技术系统，对保证高速铁路高效、正常运营，最大限度地保障乘客的生命安全，减小损失，维护社会稳定和提高高速铁路经济效益具有重要的意义。高速铁路智能运维已成为高速铁路安全管理工作的当务之急，受到学术界、工业界和管理部门的高度重视。

在长期反复载荷的作用下，轨道基础设施不可避免地出现性能劣化，加之环境温差等外界因素的影响，导致钢轨表面擦伤、扣件断裂、轨道板裂纹等伤损时有发生，严重影响高速铁路列车的行车安全。因此，轨道交通基础设施服役状态检测是高速铁路运营安全的重要保障手段，轨道巡检是其中的核心内容，轨道巡检的新理论和新技术成为当前高速铁路智能运维发展的迫切需求。

在电子信息技术兴起之前，轨道基础设施检测主要依赖巡道工人的目视检查。这种人工检测方式不仅耗时耗力，而且检测结果容易受各种主观因素的影响，难以满足现代铁路安全运营的需求。因此，面向自动化与智能化的缺陷检测需求，国内外研究人员开展了一系列的积极探索，提出了包括超声波检测、涡流检测、机器视觉检测等无损检测方法。

超声波检测通常被认为是轨道核伤检测的最佳技术。超声波检测技术存在两个方面的不足：①检测速度较慢，产品的检测速度一般不超过 75 km/h；②无法检测钢轨表面伤损。涡流探伤技术利用交变磁场在钢轨表面产生涡流，涡流产生反磁场。当钢轨表面不存在伤损时，反磁场的分布和大小保持不变；而有裂纹等伤损存在时，检测线圈能感应反磁场的变化，并转换为电信号显示，以此反映伤损情况。涡流探伤技术检测速度较快，可以达到 100 km/h，而且可以检测钢轨表面伤损，因此常常配合超声波检测设备一起使用。但是涡流探伤技术对于检测线圈的位置较为敏感，往往要求检测线圈和钢轨表面保持一个恒定的微小距离。在实际轨道检测作业中，涡流设备的安装和调试较为复杂，检测结果容易受列车振动等因素的影响。

随着人工智能技术的不断发展，基于机器视觉的钢轨表面伤损检测技术在理论研究和实际应用等方面取得了显著进展，在高速铁路智能运维领域得到了广泛应用。在视觉检测系统（visual inspection system，VIS）中，检测列车上安装有高速摄像机，负责采集轨道场景图像，然后利用计算机视觉和模式识别方法检测轨道部件的伤损，其被认为是钢轨表面伤损检测中最具潜力的检测技术之一。机器视觉检测技术在安全性、可视化和智能化方面优势明显，但仍面临着图像质量不均、可用特征较少、模型更新困难等挑战[6]。根据特征提取方式的不同，基于机器视觉的轨道伤损检测方法主要分为传统检测方法和基于深度学习的检测方法。

传统的轨道伤损检测方法大多利用人工设计的特征提取器抽取轨道图像特征，泛化能力及鲁棒性相对较弱。根据建模对象的不同，这类方法主要可分为前景模型、背景模型和矩阵分解模型，其技术原理与细节见第 3 章～第 5 章。基于深度学习的钢轨表面伤损检测方法主要以数据驱动的方式从大量样本中进行特征表示学习。与人工设计的特征描述子相比，深度学习模型所提取的抽象特征往往被认为有着更好的鲁棒性与泛化能力，其技术原理与细节见第 6 章。对于轨道视觉检测技术所面临的技术挑战和性能瓶颈，研究者也进行了广泛的研究和探索，主要包括多任务学习、数字孪生与迁移学习，以及多源异构数据融合等技术。

（1）多任务学习。在当前轨道视觉检测研究中，钢轨表面伤损、扣件缺失和轨道板裂纹等检测任务都是独立运行的，导致标注数据不能共享，识别模型的训练和更新也较复杂。事实上，这些检测任务在特征形态和发生机理等方面存在一定的关联。例如，钢轨表面伤损检测和轨道板裂纹检测都是在一致性强的背景中检测异常目标；扣件缺失导致钢轨伤损发生的强因果关系虽然还未验证，但是经验数据表明它们共现概率比较高。因此，基于多任务学习框架的轨道视觉检测方法被认为是提升轨道巡检系统性能的潜在技术路线。

（2）数字孪生与迁移学习。受限于伤损样本发生频率和标注难度，轨道巡检系统通常难以获得足量具有可靠标注的轨道伤损图像样本。与此同时，伤损形态各异，类型多变，所收集标注的伤损样本也无法覆盖所有的伤损类型。随着数字孪生等技术的发展，虚拟仿真技术成为获取有效标注样本（仿真样本）的重要途径。但是，仿真数据和实际数据之间难免存在域偏移，导致直接应用仿真数据训练得到的模型在实际轨道检测场景中效果不佳。迁移学习技术可以将虚拟域中学习的知识迁移到实际目标域中，是解决伤损样本不足、提高模型检测能力的重要手段。

（3）多源异构数据融合。在当前轨道综合检测系统中，视觉传感器、超声波传感器等手段均被应用于轨道巡检，但相应的系统却缺乏协作与交互，形成一个个“感知孤岛”。与此同时，这些数据规模大、类型多样，现有检测系统大多是对单一模态数据进行分析，综合利用率低，导致现有的检测技术在不同的线路条件下检测性能差异较大，多源异构数据融合是解决该问题的有效途径。

参考文献

[1] 何华武. 创新的中国高速铁路技术（上）[J]. 中国工程科学, 2007, 9 (9): 1-36.

[2] 何华武. 创新的中国高速铁路技术（下）[J]. 中国工程科学, 2007, 9 (10): 4-18.

[3] 王同军. 中国智能高铁发展战略研究[J]. 中国铁路, 2019 (1): 9-14.

[4] 何华武，朱亮，李平，等. 智能高铁体系框架研究[J]. 中国铁路, 2019 (3): 1-8.

[5] 史天运. 中国高速铁路信息化现状及智能化发展[J]. 科技导报, 2019, 37(6): 53-59.

[6] 王建柱，李清勇，张靖，等. 轨道病害视觉检测：背景、方法与趋势[J] .中国图象图形学报, 2021, 26 (2): 287-296.

第 2 章　轨道检测技术

截至 2024 年底，我国高速铁路营业里程达到 4.5 万 km，约占全世界高速铁路营业总里程的 70%，是世界上高速铁路里程最长、运营速度最高、运营场景最丰富的国家。随着“八纵八横”高速铁路路网的不断完善，轨道交通展现出强大的运输能力和经济效益。然而，复杂的自然条件和高强度的运营条件使钢轨表面不可避免地出现伤损。这些伤损会改变车轮和钢轨的接触作用关系，影响钢轨和车辆的使用寿命。如果不及时处理，伤损可能进一步发展为钢轨掉块、撕裂，甚至断轨，从而引发列车脱轨等严重安全事故。本章首先介绍轨道基础结构，并列举常见的钢轨表面伤损类型，然后分析当前主流的钢轨表面伤损图像采集方法及轨道无损检测方法。

2.1　轨道结构简介

在高速铁路的轨道检测业务中，视觉巡检系统需要关注多种轨道部件的伤损，主要包括钢轨表面伤损、扣件缺失和轨道板裂纹等，典型样例如图 2.1 所示。另外，轨道部件也存在不同的类型，如高速铁路的扣件型号包括 WJ-7、WJ-8 和 SFC 等。多种检测任务及轨道部件的多种型号都会显著增加轨道巡检系统的技术难度。

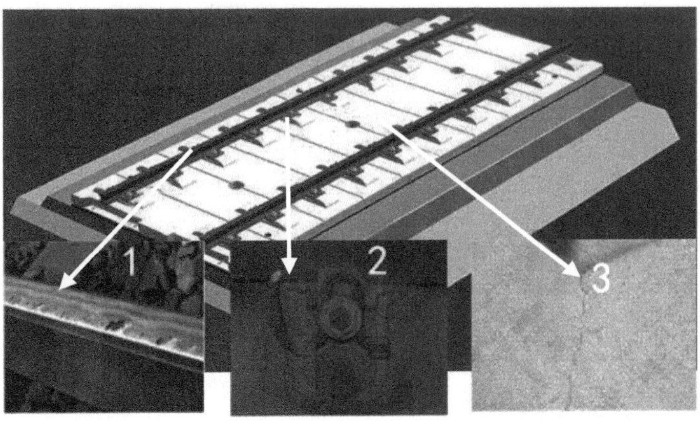

图 2.1　轨道外观伤损典型样例

《钢轨　第 1 部分：43kg/m～75kg/m 钢轨》（TB/T 2344.1—2020）对高速铁路用钢轨的尺寸做了严格的规定，其中 60 钢轨轨头表面由半径分别为 13 mm、80 mm 和 300 mm 的曲面组成。这种曲面型的钢轨有以下特点。

（1）轨道中间部分主要与轮对接触最为平滑且没有锈迹，对光照存在镜面反射，生成图像的亮度比较高，形成所谓的“光带”。光带是车轮与钢轨关系的直观体现，光带不均匀往往表现为该区段轮轨关系异常。

（2）曲面性的轨道两侧会有少量锈迹和污渍，对光照存在漫反射。因此，这种曲面型的钢轨存在严重的光照反射不均匀性且会带来严重的边缘效应（即轨道边缘由于漫反射造成图像灰度值分布较为复杂）。

2.2 钢轨表面伤损类型

随着高速铁路路网的不断完善，轨道交通展现出强大的运输能力和经济效益。然而，庞大的铁路网和高强度的运营环境对轨道维护也带来了重大挑战。

钢轨作为铁路轨道的主要组成部分，直接与列车车轮相接触且负载着列车的重量载荷，是列车安全运行的基础，其状态直接关系到铁路运营的稳定性和安全性。钢轨常年暴露于自然环境中，受到风霜雨雪、温度变化及恶劣天气等的影响，难免会产生疲劳，导致各种类型的伤损产生。此外，列车通过时，钢轨需要同时承受列车的重力，轮轨之间的水平力、垂直力、摩擦力及侧向压应力等多种力的共同作用，这些力在一定程度上也会加剧钢轨磨损。

钢轨的寿命主要由以下三个方面决定：磨损、塑性流动和伤损。其中，磨损是由于轮缘力的作用产生的，主要发生在急转弯处的钢轨侧面。此外，由于车轮与钢轨的接触及轨道维修（打磨），钢轨踏面也会发生一些磨损。塑性流动是由于施加的车轮、钢轨接触应力超过了材料的强度而产生的，通常轴载重量超过 20 t，易出现接触应力超过材料强度的情况。伤损是最需要关注的，如果不能及时检测出钢轨表面的微小伤损，它们会逐渐扩展成钢轨内部伤损，甚至引发钢轨断裂，给后续的铁路维护带来高昂的成本，严重时还会导致列车出现运行安全问题，危害旅客生命安全和国家财产安全。为了保障列车的安全运营，必须实时监测钢轨表面的状况，并在钢轨出现轻度伤损时及时进行维护和处理。

表面伤损是指钢轨外表面或其附近的任何不完美、损伤或变形。按照伤损产生的原因，钢轨表面伤损主要包括表面裂纹、滚动接触疲劳、剥离掉块、擦伤、波磨、车轮烧伤等具体的伤损类型。

2.2.1 表面裂纹

目前对于钢轨表面裂纹方面的研究，主要集中在钢轨踏面裂纹和次表面裂纹，此类裂纹是在车轮循环滚动接触载荷作用下产生的，典型样例如图 2.2 所示。

由于轮轨之间的接触面积很小，在机车车辆行进过程中会产生很大的滚动接触应力和剪应力。当车轮不是完全滚动而伴有滑动现象时，产生在轨头的最大剪应力位置将向轨头表面发展，最大剪应力发生在钢轨踏面下 5～7 mm 处，因此在轨头的塑性变形层内很容易产生细小的裂纹[1]。一般地，由接触应力产生的、深度大于 0.2 mm 的裂纹称为接触疲劳裂纹。

接触疲劳裂纹出现后，会在轮轨间摩擦阻力产生的拉应力和剪应力的共同作用下缓慢发展。裂纹的发展可能出现三种情况：①裂纹朝轨头表面的水平方向发展，这样会发生钢轨表面的剥离、掉块等伤损；②裂纹朝钢轨的内部发展，尤其是横向裂纹，极有可

图 2.2（彩图）

图 2.2 钢轨表面裂纹样例

能导致钢轨断裂事故发生，这是非常危险的断轨隐患；③由于车轮在钢轨上滚动，会产生磨损，轨顶表面的细小裂纹在车轮摩擦作用下，大多数很快就会被磨掉。

2.2.2 剥离掉块

剥离掉块是指钢轨表面出现的呈薄片状金属剥离母体或呈掉块状剥离母体的伤损，属于滚动接触疲劳磨损的一种[2-8]。钢轨接触应力大于钢轨屈服强度是造成剥离的外因，钢轨轨头踏面存在夹杂物是造成剥离的内因[7]。开始时，这类伤损以马赛克或蛇皮状的形式出现在轨头，之后逐渐发展成剥落，一般可达 10～15 mm 宽、3 mm 深，并沿钢轨方向持续发展下去，典型样例如图 2.3 所示。

图 2.3（彩图）

图 2.3 钢轨剥离掉块样例

在发展的初级阶段，该伤损呈黑色斑点。剥落不像轨距角裂纹一样沿钢轨有规律呈现。在一个水平或纵向平面上，剥落与轨距角裂纹形状一致。该裂纹以与钢轨表面呈 10°～30° 的纵向方向持续增长，然后剥落成壳或转而形成纵向伤损并在纵向平面持续发展，如不能及时检出，将会导致钢轨断裂。纵向伤损也可能直接由钢轨轨头踏面夹杂物形成并在纵向平面发展，而不需要事先的剥离伤损。由于是内部伤损，纵向伤损不能由视觉检测，因此须依赖常规的超声波钢轨检测技术。

2.2.3 擦伤

目前，国际上在定义钢轨擦伤时主要考虑其成因及形态特征。钢轨擦伤根据其主要成因的不同可分为两类[9]：一类由于钢轨在外部车轮载荷作用下发生了显著的剪切应变从而形成塑性破坏，因此，可以归结为钢轨表层剪切塑性应变引发擦伤；另一类，钢轨在轮轨间快速摩擦引起剧烈的温度变化，在这一作用下发生了马氏体相变导致区域硬度增加，硬化区的力学性能与钢轨母材不一致，从而形成了裂纹萌生及钢轨破坏，因此，可以归结为钢轨材质热致相变引发擦伤。图 2.4 展示了典型的钢轨表面擦伤样例。

图 2.4（彩图）

图 2.4　钢轨表面擦伤样例

高速铁路钢轨表面擦伤的长、宽、深分别为 20～100 mm、30～50 mm、0.5～2 mm，且在擦伤的瞬间会形成 2～5 mm 的堆高。擦伤不仅可以以单股呈现，也可以以双股呈现，当以双股呈现时股间距离大概为普通列车的轴间距离，并不是动车组的轴间距离。在传统铁路上，擦伤大多发生在机车上下坡区域段。在高速铁路上，擦伤大多出现在新的高速铁路线路通车后的 1～2 年，随着使用年限的增加，伤损数量不断减少。

2.2.4　波磨

钢轨波磨[10-11]一般为环形的（波状的），垂直、不规则分布于钢轨踏面。按照波长的不同，波磨可以分为短波和长波两类：短波波磨，波长一般为 30～300 mm；长波波磨，波长一般大于 300 mm。典型的钢轨波磨样例如图 2.5 所示。

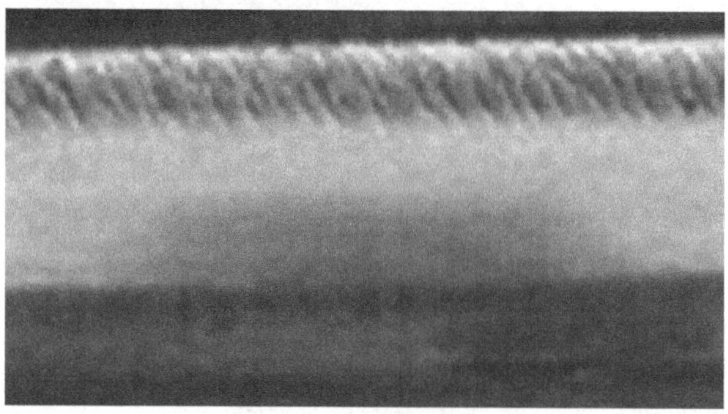

图 2.5（彩图）

图 2.5　钢轨波磨样例示意图

通常而言，短波波磨通常是在轻载情况下形成的，如客运列车，这类波磨的深度通常小于 0.3 mm。长波波磨通常是在重载情况下形成的，如客货混跑列车或货运列车，这类波磨的深度通常为 0.1～1 mm。钢轨波磨之所以受到关注，是因为其增加了轮对的动态载重和振动，导致钢轨和列车部件的恶化和故障率。同时，较大的载重也增加了波磨的发展和轨廓的恶化。因此，在更短的时间间隔内，轨道需要更多的维护（研磨）。波磨还增大了轮轨之间的噪声。

2.2.5 车轮烧伤

车轮烧伤[12]是一种形成于钢轨踏面的伤损。小的烧伤与小的隐伤外观非常相似。然而，与隐伤不同，烧伤可以是离散的，且总是在两根钢轨上同时发生。严重的车轮烧伤所呈现的纹理（如长度大于 50 mm）看起来像是表面的纵向刨痕。车轮烧伤需要关注以下几个方面。

（1）车轮烧伤的凹陷和剥落会对钢轨产生很强的冲击载荷，因此加剧了轨道和火车部件的恶化。

（2）发生在非常脆的马氏体相面的裂纹可能会产生横向伤损，尤其是当马氏体层比较深时。在早期阶段，此类伤损无法通过视觉检测，须依赖超声波检测。

（3）对于正常横向伤损，如果不能及时发现车轮烧伤，可能会导致轨头纵向完全断裂。

（4）由于冲击载荷强，车轮烧伤传播更快，因此，潜在伤损也更为严重。

2.3 钢轨表面伤损图像采集

为了实现钢轨表面的有效无损检测，现阶段多采用自动化钢轨表面伤损信息采集方式。如图 2.6 所示，钢轨表面伤损信息采集系统一般包括图像采集系统和图像处理系统两部分。图像采集系统提供硬件支持，获取钢轨表面信息；图像处理系统对采集到的图像数据进行优化，增强伤损部分和背景部分之间的差异性。

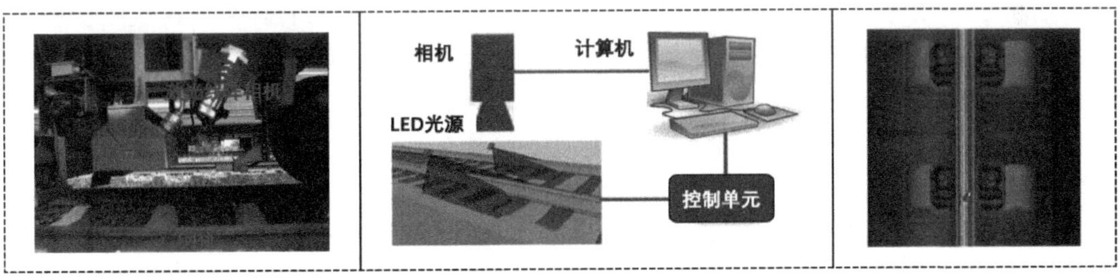

（a）图像采集系统　（b）图像处理系统　（c）轨道场景图像示意图

图 2.6 常见的钢轨表面伤损信息采集系统

2.3.1 图像采集系统

图像采集系统的主要任务是在列车行进过程中自动采集轨道图像数据，包括钢轨表面、扣件、道床等核心部件的数字图像。图像采集系统的光学成像装置安装在检测列车下，正对钢轨表面，从而直接采集钢轨表面图像。当检测列车在轨道上移动时，会在视场范围内自动生成一张图像。其中，发光二极管（light emitting diode，LED）光源、电荷耦合元件、计算机和图像处理软件构成自动检测系统的机器视觉部分，主要实现轨道图像采集和分析功能。

图像成像质量将直接影响最终检测的准确性，这表明电荷耦合元件和光源是自动检测系统的核心。一般而言，电荷耦合元件根据扫描方式的不同可以分为面阵相机和线阵相机。

面阵相机在高速运动中采集的图像往往存在画质失真和信息丢失等现象。另外，面阵相机的采集频率一般是固定的，而检测列车的速度是不断变化的，在这种情况下会带来钢轨表面数据的重叠或丢失。因此，在检测列车最高时速达到 85 km 及以上的情形中，往往采用线阵相机。例如，加拿大 Nalsa 公司的 DalsaSpyder 系列高速线扫描摄像机。该线阵相机一次只采集单行数据，并将若干采集数据拼接成轨道的全局成像，且不会造成数据的冗余或遗漏，其分辨率为 1024 像素，最大线速率为 65000 线/s，能充分满足检测列车的时速要求，并配备自动可变速率滤波器衰减系统。PC-Camlink 图像采集卡连接相机和车载计算机，负责高速拍摄和传输相机拍摄的图像。

默认情况下，大部分电荷耦合元件在自运行模式下工作，即以固定的频率采集图像。然而，图像分辨率会随着检测列车时速的变化而变化，即可能出现图像的拉伸与收缩。根据线阵相机成像的特点，如果其采集频率与检测列车的运行时速不匹配，则会引起图像失真。通常当相机在高速运动下进行图像采集时，相机的采集频率可以随着检测列车的时速变化进行相应设置。但是，这需要设计额外的装置跟踪检测车在图像获取时的精确速度。例如，采用车轮编码器的脉冲触发摄像机来采集钢轨表面图像，使图像采集分辨率与检测车的运行时速无关，确保捕获图像的每个像素具有相同的物理尺寸，生成不失真的钢轨表面图像。这样，自动检测采集系统会自动生成测试列车每行驶 1 m 的钢轨表面图像，既不会采集冗余信息，也不会使信息丢失。

2.3.2 图像处理系统

钢轨表面图像在野外采集，难免会受到各种外界干扰因素的影响，导致图像质量下降。同时，钢轨表面的曲面型设计也会带来一定的成像影响。图 2.7 展示了 60 kg/m 高速铁路钢轨的断面结构，其表面由半径分别为 13 mm、80 mm 和 300 mm 的曲面组成。这种曲面型的轨头表面设计对光线的反射存在严重的不均匀现象。即使设计出针对这种曲面型轨头照射的特殊光源，也无法保证匀质的成像。因为，列车行车的左右偏离无法保证钢轨处于光源中心位置，而且钢轨表面覆盖的不同程度的铁锈和污迹等杂物也会发生漫反射。

在对钢轨表面图像进行深入分析之前，往往需要利用图像处理系统对其进行降噪、增强对比度、校正颜色平衡、灰度化或二值化等处理，目的是改善图像质量，突出感兴趣特征，同时减少不必要的干扰信息，以便后续的图像处理和算法分析能够更准确、更高效地工作。

一般而言，钢轨表面图像中的背景灰度值比伤损区域灰度值大，并且表面反射不均会带来动态性的背景。为了压缩背景的动态性能，可以使用对数变换 $\ln(0.5x)$ 实现钢轨表面图像的灰度扩展和压缩功能。压缩高灰度值的背景，让钢轨表面图像更趋于表面上的相对一致性。同时，为了增强伤损区域与背景的对比度，可以采用 Z 分数（Z score）标准化，计算公式为 $Z=(x-\mu)/\sigma$，其中，μ 和 σ 分别表示钢轨表面图像的灰度均值和标准差。Z score 标准化在平均灰度值之上的像素值会得到一个正的标准值，在平均灰

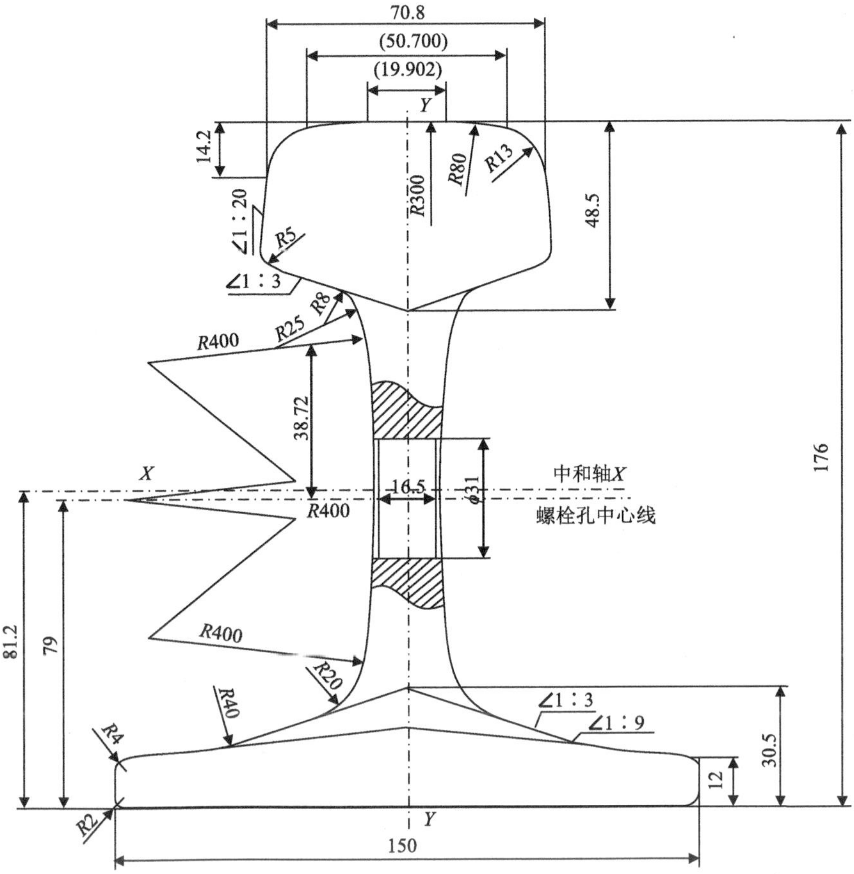

图 2.7　60 kg/m 高速铁路 60 钢轨断面图（摘自 TB/T 2344.1—2020）

度值之下的像素值会得到一个负的标准值，从而增强伤损区域与背景的对比度。最后将图像灰度值归一化到[0, 255]。如图 2.8 所示，经过图像处理系统优化后的图像数据伤损区域更加明显，同时背景中的噪声也得到了有效控制。

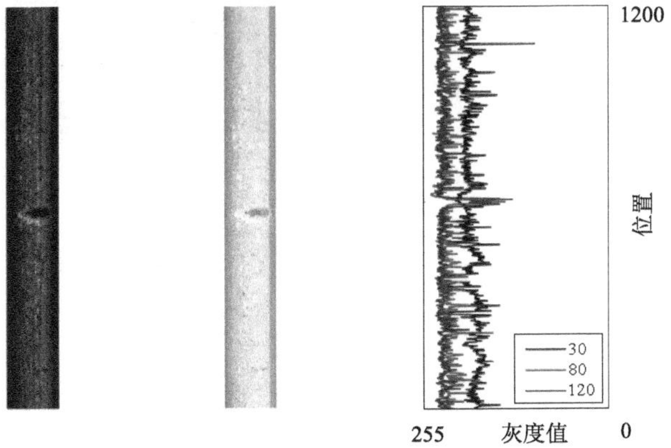

（a）原始图像　（b）处理后的图像　（c）像素强度曲线

图 2.8　图像处理系统处理前后的图像对比

图 2.8（彩图）

轨道图像进行预处理之后，基于模式识别和机器学习的伤损检测算法将更加精细地分析轨道图像，判别轨道图像中是否存在伤损，定位伤损，评估伤损的尺寸和严重程度，为后续的养护维修提供具体的依据。

2.4 轨道无损检测

在电子信息技术兴起之前，轨道伤损检测主要依赖巡道工人凭经验目测检查。这种人工检测方式不仅费时费力，而且检测结果容易受各种主观因素的影响。因此，研究者提出了多种基于传感器的无损检测方法，代表性轨道检测相关技术与设备如图 2.9 所示。图 2.9（c）、图 2.9（d）是安装在巡轨车车厢底部的终端设备侧面图。这些通用的无损检测技术既可以用于传统铁路，也可以用于高速铁路，但是高速铁路对于检测结果的要求一般会更严格。

（a）人工巡轨

（b）基于超声波检测原理的轨道检测设备

（c）基于涡流检测原理的轨道检测设备

（d）基于机器视觉的轨道检测设备

图 2.9 轨道检测相关技术与设备

2.4.1 超声波检测法

超声波检测技术利用高频声波的传播特性，通过发射超声波并接收其在材料内部传播、反射或散射后的回波信号来检测材料的内部伤损[13]。当超声波遇到轨道中的不连续性时，如裂缝、孔洞或其他形式的伤损，声波会发生反射或散射，导致回波信号发生变化。通过分析这些回波信号的时间延迟、幅度变化和频谱特性等特征，就可以确定伤损的位置、大小和性质。

现阶段的超声波检测法可分为超声波穿透法和超声波反射法[14]。采用超声波穿透法进行探伤时，超声波发射探头与接收探头位于所探伤试件的两侧。超声波穿透法的优势在于不存在探测盲区，缺点是不能准确定位伤损位置，且发射探头和接收探头的相对位置必须精准；采用超声波反射法进行探伤时，超声波发射与接收探头合二为一，采用一体化探头。因此，超声波反射法的灵敏度高，对探头的位置要求较低，可对伤损的深度、位置进行定位；缺点是存在检测盲区，不适用于厚度较小或伤损距离检测面较近的试件。

超声波检测技术是目前检测钢轨核伤最常用的技术之一[15]。例如，美国斯百力轨道服务（Sperry Rail Services）公司研制并推广了基于磁感应和超声波技术的铁轨伤损检测车；英国超声导波公司等也陆续推出了运用超声波进行铁轨伤损检测的设备和系统。英国帝国理工学院 Hesse 和 Cawley[16-17]采用接触式轮式探头发射中心频率为 350 kHz 的低频超声表面波，对钢轨踏面上的开口直裂纹和两个倾角为 20° 的开口斜裂纹进行检测研究。实验结果表明表面波方法能对裂纹进行定位，也能发现混杂在小裂纹中的深度为 10 mm 的开口直裂纹，但低频表面波的多模式使反射回波的波包增宽，会影响伤损的准确定位。张在东等[18]利用表面波频谱法对不同深度的表面开口裂纹深度进行测量，通过引入底面的吸收边界条件，基本消除了超声波在底面的反射对接收信号的影响，并通过不同时刻的波场快照图，使模拟的结果清晰可信。

超声波检测法是一种接触式检测方法，检测时必须保证钢轨与探头之间接触良好，否则将会降低检测精度[19]。这种局限性使超声波检测技术的检测速度较慢，目前产品的检测速度一般不超过 75 km/h，而且很难检测钢轨表面伤损。

2.4.2 涡流检测法

涡流检测法是以电磁感应原理为基础的一种无损检测方法。当载有交变电流的线圈靠近导电试件时，试件内会激发涡流，而涡流激发的磁场又反作用于原磁场，使检测线圈的阻抗发生变化从而检测到伤损[20]。

由于电流的趋肤效应[21]，涡流强度随着深度增大而衰减、明显地集中在导体表面，因此涡流检测对内部伤损的检测能力较为薄弱。针对这一问题，许鹏等[22]提出一种增强磁场涡流以抑制趋肤效应的方法。他们通过在涡流检测线圈上增加一个通入直流电流的 U 形电磁铁，用磁轭导磁到钢轨以增强磁轭下的磁场。

涡流检测技术检测速度快，可以达到 100 km/h，而且可以检测到钢轨表面伤损，因此这项技术常常与超声波检测设备配合使用[19]。但是涡流检测技术对于检测线圈的位置比较敏感，往往要求检测线圈和钢轨表面保持一个恒定的微小距离（一般不超过 1 cm）。在实际轨道伤损检测中，涡流检测设备安装和调试复杂，检测结果容易受干扰。

2.4.3 漏磁检测法

漏磁检测法通过向磁轭施加激励从而在试件中产生磁场。当试件中有伤损时，伤损部分的磁导率要比无伤损部分的磁导率小得多。此时，如果试件其他部分的磁通量饱和，则迫使剩下的磁力线溢出试件表面成为漏磁。

漏磁检测对于表面及近表面横向裂纹伤损检测效果比较突出，但难以检测出轨底腐蚀、剥离、内部裂纹这些类型伤损。另外，随着速度的增加，钢轨内部的磁感应分布由于涡流的影响变得不均匀。这会使漏磁检测信号的解释变得复杂，降低了检测轨头深层次伤损的能力[23]。

因此，漏磁检测法通常与其他方法结合使用，以实现优势互补。许鹏等[20]设计了一种复合电磁检测探头，采用差分线圈同时检测涡流和漏磁信号，建立了复合电磁检测系统，在 20～300 km/h 速度下对高速铁路转台样例进行检测，准确地区分了表面伤损和埋藏伤损。刘志运等[24]利用电磁超声-涡流复合检测技术，克服了电磁超声检测存在近表面的盲区伤损的缺陷，同时弥补了涡流检测对内部深层伤损灵敏度不高的不足。

2.4.4 机器视觉检测法

基于图像处理和模式识别方法的机器视觉检测是最近发展起来的技术，它被认为是钢轨表面伤损检测中最有潜力的技术之一[25]。在机器视觉检测系统中，检测列车上安装高速摄像机（一般是线阵相机）采集轨道场景图像，然后应用计算机视觉和模式识别方法检测轨道部件的伤损。结合高速铁路线路检测需求，与现有的其他接触式、非接触式检测技术相比较，基于机器视觉的检测技术具有以下优势。

（1）基于机器视觉的状态检测和测量是完全非接触无损的，无论是车载或线下监测设备，都不干扰被测目标的自然状态。相较于其他非接触式检测手段，该方法的设备部署和安装更加远离线路工程关键部件，容错能力和安全性更好，更有利于线路安全运营。

（2）机器视觉检测技术既适用于近景目标，也适用于视场较大的远景；既适用于静态目标，也适用于运动目标；测量精度是像素级或亚像素级的。基于机器视觉的检测技术相较于其他检测技术更为灵活、适用性更强，随着成像设备的性能不断提高及测量技术的成熟，其检测准确度和测量精度将更进一步提高。

（3）机器视觉系统能在瞬间获取被分析目标的大量物理信息和几何信息，其检测和测量过程依赖于计算机强大的计算能力和海量的存储能力，具有速度快、智能化程度高、信息量大、测量点多、可回溯性强的特点，这是其他基于传感器的在线监测/检测设备所欠缺的，也是系统化、智能化监测所必需的。

除了上述常用的钢轨伤损检测方法外，还有射线[26]、长距离超声（导波）[27]、激光超声[28]和交流电磁场测量（alternating current field measurement，ACFM）等钢轨伤损检测技术[29-30]。表 2.1 列出了钢轨伤损无损检测技术对比。

表 2.1 钢轨伤损无损检测技术对比

无损检测技术	可适用系统	检测的伤损	性能
超声波检测	人工和高速系统（可达 70 km/h）	表面伤损、轨头内部伤损、轨腰和轨底伤损	人工巡检可靠但轨底伤损会漏检；高速下小于 4 mm 的伤损会漏检
涡流检测	人工和高速系统（可达 70 km/h）	表面和近表面内部伤损	可靠但受磨痕和升降变化影响
漏磁检测	高速系统（可达 35 km/h）	表面和近表面轨头伤损	可靠但不能检测小于 4 mm 的伤损，且随着速度的增加性能降低

续表

无损检测技术	可适用系统	检测的伤损	性能
视觉检测	人工和高速系统（可达 320 km/h）	表面伤损、轨廓伤损、擦伤、扣件缺失、道渣	可靠但不能检测内部伤损
射线检测	人工静态检测	焊缝和已知伤损	可靠但会漏检横向伤损
长距离超声检测	人工和低速系统（<10 km/h）	表面伤损、轨头内部伤损、轨腰和轨底伤损	可靠，检测大的横向伤损（>5%的横截面）
激光超声检测	人工和低速系统（<10 km/h）	轨头、轨腰和轨底伤损	可靠但不能检测内部伤损，受升降变化影响，不能用于高速检测

参考文献

[1] 韩志青，齐凤林，宗世成. 钢轨轨头疲劳伤损的探讨[J]. 铁道建筑, 2004(12): 40-42.

[2] Ekberg A, Kesson B, Kabo E. Wheel/rail rolling contact fatigue–probe, predict, prevent[J]. Wear, 2014, 314 (1): 2-12.

[3] Sadeghi F, Jalalahmadi B, Slack T S, et al. A review of rolling contact fatigue[J]. Journal of Tribology, 2009, 131 (4): 220.

[4] Zhang W, Guo J, Liu Q Y. An investigation of rail rolling contact fatigue[J]. Lubrication Engineering, 2005, 6 (172): 195.

[5] 时丕顺. 高速列车曲线通过时 U75V 钢轨滚动接触疲劳研究[D]. 成都：西南交通大学, 2021.

[6] Pohl R, Erhard A, Montaget H J, et al. NDT techniques for railroad wheel and gauge corner inspection[J]. NDT & E International: Independent Nondestructive Testing and Evaluation, 2004, 37 (2): 89-94.

[7] 李斌，张智，任新建. 在役钢轨常见伤损形式综述[J]. 包钢科技, 2004, 30 (3): 52-54, 72.

[8] Cannon D F, Edel K O, Grassie S L, et al. Rail defects: an overview[J]. Fatigue and Fracture of Engineering Materials and Structures, 2003, 26 (10): 865-886.

[9] 侯博文，乔林川，高亮，等. 钢轨擦伤形成机理、检测与防治综述[J]. 交通运输工程学报, 2024, 24 (2): 65-84.

[10] Chen G X, Cui X L, Qian W G. Investigation into rail corrugation in high-speed railway tracks from the viewpoint of the frictional self-excited vibration of a wheel-rail system[J]. Journal of Modern Transportation, 2016, 24 (2): 124-131.

[11] Chellani L A. Rail defects[J]. Indian Railway Technical Bulletin, 1978, 35 (209): 61-73.

[12] Kapoor A, Salehi I, Asih A M S. Rolling contact fatigue (RCF) [J]. Springer, 2013: 2904-2910.

[13] Utrata D, Clark R. Groundwork for rail flaw detection using ultrasonic phased array inspection[J]. American Institute of Physics, 2003, 657 (1): 799-805.

[14] 李毅，胡自昂. 一种基于超声波检测技术的高速铁路轨道探伤系统[J]. 中国科技信息, 2024 (11): 82-84.

[15] Edwards R S, Dixon S, Jian X. Characterisation of defects in the railhead using ultrasonic surface waves[J]. NDT & E International: Independent Nondestructive Testing and Evaluation, 2006, 39 (6): 468-475.

[16] Hesse D, Cawley P. The potential of ultrasonic surface waves for rail inspection[J]. AIP Conference Proceedings, 2004, 760 (1): 227-234.

[17] Hesse D, Cawley P. Excitation of surface wave modes in rails and their application for defect detection[J]. AIP Conference Proceedings, 2006, 820 (1): 1593-1600.

[18] 张在东，卢超，魏运飞. 表面开口斜裂纹超声表面波频谱法测量的数值模拟[J]. 南昌航空大学学报（自然科学版）, 2009, 23 (1): 87-92.

[19] Thomas H M, Heckel T, Hanspach G. Advantage of a combined ultrasonic and eddy current examination for railway inspection trains[J]. Insight-Non-Destructive Testing and Condition Monitoring, 2007, 49 (6): 341-344.

[20] 许鹏，耿明，方舟，等. 基于复合电磁的高速轨道缺陷检测方法研究[J]. 机械工程学报, 2021, 57 (18): 57-65.

[21] Jiao S N, Liu X H, Zeng Z W. Intensive study of skin effect in eddy current testing with pancake coil[J]. IEEE Transactions on Magnetics, 2017, 53 (7): 1-8.

[22] 许鹏，曾泓茗，朱晨露，等. 基于增强磁场涡流的高速轨道缺陷检测方法[J]. 中国机械工程, 2021, 32 (4): 454-459, 466.

[23] Antipov A G, Markov A A. 3D simulation and experiment on high speed rail MFL inspection[J]. NDT & E International: Independent Nondestructive Testing and Evaluation, 2018, 98: 177-185.

[24] 刘志运，周芸悦，袁泉，等. 电磁超声-涡流复合检测技术在铁道车辆上的应用[J]. 仪表技术, 2022 (1): 26-29.

[25] Papaelias M Ph, Roberts C, Davis C L. A review on non-destructive evaluation of rails: state-of-the-art and future development[J]. Proceedings of the Institution of Mechanical Engineers, Part F: Journal of Rail and rapid transit, 2008, 222 (4): 367-384.

[26] An J, Xiang X C, Wu Z F, et al. Gamma radiography inspection technology[C]//Proceedings of the Pacific Basin Nuclear Conference, 2006: 1100-1104.

[27] Bartoli I, Scalea F L D, Fateh M. Modeling guided wave propagation with application to the long-range defect detection in railroad tracks[J]. NDT & E International: Independent Nondestructive Testing and Evaluation, 2005, 38 (5): 325-334.

[28] Kenderian S, Cerniglia D, Djordjevic B B, et al. Rail track field inspection using Laser/Air hybrid ultrasonic technique[J]. Materials Evaluation, 2003, 61 (10): 1129-1133.

[29] Papaelias M P, Lugg M C, Roberts C, et al. High-speed inspection of rails using ACFM techniques[J]. NDT & E International: Independent Nondestructive Testing and Evaluation, 2009, 42 (4): 328-335.

[30] Raine A, Lugg M. Review of the alternating current field measurement inspection technique[J]. Sensor Review, 1999, 19 (3): 207-213.

第 3 章　基于前景模型的伤损检测方法

第 2 章介绍的轨道无损检测方法被广泛应用于普速铁路、重载铁路、城市轨道交通和高速铁路等场景，因为检测效率高、成本低，视觉检测系统（VIS）在高速铁路轨道巡检中得到广泛关注和发展[1-2]。本书之后章节将聚焦于面向高速铁路轨道巡检的智能技术。本章主要介绍基于前景模型的伤损检测方法，并深入分析具有代表性的前景伤损检测模型。

3.1　引　言

视觉检测系统包含图像采集子系统和图像处理子系统两个主要部分。图像采集子系统提供硬件支持，而图像处理子系统则准确有效地分析大型 2D/3D 图像数据库。图像处理子系统是视觉检测系统的核心部分。因此，相关文献中提出了大量检测算法与相关技术。例如，各种纹理分析技术已被广泛用于钢轨表面图像的伤损检测和分割[3]。Li 等[4]应用局部频率特征来保证局部或小波纹的检测性能。此外，使用光谱特征的小波变换也应用于轨道检测中[5-6]。这些主要依赖提取的全局或局部空间强度模式的方法在均匀纹理分布下的钢轨表面图像上表现良好。

然而，由于环境、设备或人为因素，工业现场采集的钢轨图像不可避免地存在光照不均、噪声干扰等问题，因此图像中伤损目标与背景的对比度较低，影响后续伤损目标的检测与识别。为了解决这些问题，本章提出局部归一化（local normalization，LN）方法和类迈克尔逊对比度（Michelson-like contrast，MLC）方法对采集的钢轨图像进行增强，然后对处理后的钢轨图像分别应用基于投影轮廓的定位（defect localization based on projection profile，DLBP）方法和比例强化最大熵（proportion emphasized maximum entropy，PEME）方法实现钢轨表面伤损的准确检测。这两种基于对比度的伤损检测方法不仅在钢轨表面伤损中取得较好的检测结果，也为其他工业领域设备表面缺陷检测的研究提供了新的思路。本章首先基于神经认知等领域的相关研究给出视觉对比度的定义，然后通过钢轨表面成像模型介绍钢轨表面伤损视觉检测中的成像过程，重点阐述基于对比度的钢轨表面伤损检测方法，包括图像增强算法和伤损检测方法，最后对已有工作进行简要总结。

3.2　预 备 知 识

3.2.1　视觉对比度

对比度是区分物体和背景的基础。在神经认知领域，视觉系统能够通过不同级别的对比度来识别特定的模式或特征，这对于识别面孔、文字和其他复杂图案非常重要[7-8]。现阶段常见的视觉对比度定义主要有两种：迈克尔逊对比度（Michelson contrast）和韦伯对比度（Weber contrast）。

迈克尔逊对比度主要用来度量类似正弦光栅等周期模式的差异。其定义如下：

$$C_{\mathrm{m}} = \frac{I_{\max} - I_{\min}}{I_{\max} + I_{\min}} \tag{3-1}$$

式中，$I_{\max}$ 和 $I_{\min}$ 分别表示光栅的最大亮度值和最小亮度值。迈克尔逊对比度的取值范围为 0～1。0 表示没有对比度，即图像完全均匀；1 表示最大对比度，即图像一部分全黑，另一部分全白。

韦伯对比度主要衡量的是灰度差异，常用于突出均匀背景中小而锐利的图形对象。其定义如下：

$$C_{\mathrm{w}} = \frac{I_{\mathrm{obj}} - I_{\mathrm{bg}}}{I_{\mathrm{bg}}} \tag{3-2}$$

式中，I_{obj} 和 I_{bg} 分别表示物体和背景的平均亮度。韦伯对比度会随着物体及其背景尺寸和形状的变化而变化。根据韦伯法则，当韦伯对比度的值小于 0.02 时，人类视觉系统便难以有效地感知场景中的物体[9-10]。然而，迈克尔逊对比度和韦伯对比度的计算过程依赖于图像亮度差异，难以准确地描述非均匀或动态变化的图像场景。此外，这两者更关注全局对比度，忽略了局部对比度的重要性。

Gordon 和 Rangayyan[11]率先提出局部对比度的概念，通过自适应邻域特征增强技术，优化图像中对象和局部细节的可见性。图像(x, y)处像素的局部对比度被定义为

$$C_{(x,y)} = \frac{\left|\overline{I}_1 - \overline{I}_2\right|}{\overline{I}_1 + \overline{I}_2} \tag{3-3}$$

式中，$\overline{I}_1$ 表示以(x,y)为中心，宽度为奇数的方形区域内像素的灰度均值；$\overline{I}_2$ 表示以(x,y)为中心，宽度为 3 m 的方形区域内像素的灰度均值。在此基础上，Beghdadi 和 Negrate[12]提出考虑边缘信息的对比度计算方法：

$$C_{(x,y)} = \frac{\left|I_{(x,y)} - \overline{E}_{(x,y)}\right|}{I_{(x,y)} + \overline{E}_{(x,y)}} \tag{3-4}$$

式中，$I_{(x,y)}$ 表示(x,y)处的像素灰度值；$\overline{E}_{(x,y)}$ 表示加权灰度均值，其定义为

$$\overline{E}_{(x,y)} = \frac{\sum\limits_{(x,y)\in N_{\mathrm{b}}} \Delta_{(x,y)} \cdot I_{(x,y)}}{\sum\limits_{(x,y)\in N_{\mathrm{b}}} \Delta_{(x,y)}} \tag{3-5}$$

式中，$\Delta_{(x,y)}$ 表示图像(x,y)处像素的梯度；N_{b} 表示图像(x,y)处像素的邻域像素集合。

为了进一步消除光照的影响，Xie 和 Lam [13]提出利用局部归一化技术消除光照不均匀的影响，同时保持处理后图像的局部统计特性与正常光照条件下的相应图像相同。经过局部归一化操作后图像(x,y)处的局部对比度为

$$C_{(x,y)} = \frac{I_{(x,y)} - \mu_W}{\sigma_W} \quad (x,y)\in W \tag{3-6}$$

式中，μ_W 和 σ_W 分别表示窗口 W 内像素灰度值的均值和标准差。本方法拥有与上述对比度度量方法相似的特性，在解决钢轨图像光照不均的问题上具有较大的潜力。

除了上述局部对比度度量方法外，研究者们还提出了一些基于全局信息和空间频率的对比度度量方法，如视觉形态[9]、对数变换直方图[14]、对数 Michelson 对比度度量[15]等，这些度量方法经常用来评价图像增强的效果。另外，Peli[16]基于空间频率提出了一种局部带限对比度，这种对比度对理解诸如人脸等复杂图像大有裨益。随后，Tang 等[17]在离散余弦变换域中提出了一种类似的对比度度量方法。

3.2.2　钢轨表面成像模型

钢轨表面图像生成包含光学反射和光电转换两个步骤。第一个步骤将钢轨表面的反射信息转换为反射光强，第二个步骤通过相机和 A/D 转换器将反射光强转换为数字图像。

在具体实现中，光学反射过程可以形式化为冯氏光照模型（Phong illumination model，PIM）[18]。如图 3.1 所示，PIM 将表面的反射光强定义为粗糙表面产生的漫反射、光滑表面产生的镜面反射及背景光三者的组合，其具体的形式化描述如下：

$$R_{(x,y)} - I^m_{(x,y)} + k^d_{(x,y)} I^l_{(x,y)} \left(\vec{L} \cdot \vec{N}\right) + k^s_{(x,y)} I^l_{(x,y)} \left(\vec{R} \cdot \vec{V}\right)^{\delta} \tag{3-7}$$

式中，(x,y) 表示钢轨表面位置坐标；R 表示反射光强度；I^m 表示背景光强度；I^l 表示光源强度；k^d 表示漫反射系数；k^s 表示镜面反射系数；$\vec{L}$ 表示光源方向；$\vec{N}$ 表示钢轨表面法线方向；$\vec{R}$ 表示镜面反射方向；$\vec{V}$ 表示相机视角方向；δ 用来决定镜面高光的传播范围。

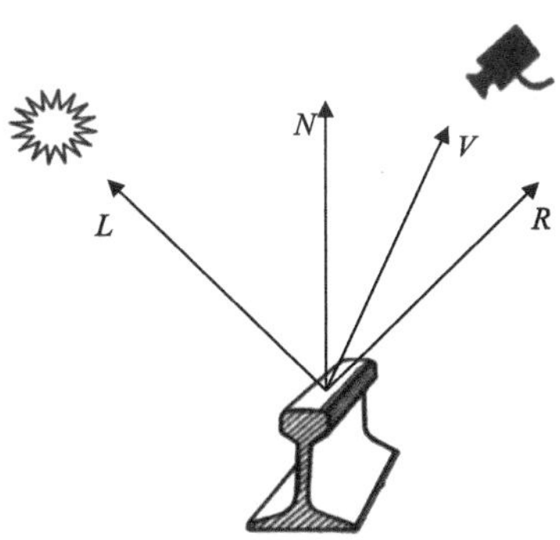

图 3.1　PIM 解释图像生成示意图

进一步地，式（3-7）可简写为

$$R_{(x,y)} = I^m_{(x,y)} + k_{(x,y)} I^l_{(x,y)} \tag{3-8}$$

式中，$k_{(x,y)}$ 为组合反射系数，$k_{(x,y)} = k^d_{(x,y)}\left(\vec{L} \cdot \vec{N}\right) + k^s_{(x,y)}\left(\vec{R} \cdot \vec{V}\right)^{\delta}$。在图像采集系统固定后，光源方向 $\vec{L}$ 和相机视角方向 $\vec{V}$ 通常是不变的，法线方向 $\vec{N}$ 与平整的钢轨表面能始终近似保持 90°，且镜面反射方向 $\vec{R}$ 在 $\vec{L}$ 与 $\vec{N}$ 确定后通常不会改变，因此 $k_{(x,y)}$ 主要随着钢轨表面反射性质的变化而改变。需要说明的是，通过将每个单光源处的漫反射和镜面反射进行加和，PIM 也可以拓展到多光源的情形[18]。

接下来，光电转换过程利用相机和 A/D 转换器将钢轨表面反射光强度 R 转换为数字图像信号 F。该转换过程可形式化为线性变换：

$$F_{(x,y)} = \alpha R_{(x,y)} + \beta \tag{3-9}$$

式中，α 和 β 是由相机设置的常量参数[19]。将式（3-8）代入式（3-9），可得

$$F_{(x,y)} = \alpha k_{(x,y)} I^{l}_{(x,y)} + \alpha I^{m}_{(x,y)} + \beta \tag{3-10}$$

尽管上述成像过程被简化，但是仍有一些因素导致生成的图像对后续的视觉检测系统造成一些挑战。首先，光源抖动和自然光的干扰导致无法保证 $I^{l}_{(x,y)}$ 均匀；其次，$I^{m}_{(x,y)}$ 随着环境中自然光的影响而改变；最后，钢轨表面磨损等原因也会导致反射系数 $k_{(x,y)}$ 分布不均。这些因素都可能导致伤损目标和无损背景在成像系统所捕获的钢轨图像中对比度较低。

3.3 基于投影轮廓的伤损检测模型

在真实场景下，钢轨表面成像系统受环境光和钢轨表面反射特性变化的影响，采集的钢轨表面图像可能存在伤损目标与背景对比度低的问题。针对这一挑战，通过图像对比度增强策略突出伤损目标至关重要。目前已有一些比较成熟的对比度增强方法，如全局直方图均衡化（global histogram equalization，GHE）[20]、局部直方图均衡化[21-22]、自适应对比度增强[23-24]等。对于钢轨表面成像系统采集的图像，对比度增强算法应该考虑钢轨图像的以下几个特性。

（1）全局范围内背景灰度差异大。光照条件的不同及钢轨表面反射性质的差异导致钢轨图像背景灰度值动态变化。

（2）局部范围内区域灰度差异小。例如，沿钢轨纵向光照和表面反射性质相对稳定，这意味着钢轨表面局部区域内灰度变化可能较小。

（3）伤损与背景之间灰度的无序性。一般而言，伤损区域像素的灰度值低于背景像素灰度值，但由于光照条件和钢轨表面反射性质的差异，这种情形可能会被打破。

3.3.1 基于局部归一化的对比度增强算法

针对上述挑战，本节提出基于局部归一化（local normalized，LN）的对比度增强算法，用于钢轨图像对比度。假设局部窗口 W 大小为 $w \times h$，给定位置 (x,y) 处像素，则其经过局部归一化后的灰度值可以表示为

$$L_{(x,y)} = \frac{F_{(x,y)} - E\left(F_{(x',y')}\right)}{\operatorname{Var}\left(F_{(x',y')}\right)} \quad (x',y') \in W \tag{3-11}$$

式中，$E(\cdot)$ 和 $\operatorname{Var}(\cdot)$ 分别表示窗口 W 内像素灰度值的均值和标准差。

转换后的图像称为局部归一化图像（local normalized image，LNI），其具有以下性质。

性质 1： 局部归一化图像具有照明无关性。

当窗口 W 小时，通常假设光源强度 $I^{l}_{(x,y)}$ 和背景光强度 $I^{m}_{(x,y)}$ 为常量。因此，式（3-10）

可简化为

$$F_{(x,y)} = bk_{(x,y)} + c \tag{3-12}$$

式中，$b = \alpha I^{l}_{(x,y)}$；$c = \alpha I^{m}_{(x,y)} + \beta$。至此，有以下公式成立：

$$E\left(F_{(x,y)}\right) = b\mu^{k}_{W} + c \tag{3-13}$$

$$\operatorname{Var}\left(F_{(x,y)}\right) = b\sigma^{k}_{W} \tag{3-14}$$

式中，μ^{k}_{W} 和 σ^{k}_{W} 分别表示窗口 W 内反射系数 $k_{(x,y)}$ 的均值和标准差。将式（3-11）～式（3-13）代入式（3-10），可得

$$L_{(x,y)} = \frac{k_{(x,y)} - \mu^{k}_{W}}{\sigma^{k}_{W}} \tag{3-15}$$

可以发现，$L_{(x,y)}$ 与光源强度 $I^{l}_{(x,y)}$ 和背景光强度 $I^{m}_{(x,y)}$ 无关，而仅由反射系数 $k_{(x,y)}$ 决定。

性质 2： 局部归一化图像对应的局部窗口 W 内像素灰度均值为 0，方差为 1。

根据式（3-14），局部归一化图像窗口 W 内，有

$$\mu^{L}_{W} = E\left(\frac{k_{(x,y)} - \mu^{k}_{W}}{\sigma^{k}_{W}}\right) = \frac{E\left(k_{(x,y)}\right) - \mu^{k}_{W}}{\sigma^{k}_{W}} = 0 \qquad (x,y) \in W \tag{3-16}$$

$$\sigma^{L}_{W} = \operatorname{Var}\left(\frac{k_{(x,y)} - \mu^{k}_{W}}{\sigma^{k}_{W}}\right) = \frac{\operatorname{Var}\left(k_{(x,y)}\right)}{\sigma^{k}_{W}} = 1 \qquad (x,y) \in W \tag{3-17}$$

性质 2 表明，即使在光照强度、反射性质不同的条件下，两个无伤损的背景窗口局部归一化的结果图像也应该具有相似的灰度值。如图 3.2 所示，局部归一化操作能够平滑钢轨图像的背景。

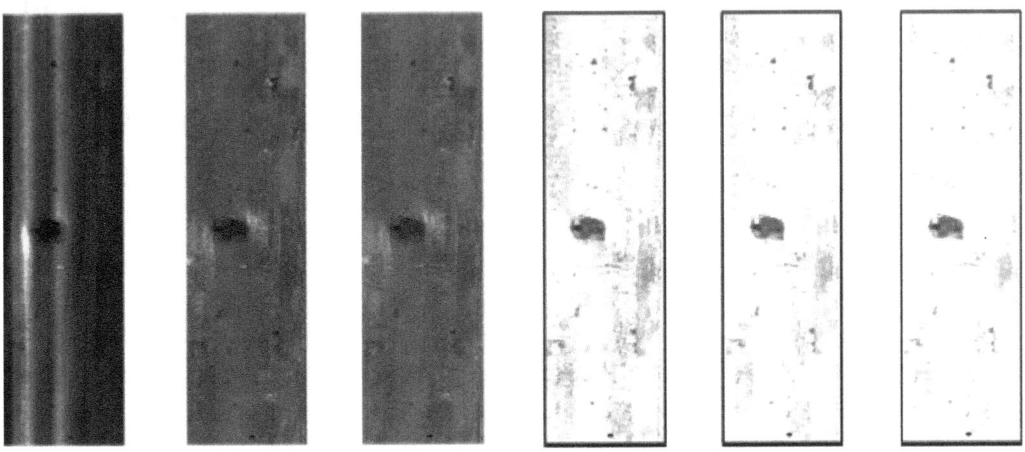

（a）原始钢轨图像　（b）使用滑动窗口的局部归一化钢轨图像　（c）使用固定窗口的局部归一化钢轨图像　（d）dp=0.4 对图（c）的 FLNI 结果　（e）dp=0.3 对图（c）的 FLNI 结果　（f）dp=0.1 对图（c）的 FLNI 结果

图 3.2　局部归一化图像及 FLNI 后的局部归一化图像对比

实验发现，在局部归一化操作过程中，局部窗口 W 的选择至关重要。一方面，W

的选取直接影响局部归一化图像的生成质量；另一方面，W 的选取决定增强算法的计算复杂度。有两种常见的窗口选择方式：一种是滑动窗口，即图像中的每个像素对应一个以自身为中心像素的窗口；另一种是固定窗口，也就是一幅图像可以被分割为多个非重叠窗口，窗口内的所有像素都共享该窗口。图 3.2（b）和图 3.2（c）分别展示了使用滑动窗口和固定窗口对原始钢轨图像[图 3.2（a）]进行局部归一化后的效果图。实验结果表明，滑动窗口和固定窗口对钢轨图像有相似的对比度增强效果，但是固定窗口的计算量更低。

对于服役状态的钢轨而言，钢轨表面伤损发生的概率较低且伤损面积较小，因此伤损所占钢轨面积的比例总是很小。经过局部归一化处理后的钢轨图像，伤损区域的像素灰度值小于背景像素，但是背景像素灰度值的变化范围更大。为了解决这个问题，本节提出了基于投影轮廓的伤损检测算法，即使用伤损占比滤波器对局部归一化图像进行进一步的增强。给定一张钢轨图像中伤损像素占比上限 dp，滤波阈值 T_{dp} 定义如下：

$$T_{\mathrm{dp}} = \underset{T}{\arg\min}\left(\left|\frac{\mathrm{Num}\left(L_{(x,y)} < T\right)}{\mathrm{Num}(L)} - \mathrm{dp}\right|\right) \tag{3-18}$$

式中，$\mathrm{Num}\left(L_{(x,y)} < T\right)$ 表示灰度值小于 T 的像素的个数；$\mathrm{Num}(L)$ 表示局部归一化图像 L 中像素总数。阈值 T_{dp} 可以将局部归一化图像的像素分为两组：同时包含伤损像素与背景像素的 $C_{\mathrm{O}} = \left\{L_{(x,y)} < T_{\mathrm{dp}}\right\}$ 和仅由背景像素组成的 $C_{\mathrm{B}} = \left\{L_{(x,y)} \geqslant T_{\mathrm{dp}}\right\}$。为了进一步减小背景灰度的波动范围，使用阈值 T_{dp} 对 C_{B} 进行截断处理。滤波后的局部归一化图像（filtered local normalized image，FLNI）定义如下：

$$\mathrm{FL}_{(x,y)} = \begin{cases} L_{(x,y)}, & L_{(x,y)} < T_{\mathrm{dp}} \\ T_{\mathrm{dp}}, & \text{其他情况} \end{cases} \tag{3-19}$$

图 3.2（d）、（e）、（f）分别展示了伤损像素占比上限 dp 取值为 0.4、0.3、0.1 时 FLNI 的可视化结果。可以发现，滤波后的局部归一化图像有着更好的对比度且必要的伤损信息得以保留。

3.3.2 基于投影轮廓的伤损检测算法

滤波后的局部归一化图像中包含伤损、背景和噪声三种类型的像素。从灰度值的变化来看，伤损像素和噪声像素的灰度值通常小于背景像素的灰度值，而且，伤损像素灰度值一般在窄小灰度区间内波动，而噪声像素灰度值波动范围更大。从空间分布来看，伤损像素通常呈簇状分布，而噪声像素和背景像素通常呈均匀分布。因此，穿过伤损区域的横向截线上像素的灰度均值相对较小。类似地，在局部窗口内，穿过伤损区域的纵向截线上的像素灰度均值也相对较小。

基于上述分析，本节提出基于投影轮廓的伤损检测算法，其主要包含伤损纵向位置定位、伤损横向位置定位和伤损识别。图 3.3 所示为所提方法的整体框架。

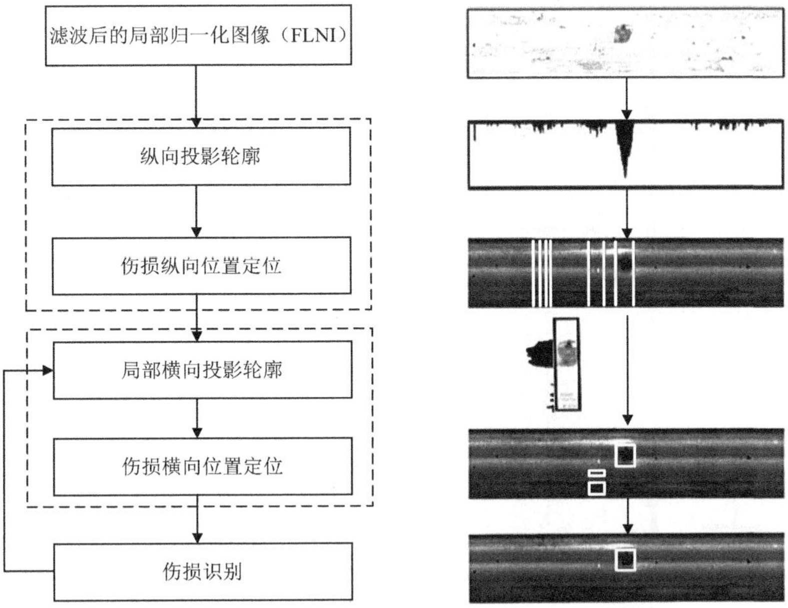

图 3.3　基于投影轮廓的伤损检测算法的整体框架

1. 伤损纵向位置定位

给定滤波后的局部归一化图像，横向线 $Y=y$ 上的灰度均值为

$$m_y=\sum_x \frac{\mathrm{FL}_{(x,y)}}{N_X} \tag{3-20}$$

式中，N_X 表示输入图像的横向宽度。需要指出的是，这里的 X 对应横向，Y 对应纵向。为了突出伤损的位置，定义纵向投影轮廓为

$$H_y=255-m_y \qquad y\in[1,N_Y] \tag{3-21}$$

式中，N_Y 表示输入图像的纵向长度。

图 3.4（b）为图 3.4（a）对应的纵向投影轮廓，尽管滤波后的局部归一化图像包含部分噪声，但是在纵向投影轮廓中伤损的纵向位置依然被突显出来。

基于纵向投影轮廓，可通过以下四步来实现潜在伤损纵向位置的定位。

（1）使用高通滤波对纵向投影轮廓进行截断处理，截断阈值设置为纵向投影轮廓 H_y 的均值 μ_y。对于 $y\in[1,N_Y]$，如果 $H_y<\mu_y$，则 H_y 设置为 0；否则 H_y 保持原值不变。图 3.4（c）展示滤波处理后的纵向投影轮廓，其中的窄小区间是干扰噪声造成的，将在下一步骤得到处理。

（2）平滑滤波后的纵向投影轮廓以消除窄小区间。设置最小区间长度为 $\varDelta$，如果滤波后的纵向投影轮廓中某区间长度小于 $\varDelta$，则该间隔中的 H_y 设置为 0；否则，H_y 保持不变。图 3.4（d）展示了消除窄小区间后的纵向投影轮廓图。

（3）合并纵向投影轮廓中的邻近窄小区间，避免过分割。将平滑滤波后的投影轮廓图中邻近的窄小区间合并，效果如图 3.4（e）所示。

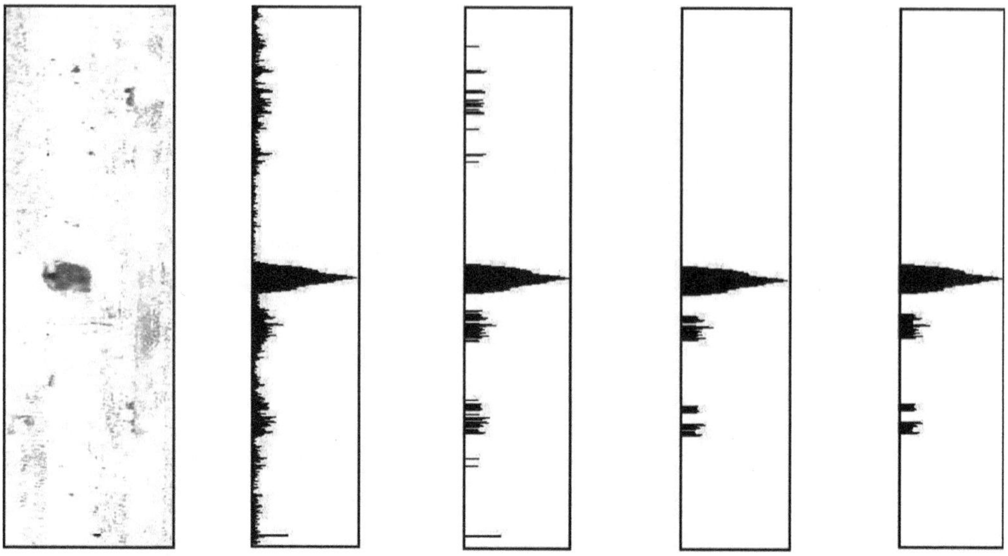

(a) 滤波后的局部归一化图像　(b) 纵向投影轮廓　(c) 滤波后的纵向投影轮廓　(d) 平滑滤波后的纵向投影轮廓　(e) 合并纵向投影轮廓中的邻近窄小区间

图 3.4　伤损纵向位置定位示意图

(4) 在纵向投影轮廓图的邻近窄小区间合并后，每个连续的区间被定义为一个纵向可疑区间（longitudinal suspect interval，LSI），即 $\mathrm{LSI}=\left[D_{y1},D_{y2}\right]$，其中 D_{y1} 和 D_{y2} 分别为 Y 轴上纵向可疑区间的上、下坐标。

2. 伤损横向位置定位

伤损横向位置的定位过程与纵向位置的定位过程类似，只是这里的剖面定义在横向方向上，并在由 LSI 确定的子图像中计算。

首先，给定截取过的纵向可疑区间 $\mathrm{LSI}=\left[D_{y1},D_{y2}\right]$，其局部横向投影轮廓可通过下式计算：

$$H_x=255-\sum_{y\in\left[D_{y1},D_{y2}\right]}\frac{\mathrm{FL}_{(x,y)}}{\left(D_{y2}-D_{y1}+1\right)} \tag{3-22}$$

图 3.5（a）和图 3.5（b）分别给出由伤损纵向可疑区间定位截取的图像子块及对应的横向投影轮廓。图 3.5（c）展示了横向投影轮廓经阈值截断后的处理结果，平滑滤波与合并邻近窄小区间后的结果如图 3.5（d）所示。最终，每个连续的小区间被定义为横向可疑区间（transversal suspect interval，TSI），即 $\mathrm{TSI}=\left[D_{x1},D_{x2}\right]$，其中 D_{x1} 和 D_{x2} 分别为 X 轴上横向可疑区间的左、右坐标。

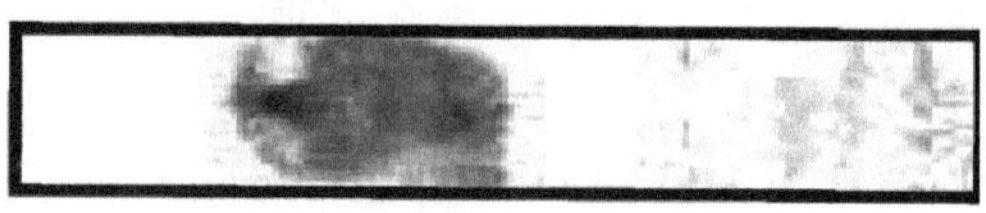

(a) 纵向可疑区间定位截取的图像子块

图 3.5　伤损横向位置定位示意图

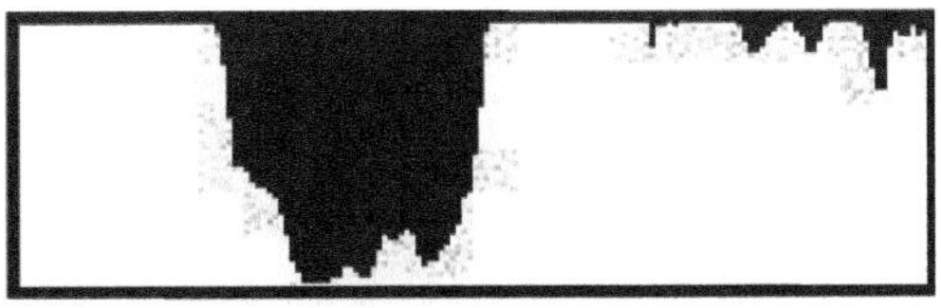

（b）横向投影轮廓

（c）阈值截断后的横向投影轮廓

（d）平滑滤波与合并邻近窄小区间后的横向投影轮廓

图 3.5（续）

3. 伤损识别

将纵向可疑区间和横向可疑区间匹配得到的可疑矩形框记作 $\mathrm{SR}=\left[D_{y1}:D_{y2},D_{x1}:D_{x2}\right]$。由于噪声的干扰，某些可疑矩形框并非真正伤损区域。因此，还需要对每个可疑矩形框做进一步的核对。判断一个可疑矩形框是否为真正伤损区域主要考虑两点：矩形框面积和局部区域对比度。一方面，根据《铁路线路维修规则》（铁运〔2006〕146 号）和业务实施经验，伤损的面积应大于设定的判定阈值 T_{a}。另一方面，伤损区域应该与其邻域，尤其是纵向邻域，有较高的对比度。因此，拓展矩形框可以定义为 $\mathrm{ER}=\left[D_{y1}-h/2:D_{y2}+h/2,D_{x1}:D_{x2}\right]$，其中，$h=D_{y2}-D_{y1}$ 表示在纵向上的拓展长度。可疑矩形框 SR 与拓展矩形框 ER 之间的局部对比度为

$$C(\mathrm{SR})=\frac{\mu_{\mathrm{ER}}-\mu_{\mathrm{SR}}}{\mu_{\mathrm{ER}}} \tag{3-23}$$

式中，μ_{ER} 和 μ_{SR} 分别表示原始钢轨图像中 ER 区域和 SR 区域像素灰度的均值。

因此，一个可疑矩形框是否为伤损区域可通过以下准则进行判定：

$$T(\mathrm{SR})=\begin{cases}1, & \mathrm{Area}(\mathrm{SR})\geqslant T_{\mathrm{a}}\ 且 C(\mathrm{SR})\geqslant T_{\mathrm{C}}\\ 0, & 其他情况\end{cases} \tag{3-24}$$

伤损判定阈值 T_{a} 可以根据铁路维护规范和捕获的铁路图像的分辨率定义，也可以根据实际情况给 SR 添加一个区域上限。对比度阈值 T_{C} 可以根据经验设定，本节选择 $T_{\mathrm{C}}=0.1$。当然，如果有必要，也可以为 SR 添加一个区域上限。

需要注意的是，还有其他复杂的识别方法可以应用于伤损识别，本节选择阈值法主要有两方面考虑：一方面，阈值法快速且简单；另一方面，本节方法侧重于对比度增强和伤损定位。

3.3.3 实验结果与分析

1. 实验设置

根据《铁路线路维修规则》(铁运〔2006〕146号)关于钢轨轻伤和重伤标准的定义,以及现场实施经验,本节实验根据伤损区域面积 A_d 大小,将钢轨表面伤损分为以下两种类型。

(1)类型1:$80\ \text{mm}^2 \leqslant A_d \leqslant 314\ \text{mm}^2$。

(2)类型2:$A_d > 314\ \text{mm}^2$。

实验所用钢轨图像尺寸为1200像素×512像素,分辨率为1 mm×1 mm。数据集中共包含600张钢轨图像,其中300张图像至少包含1个伤损,300张不包含伤损。数据集中伤损的数量是756个,包括582个类型1伤损和174个类型2伤损。所有钢轨表面伤损均由领域资深专家标注,以确保数据标注质量。为了提高工作效率,伤损标注形式为伤损区域的最小外接矩形。对于视觉检测系统而言,检测结果同样表示为矩形框,如果检测结果与标注伤损的最小外接矩形重合度超过80%则认为检测正确。实验使用精确率(precision,Pre)和召回率(recall,Rec)作为评价指标评估模型性能,其计算公式定义如下:

$$\text{Pre}=\frac{\text{TP}}{\text{TP+FP}} \tag{3-25}$$

$$\text{Rec}=\frac{\text{TP}}{N} \tag{3-26}$$

式中,TP、FP分别表示正确和错误检测出伤损的个数;N 表示人工标注伤损总数。

2. 针对局部归一化操作的参数敏感性分析

局部归一化处理包含两个重要参数:窗口类型和伤损占比上限dp。窗口类型影响局部归一化图像的生成质量,而伤损占比上限dp则直接决定滤波操作舍弃的信息量。因此,首先验证窗口类型和伤损占比上限dp的参数敏感性对伤损检测性能的影响。

1)窗口类型的参数敏感性分析

实验比较三种不同类型的窗口:方形窗口(16像素×16像素)、矩形窗口(100像素×8像素)和线状窗口(1200像素×1像素)。为了控制变量影响,设置伤损占比上限dp为0.3。

图3.6和表3.1分别展示了使用不同类型的窗口对钢轨图像进行局部归一化操作及相应伤损检测的定性分析和量化指标。实验结果表明,方形窗口局部归一化图像及对应的检测结果最差,矩形窗口次之,线状窗口最好。线状窗口表现最好主要有两方面的原因:一方面,列车沿着钢轨纵向运动,对钢轨表面沿纵向产生相似的作用及影响,导致纵向上钢轨表面的反射性质较为同质,但在横向上可能变化较大;另一方面,沿钢轨纵向的光照条件基本保持稳定。这两点使线状窗口的局部归一化操作更容易将伤损突显出来。

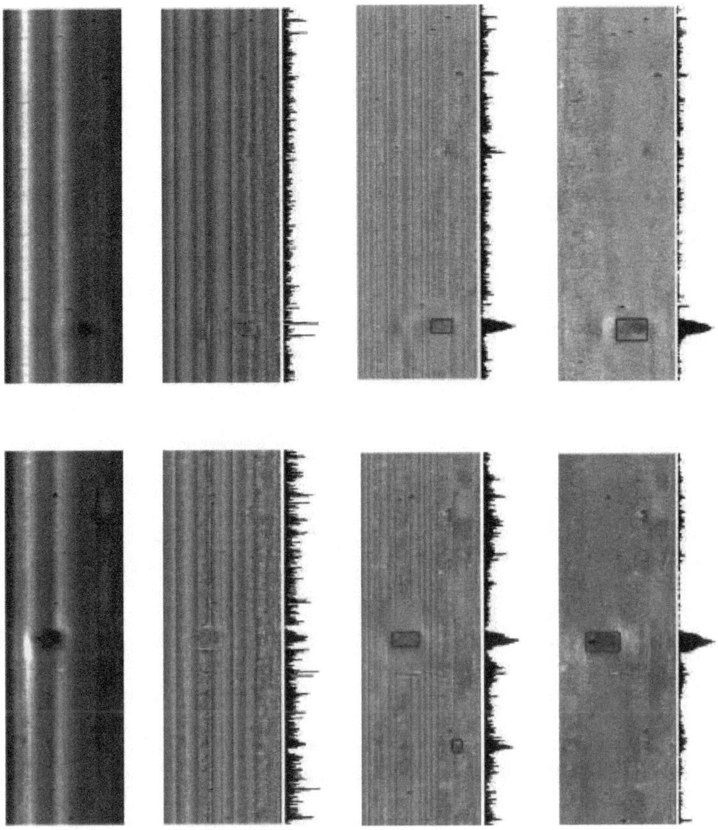

（a）原始图像　（b）方形窗口　（c）矩形窗口　（d）线状窗口

图 3.6　使用三种类型窗口的局部归一化图像

表 3.1　视觉检测系统使用不同类型窗口对应的伤损检测结果

钢轨表面伤损类型	方形窗口		矩形窗口		线状窗口	
	Pre/%	Rec/%	Pre/%	Rec/%	Pre/%	Rec/%
类型 1	41.11	25.43	51.35	62.02	72.78	80.41
类型 2	50.00	5.75	53.33	73.56	81.00	93.10

2）伤损占比上限 dp 的参数敏感性分析

伤损占比上限 dp 直接决定局部归一化操作过滤的信息量，实验中测试了 dp 不同取值，分析 $dp=\{0.05, 0.1, 0.2, 0.3, 0.4, 0.5, 0.6, 0.7, 0.8, 0.9, 1.0\}$ 时视觉检测系统的性能变化。图 3.7 显示了在不同 dp 取值下视觉检测系统对类型 1 和类型 2 伤损检测的精确率和召回率。可以发现，当 dp 取值大于 0.3 时，检测系统对类型 1 和类型 2 伤损的遗漏逐渐加剧，导致召回率显著下降。为了保留钢轨图像伤损信息的同时能够有效去噪，伤损占比上限 dp=0.3 时实现最佳的平衡。

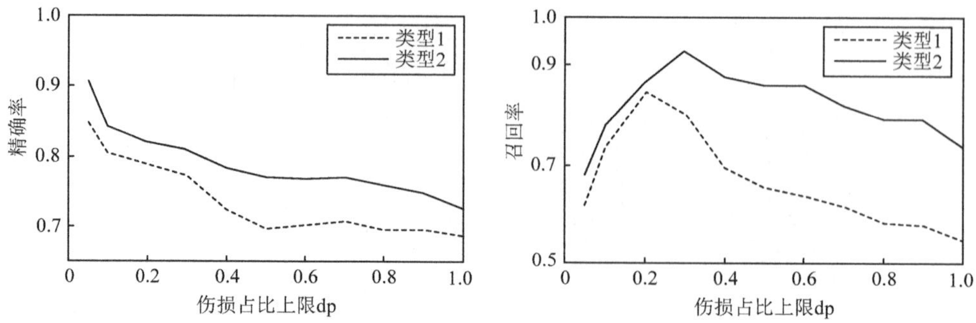

图 3.7 不同伤损占比下视觉检测系统对类型 1 和类型 2 伤损检测的精确率和召回率曲线图

3. 对比实验

局部归一化操作和基于投影轮廓的伤损检测算法是本节视觉检测系统的核心模块。本实验将两个算法分别与其他图像对比度增强算法和伤损检测算法进行性能比较与分析。

1）图像对比度增强算法性能比较

表 3.2 详细对比了局部归一化算法与无对比度增强、全局直方图均衡化[19]、限制对比度自适应直方图均衡化算法[22]在伤损检测任务上的性能差异。在各自最优参数设置下，全局直方图均衡化较不使用任何对比度增强策略反而出现了下降。这主要是因为全局直方图均衡化会对整个图像的对比度进行统一调整，不仅增强了伤损区域的对比度，也增强了背景噪声。此外，钢轨表面的伤损通常具有局部特征，而全局直方图均衡化会忽略局部区域的对比度变化，导致细节丢失，从而影响检测效果。限制对比度自适应直方图均衡化能够在增强对比度的同时限制高对比度的放大，避免了过度增强。这种限制机制可以防止图像中某些区域变得过亮或过暗，从而保留更多的细节信息，减少伪影和噪声的影响。实验结果表明，局部对比度增强算法在图像的局部区域内进行对比度强化，这样可以保留和增强伤损的局部特征，而不过度增强背景噪声，更适用于钢轨表面伤损的视觉检测。图 3.8 展示了不同对比度增强算法处理下伤损检测结果的可视化。

表 3.2 不同对比度增强算法下的伤损检测的精确率和召回率

对比度增强算法	类型 1		类型 2	
	Pre/%	Rec/%	Pre/%	Rec/%
无对比度增强	41.02	40.03	48.02	48.85
全局直方图均衡化	31.21	35.57	37.02	50.00
限制对比度自适应直方图均衡化	42.01	45.19	59.03	77.01
局部归一化	72.78	80.41	81.00	93.10

2）图像定位算法性能比较

将基于投影轮廓的伤损检测算法与传统的基于阈值分割的 OTSU 算法[25]及改进的

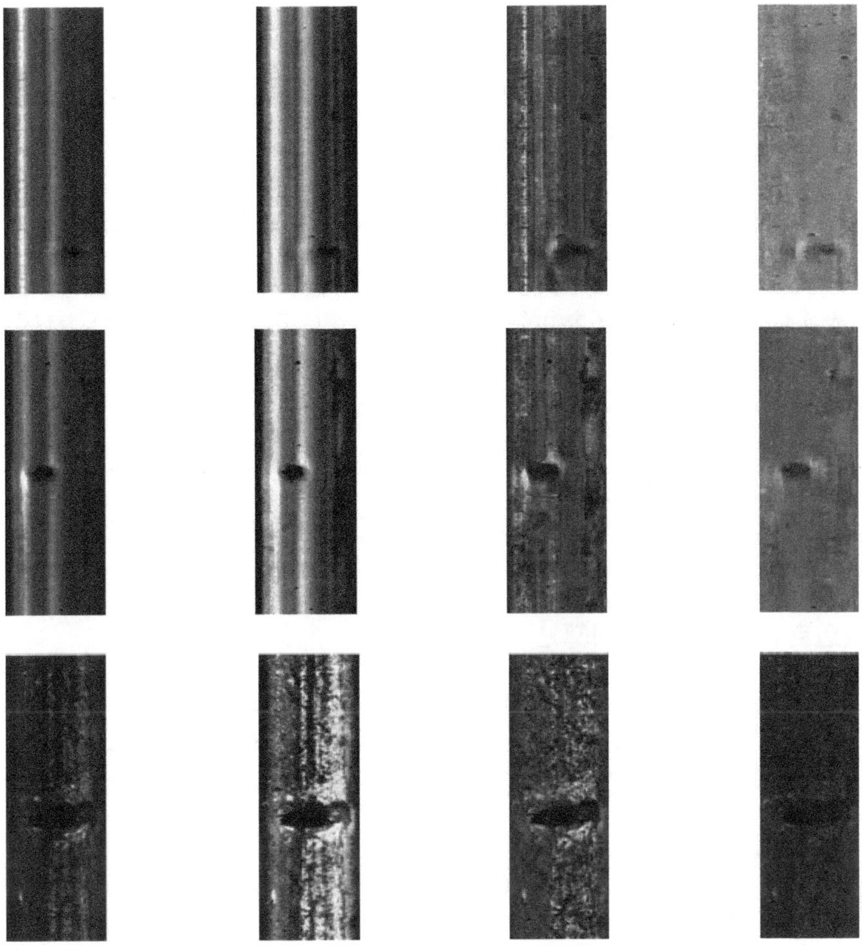

（a）原始图像　（b）全局直方图均衡化处理结果　（c）限制对比度自适应直方图均衡化处理结果　d）局部归一化处理结果

图 3.8　不同对比度增强算法处理下伤损检测结果可视化

OTSU 算法[26]进行比较。在实验中，三种算法均采用局部归一化操作用于钢轨图像对比度增强。不同于基于投影轮廓的伤损定位，OTSU 算法和改进的 OTSU 算法对局部归一化图像进行阈值分割，将连接的前景部分判定为潜在伤损。三种伤损检测算法对钢轨表面伤损检测的精确率和召回率如表 3.3 所示。总体而言，基于投影轮廓的定位算法对类型 2 的轨道表面伤损取得了最高的检测精确率和召回率，对类型 1 的轨道表面伤损，其检测召回率略低于 OTSU 算法和改进的 OTSU 算法。

表 3.3　不同伤损检测算法下的伤损检测的精确率和召回率

伤损检测算法	类型 1		类型 2	
	Pre/%	Rec/%	Pre/%	Rec/%
传统的 OTSU	66.06	81.62	71.70	87.93
改进的 OTSU	67.89	82.82	77.23	89.65
基于投影轮廓的伤损检测算法	72.78	80.41	81.00	93.10

4. 算法实时性分析

针对数据集中的 600 张真实轨道图像，在配置为 Intel(R) Core(TM) i5 CPU (2.67 GHz)和 4 GB 内存的计算机上两次运行 C++语言程序。对于每一张输入图像，程序平均运行时间和标准差对比如表 3.4 所示。可以发现，对于一张钢轨长度为 1.2 m 的轨道图像，其平均伤损检测时间不超过 20 ms。可以推断，所搭建的钢轨表面伤损视觉检测系统的平均检测速度为 216 km/h，远远优于超声波检测（70 km/h）和涡流检测（70 km/h）。

表 3.4 检测一张钢轨图像中的伤损视觉检测系统的平均运行时间和标准差对比

类型 1		类型 2	
平均运行时间/ms	运行时间标准差/ms	平均运行时间/ms	运行时间标准差/ms
20	2	19	2

3.4 基于比例强化最大熵的伤损检测模型

3.4.1 类迈克尔逊对比度测量算法

类迈克尔逊对比度测量（Michelson-like contrast measure，MLC）算法具有非线性的特点，与人类视觉系统类似。基于 MLC 的增强算法能够消除光照不均，并减少铁路图像中背景的变化。给定钢轨图像 I 中位于 (x,y) 处的像素及其所处尺寸为 $w\times h$ 的邻域窗口 W，像素 (x,y) 的 MLC 值定义为

$$\mathrm{MLC}_{(x,y)}=\frac{I_{(x,y)}-\mu_W}{I_{(x,y)}+\mu_W} \tag{3-27}$$

式中，$I_{(x,y)}$ 表示 (x,y) 处像素的灰度值；μ_W 表示窗口 W 内像素灰度值的均值。

作为一种非线性变换度量，MLC 与人类视觉系统有相似的特征。图 3.9（a）展示了 MLC 的三维效果图。从中不难发现，当 μ_W 取值较小时，MLC 能显著拉伸 $I_{(x,y)}$ 低灰度像素区间。如图 3.9（b）所示，当 $\mu_W=20$ 时，$I_{(x,y)}$ 中的低灰度像素区间 $[0,20]$ 被映射到 $[-1,0]$，而 $[20,255]$ 被映射到 $(0,0.85]$。这意味着 MLC 能够增强原始图像中的暗点。当 μ_W 取值较大时，MLC 近似为线性变换，如图 3.9（c）展示了当 $\mu_W=200$ 时的 MLC 曲线。

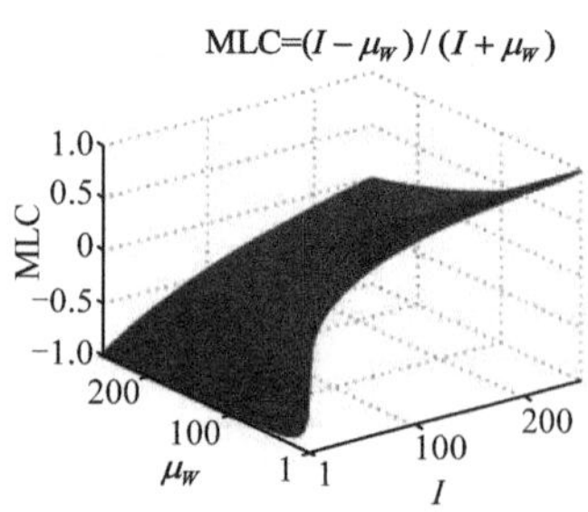

（a）MLC 三维效果图

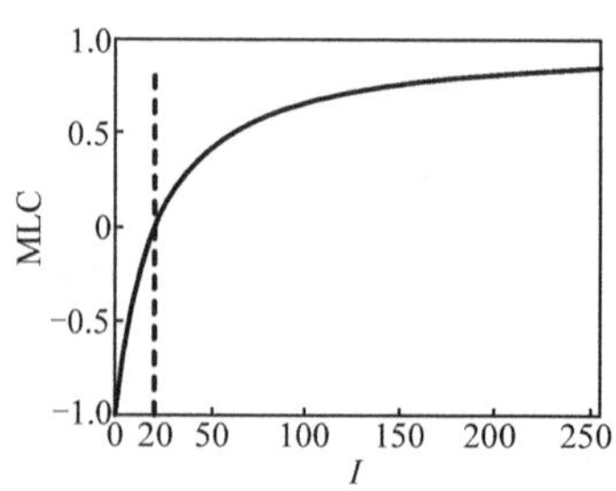

（b）$\mu_W=20$ 时的 MLC 曲线

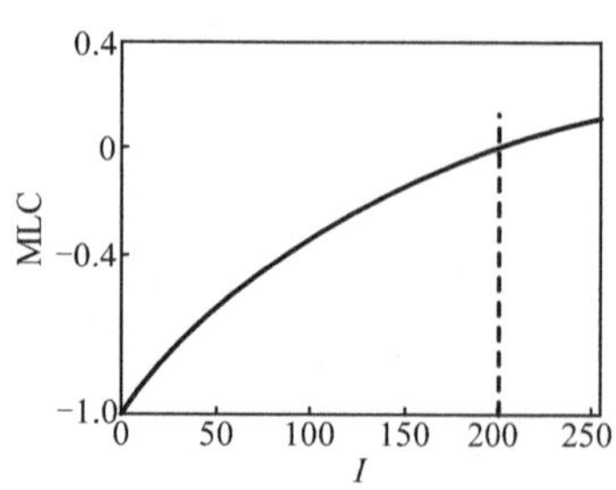

（c）$\mu_W=200$ 时的 MLC 曲线

图 3.9 MLC 可视化效果图

一般情况下，伤损像素的灰度值小于背景像素的灰度值。因此，可以将 MLC 的取值 $[-1,1]$ 分成 $[-1,0)$ 和 $(0,1]$ 两个区间，如果 (x,y) 处像素的 MLC 值位于 $[-1,0)$ 内，则当前像素较邻域像素相比表现较暗，很可能属于伤损像素；反之，如果 (x,y) 处像素的 MLC 值位于 $(0,1]$ 内，则当前像素灰度值超过窗口 W 内像素的平均灰度，可以认为其属于背景像素。为了减少背景像素的干扰，定义截断 MLC 形式如下：

$$\mathrm{MLC}_{(x,y)}=\begin{cases}\dfrac{I_{(x,y)}-\mu_W}{I_{(x,y)}+\mu_W}, & I_{(x,y)}<\mu_W\\ 0, & \text{其他情况}\end{cases} \tag{3-28}$$

为方便描述，本节将 MLC 算法和截断 MLC 算法处理过的图像称为 MLC 图像和截断 MLC 图像。如图 3.10（b）和图 3.10（c）所示，原始图像中的伤损目标被显著增强。

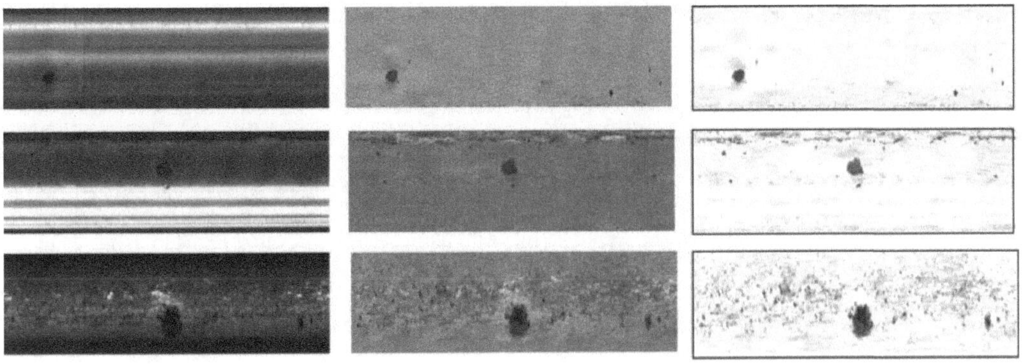

（a）原始图像　（b）MLC 图像　（c）截断 MLC 图像

图 3.10　MLC 图像示例

3.4.2　比例强化最大熵阈值分割算法

定义 1： 给定一幅 MLC 图像 M。令 f_i 表示灰度值 i 在图像 M 中出现的频次，则灰度值 i 的出现概率为

$$p_i=\frac{f_i}{N}\quad i\in[0,255] \tag{3-29}$$

式中，N 表示图像 M 中的像素总数。图像像素的全局分布可记为

$$P_{\mathrm{G}}=\{p_i\mid i\in[0,255]\} \tag{3-30}$$

定义灰度值 t 的累计概率为

$$P(t)=\sum_{i=0}^{t-1}p_i \tag{3-31}$$

如果 $0<P(t)<1$，从 P_{G} 中可得到两个边缘分布，分别如下：

$$P_{\mathrm{O}}=\left\{\frac{p_0}{P(t)},\frac{p_1}{P(t)},\cdots,\frac{p_{t-1}}{P(t)}\right\} \tag{3-32}$$

$$P_{\mathrm{B}}=\left\{\frac{p_t}{1-P(t)},\frac{p_{t+1}}{1-P(t)},\cdots,\frac{p_{255}}{1-P(t)}\right\} \tag{3-33}$$

式中，P_{O}、P_{B}分别表示物体分布和背景分布。

对于图像分割任务而言，灰度值t通常对应分割阈值，即t能把图像像素分为$C_{\mathrm{O}}=\{0,1,\cdots,t-1\}$和$C_{\mathrm{B}}=\{t,t+1,\cdots,255\}$两类。为了实现图像中关注目标的阈值分割，研究者们提出了许多阈值求解方法。Kapur 等[27]提出的最大熵（maximum entropy，ME）准则通过最大化物体分布P_{O}和背景分布P_{B}的信息来求解分割阈值t。根据信息论的观点，分布的信息量通过熵来刻画[28]，定义为

$$E_{\mathrm{O}}(t)=-\sum_{i=0}^{t-1}\left(\frac{p_i}{P(t)}\cdot\ln\frac{p_i}{P(t)}\right) \tag{3-34}$$

$$E_{\mathrm{B}}(t)=-\sum_{i=0}^{t-1}\left(\frac{p_i}{1-P(t)}\cdot\ln\frac{p_i}{1-P(t)}\right) \tag{3-35}$$

式中，$E_{\mathrm{O}}(t)$和$E_{\mathrm{B}}(t)$分别表示物体熵和背景熵。至此，最大熵准则下的最佳阈值可以由下式决定：

$$t^*=\arg\max_{t\in[0,255]}\left(E_{\mathrm{O}}(t)+E_{\mathrm{B}}(t)\right) \tag{3-36}$$

尽管最大熵准则提供了有效的阈值选取方法，但其并不适用于钢轨伤损检测任务。一方面，MLC 图像像素的全局分布P_{G}是单峰的，这显著影响熵函数$E_{\mathrm{O}}(t)$和$E_{\mathrm{B}}(t)$的函数特性。这是因为在实际环境中，采集到的原始钢轨图像的大部分图像像素属于背景像素，仅有少数属于伤损像素和噪声像素。经过 MLC 图像增强算法处理重新归一化到$[0,255]$，结果图像中大部分背景像素的灰度值都接近 255，而伤损像素和噪声像素的灰度值通常较小。

图 3.11 前三行分别展示了图 3.10 中三张钢轨图像的全局分布P_{G}及关于目标和背景的熵变化曲线。此外，本节还随机选取了 500 张钢轨图像，这些图像的像素平均全局分布见图 3.11（a）最后一行。可以发现，像素全局分布P_{G}呈单峰态势，且由p_{255}及其邻域像素分布占主导地位。例如，p_{255}往往大于 0.5，而$i<240$时，p_i往往小于 0.01。导致的结果如图 3.11（c）所示，即当t不位于 255 的邻域区域时，背景熵$E_{\mathrm{B}}(t)$变化很小；与之对应的是，像素的全局分布P_{G}并不对物体熵$E_{\mathrm{O}}(t)$产生显著影响，如图 3.11（b）所示。也就是说，最大熵准则下最优阈值的选取主要由物体熵$E_{\mathrm{O}}(t)$决定。

定义 2： 图像中阈值化伤损像素数量与总像素数量的比值表示伤损占比。

对于服役状态的钢轨而言，伤损占比总是较小的[29]。在 MLC 图像中，伤损占比等于累积概率$P(t)$。理想的阈值t应该符合$P(t)$较小，或者等价为背景占比时，$(1-P(t))$应该较大。因此，本节提出基于比例强化最大熵（proportion emphasized maximum entropy，PEME）的阈值算法，该算法选取的分割阈值能够最大化物体熵与背景占比的乘积，即

$$t^*=\arg\max_{t\in[0,255]}\left(E_{\mathrm{O}}(t)\cdot(1-P(t))^{\alpha}\right) \tag{3-37}$$

式中，α为权重系数，控制$(1-P(t))$的贡献率。α越大，对应的最优阈值t^*越小。当$\alpha=0$时，PEME 退化为最大化物体熵（maximum object entropy，MOE）算法。

得益于能够同时考虑物体熵和伤损占比的准则，PEME 较 ME 和 MOE 算法有以下两方面的优势。

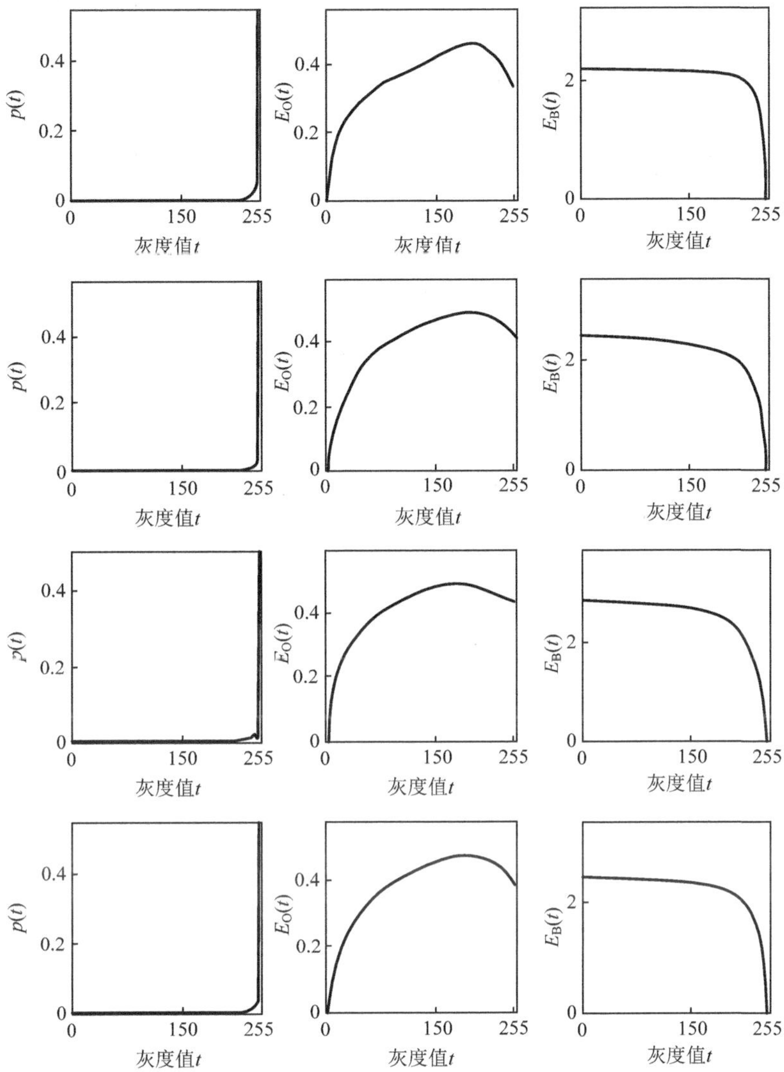

（a）全局概率分布　（b）物体熵$E_O(t)$曲线　（c）背景熵$E_B(t)$曲线

前三行对应图 3.10 中的钢轨图像，最后一行为随机选取的 500 张钢轨图像相关指标的平均曲线。

图 3.11　灰度值 t 的概率分布、物体熵和背景熵

（1）PEME 算法能获得更小的阈值，在去除噪声的同时保持必要的伤损信息。图 3.12 展示了三种阈值算法的处理结果，可以看到，PEME 算法总是获得最小阈值且阈值化后的结果图像中噪声最少。与此同时，MOE 算法与 ME 算法的实验结果近似，这也进一步证明了最大熵准则下的最优阈值主要由物体熵 $E_O(t)$ 决定。

（2）与 ME 算法相比，由于不需要计算式（3-35）中的背景熵 $E_B(t)$，PEME 算法的计算量更少。

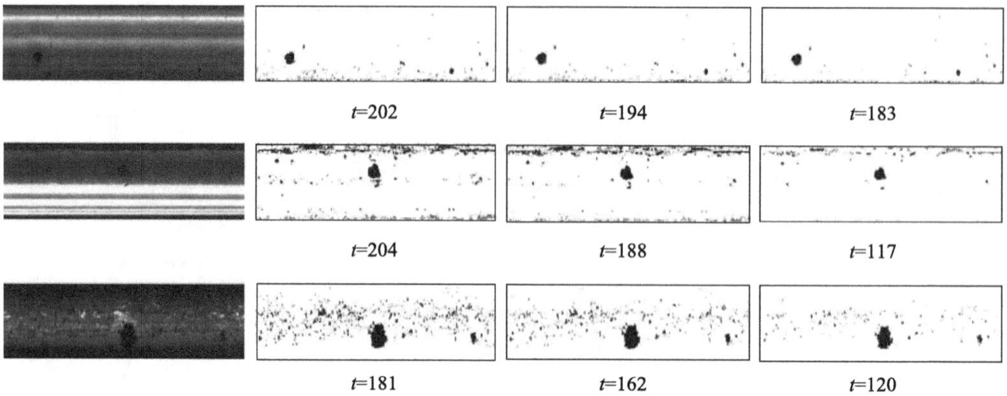

（a）原始图像 （b）MOE 算法的处理结果 （c）ME 算法的处理结果 （d）PEME 算法的处理结果

图 3.12 不同阈值算法的噪声与伤损处理结果

3.4.3 实验结果分析

1. 实验设置

本次实验采用钢轨图像尺寸为 1200 像素×512 像素，分辨率为 1 mm×1 mm。钢轨伤损数据集中共包含 2000 张钢轨图像，其中 500 张图像至少包含 1 个伤损，1500 张图像不包含伤损，总共有 1228 个伤损，涉及 942 个类型 1 伤损和 286 个类型 2 伤损。钢轨表面伤损均由领域专家标注，且为了提高标注效率，伤损标注形式为伤损区域的最小外接矩形。对于视觉检测系统而言，检测结果同样表示为矩形框。如果检测结果与标注伤损的最小外接矩形重叠区域超过 80%则认为检测正确。评价指标与 3.3.3 节相同。

2. 算法参数敏感性分析

本节的钢轨表面伤损检测算法涉及两个重要参数：MLC 图像增强算法中的局部窗口类型和 PEME 算法中的权重系数α。窗口类型影响钢轨图像增强的效果，而 PEME 中的α则决定背景占比的重要性。

1）窗口类型的参数敏感性分析

本实验中主要比较了三种类型的窗口：方形窗口（16 像素×16 像素）、矩形窗口（100 像素×8 像素）和线状窗口（100 像素×1 像素）。为控制变量影响，在窗口类型的参数敏感性分析中，PEME 算法α设置为 1。图 3.13 展示了基于 MLC 图像增强算法使用不同类型的窗口对钢轨图像进行增强及相应的伤损检测结果，检测的精确率和召回率如表 3.5 所示。可以发现，MLC 算法使用方形窗口对图像进行增强表现最差，对应的伤损检测精确率和召回率都最低。线状窗口在图像增强和伤损检测上有着较好的表现，具体原因分析可参见 3.3.3 节的实验部分。

图 3.13（彩图）

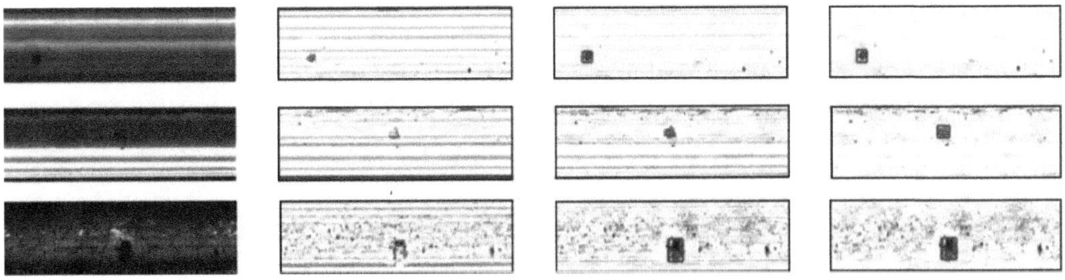

(a) 原始图像　(b) 方形窗口　(c) 矩形窗口　(d) 线状窗口

图 3.13　MLC 图像和使用不同类型窗口的伤损检测结果

表 3.5　视觉检测系统使用不同类型窗口对应的伤损检测结果

伤损类型	方形窗口		矩形窗口		线状窗口	
	Pre/%	Rec/%	Pre/%	Rec/%	Pre/%	Rec/%
类型 1	39.00	60.61	64.02	82.91	76.03	88.53
类型 2	20.97	22.72	70.09	81.12	81.11	91.61

2）PEME 算法中 α 的参数敏感性分析

PEME 算法[式(3-37)]中的参数 α 决定背景占比的重要性。本实验分析 $\alpha=\{0,1,2,3,4,5,10,15,20\}$ 时模型的检测性能。

图 3.14 为 PEME 算法在取不同 α 参数值时对类型 1 和类型 2 钢轨表面伤损检测的精确率和召回率。从图中可以看出，α 取值越大，对应检测结果的召回率越低，但同时精确率会逐渐升高。这是因为，α 取值越大，产生的分割阈值越小，也就是说，越多的像素会被判定为背景像素，进而会导致较高的精确率和较低的召回率。此外，当 $\alpha=0$ 时，PEME 算法退化为 MOE 模型。将 $\alpha=1$ 时的 PEME 算法命名为 PEME-1，从图 3.12 中也可以看出，PEME 算法与 MOE 算法有着相似的召回率，但是 PEME-1 对应的检测精确率更高，这也证明了伤损占比是关乎钢轨表面伤损检测的重要因素。

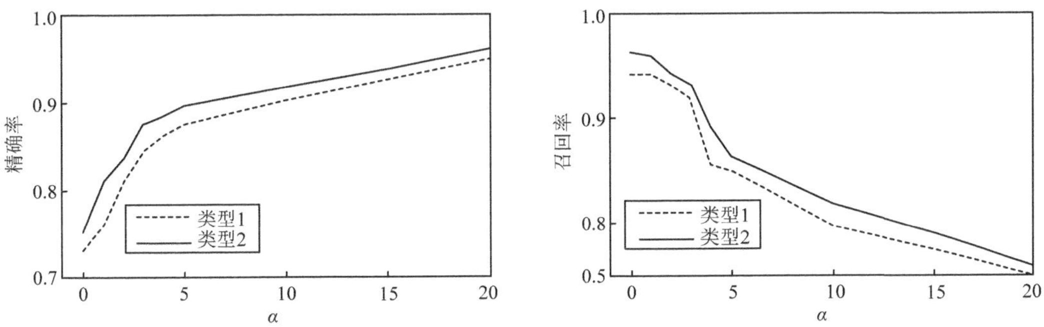

图 3.14　PEME 算法中不同 α 值对应检测结果的准确率和召回率曲线

3．对比实验

基于 MLC 的图像增强算法和基于比例强化最大熵的阈值分割算法是本节视觉检测系统的核心模块。本实验将这两个算法分别与其他图像对比度增强算法和伤损分割算法进行性能比较与分析。

1）图像对比度增强算法性能比较

表 3.6 详细对比了基于 MLC 的图像增强算法与全局直方图均衡化[19]、受限对比度自适应直方图均衡化[22]和局部归一化算法[13]。在各自最优参数设置下，钢轨图像对比度增强效果如图 3.15 所示。实验结果表明，基于 MLC 的图像增强算法更适用于钢轨表面伤损视觉检测系统。

表 3.6 不同对比度增强算法下的伤损检测的精确率和召回率

对比度增强算法	类型 1		类型 2	
	Pre/%	Rec/%	Pre/%	Rec/%
无对比度增强	41.01	46.71	51.54	58.39
全局直方图均衡化	31.11	49.04	37.03	47.90
受限对比度自适应直方图均衡化	59.38	77.91	63.36	64.69
局部归一化	73.04	81.95	79.81	89.86
MLC	76.03	88.53	81.11	91.61

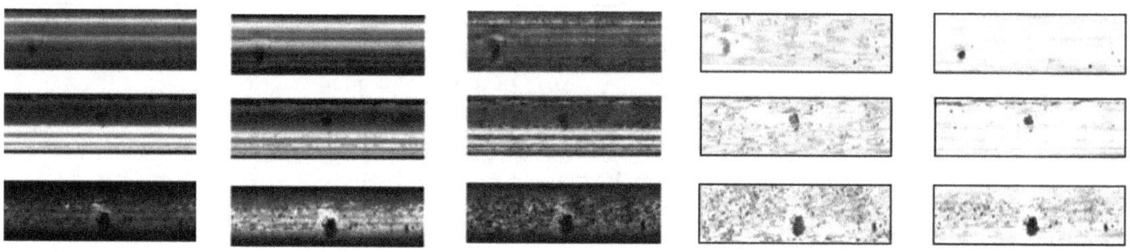

（a）原始图像 （b）全局直方图均衡化算法 （c）受限对比度自适应直方图均衡化算法 （d）局部归一化算法 （e）MLC 算法

图 3.15 图像增强算法效果对比

2）伤损分割算法性能比较

将基于比例强化最大熵的阈值分割算法与基于最大熵的阈值分割算法[27]、OTSU 算法[25]、改进的 OTSU 算法[26]和碰撞故障容限（crash fault tolerance，CFT）算法[30]进行比较。在实验中，五种算法均采用基于 MLC 的图像增强算法用于实现钢轨图像的对比度增强。因此，几种伤损分割算法仅在阈值产生过程中存在差异，对两种类型表面伤损检测的精确率和召回率如表 3.7 所示，可以发现基于比例强化最大熵的阈值分割算法始终获得最高的检测精确率和召回率。

表 3.7 不同伤损分割算法对应的精确率和召回率

伤损分割算法	类型 1		类型 2	
	Pre/%	Rec/%	Pre/%	Rec/%
基于最大熵的阈值分割	70.04	86.94	75.00	91.26
OTSU	61.04	81.00	66.05	87.76
改进的 OTSU	68.04	80.68	69.97	83.92
CFT	74.98	87.15	75.22	88.11
基于比例强化最大熵的阈值分割	76.03	88.53	81.11	91.61

4. 算法实时性分析

针对数据集中的 600 张真实轨道图像，在配置为 Intel(R)Core(TM)i5 CPU(2.67 GHz) 和 4 GB 内存的计算机上运行两次 C++语言程序。对于每一张输入图像，程序平均运行时间和标准差如表 3.8 所示。可以发现，对于一幅钢轨长度为 1.2 m 的轨道图像，其平均伤损检测时间约为 25 ms。可以推断，所搭建的钢轨表面伤损视觉检测系统的平均检测速度为 175 km/h，远远优于超声波检测（70 km/h）和涡流检测（70 km/h）。

表 3.8　检测一幅钢轨图像中的伤损视觉检测系统平均运行时间和标准差

类型 1		类型 2	
平均运行时间/ms	运行时间标准差/ms	平均运行时间/ms	运行时间标准差/ms
26	3	24	2

3.5　由粗到精的多尺度伤损检测模型

钢轨表面的伤损相对于背景来说是异常区域，因此其检测可以建模为从相对均匀的背景中识别前景对象。因此，伤损检测也可以类似于显著性检测。例如，现阶段已经提出了频谱分析[31]、贝叶斯[32]、决策理论[33]和图论显著性模型[34-35]。这些算法在区域识别和目标跟踪方面取得了成功。虽然可以将钢轨表面伤损与显著对象联系起来，但是传统的显著性模型无法充分检测钢轨伤损，因为钢轨图像存在诸如光照不均、可用特征有限和反射率变化等挑战。

受背景模型和显著性模型的启发，本节提出由粗到精模型（coarse-to-fine model，CTFM）来检测钢轨表面图像中的伤损。CTFM 包括从粗到细的三个尺度：子图像、区域和像素。该模型首先使用背景减法模型（background subtraction model，BSM）过滤无伤损子图像，该模型将横向线作为建模对象并获得大规模线性背景模型。然后，使用区域提取模型（region extraction model，REM）定位伤损区域，该模型使用相位傅里叶变换（phase-only Fourier transforms，POFT）将伤损处理为显著性对象。接下来，CTFM 算法通过像素减法模型（pixel subtraction model，PSM）细化伤损形状，该模型考虑沿纵向线的像素一致性并构建小尺寸像素背景模型。最后，CTFM 算法使用加权几何平均融合这三组结果。

整体而言，CTFM 算法的优势主要体现在其结合来自三个尺度的信息来检测钢轨表面图像中的伤损，这种从粗到细的策略可以区分伤损、噪声和异常区域。同时，CTFM 算法集成背景模型和显著性模型，以应对轨道反射率的变化。这与传统算法侧重于伤损引导特征的策略具有显著的不同。

3.5.1　CTFM 模型概述

如图 3.16 所示，CTFM 算法检测框架包括三个过程：预处理、CTFM 算法和后处理。首先使用伽马（Gamma）校正调整钢轨表面的反射特性的变化，预处理输入图像。然后，

CTFM 算法通过过滤、定位和调优从粗略级别到精细级别提取伤损区域，这三个级别的结果通过加权几何平均进行组合。最后，将后处理应用于融合图以给出最终结果。

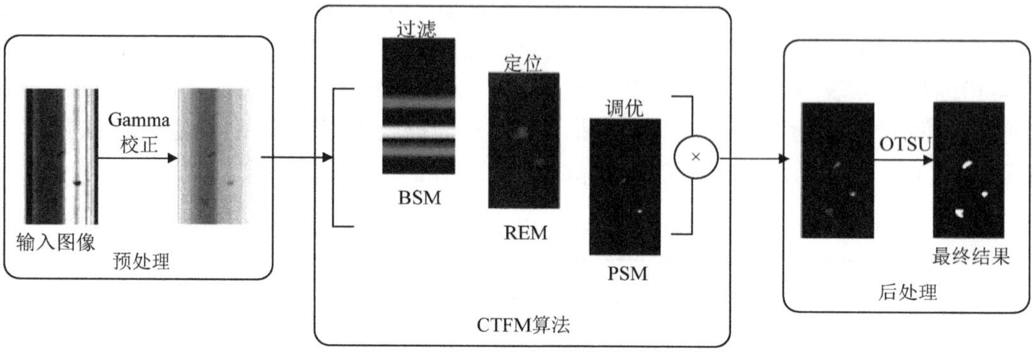

图 3.16 CTFM 算法的检测框架

1. 预处理

受钢轨表面反射率变化的影响，钢轨表面图像通常存在亮度不均匀的现象。例如，轨道中心通常是光滑的，而侧面通常是生锈的，导致钢轨表面图像亮度不均匀。Gamma 校正可以通过调整 Gamma 值来修改图像的灰度，Gamma 值由像素位置到轨道中心列的距离确定。

上述动态的 Gamma 校正的过程可以形式化为

$$g(x,y)=[I(x,y)]^{gc\times\left(1-\frac{|x-c|}{c}\right)} \tag{3-38}$$

式中，x 和 y 分别表示横向和纵向坐标；c 表示中心列坐标；Gamma 值为 $gc\times\left(1-\frac{|x-c|}{c}\right)$，gc 是比例因子，用于控制输入图像的弱化或强化程度；$I(x, y)$表示输入图像。

2. 由粗到精的检测模型

经过仔细的文献调研和数据分析发现，钢轨表面图像存在以下显著的特征。

（1）横向行一致性。横向线的行通常高度相似，即沿纵向移动不会太大改变图像横向线的分布。当没有伤损或光照变化时，行与其近邻相似。

（2）稀疏性。背景区域通常是大而均匀的，而伤损区域通常是离散且突出的。因此，伤损会破坏背景的规律性。

（3）纵向像素一致性。铁轨图像中的像素在纵向上是一致的，因为轮轨摩擦在纵向上基本保持不变，但在横向上不一定一致。

这些特征启发了 CTFM 算法针对伤损位置的分级检测方法。CTFM 算法主要涉及三个级别：子图像、区域和像素。

在子图像级别，提出 BSM 算法，根据横向行一致性特征过滤无伤损的子图像。横向行沿纵向保持高度相似，但相似性在前景子图像中被破坏（子图像由横向线组成）。因此可以对一组背景行 $\mathfrak{B}$ 进行建模并用于删除无伤损的子图像。该模型还可以忽略行中不必要的噪声。

接下来，REM 算法根据稀疏性特征粗略地定位伤损区域，进一步减少伤损的范围。因为轨道伤损显示出显著性并且破坏了背景的规律性，REM 算法选择纯相位傅里叶变换（POFT）来定位伤损区域。然而，钢轨表面的反射率具有不均匀的变化规律，虽然伤损区域是突出的，但是突出区域可能不一定是伤损区域。

针对这一问题，本节提出更精细的检测方案，即从像素层面提取伤损特征。伤损区域由 BSM 算法和 REM 算法识别，但是每个伤损的形状由像素级的 PSM 算法定义。PSM 模型利用纵向上相邻像素的高度一致性来进行像素级调整。PSM 算法计算沿纵向的相邻像素之间的差异，以获得伤损的形状。

基于加权几何平均融合策略实现这些模型之间的最佳权衡。如果完全依靠 PSM 来发现伤损，则会引入大量噪声，因此提出这种策略来组合和平衡这三个级别。加权几何平均值用于平衡三个级别，因为几何平均值对极值的容忍度高于算术平均值。该融合方法能适当地控制引入的噪声。

3. 后处理

在获得融合图像之后，使用 OTSU 算法自动阈值策略对图像进行阈值化。然而，当应用于轨道伤损检测时，它具有以下缺点。

（1）不平衡数据分布。如图 3.17 所示，钢轨伤损相对较小，这意味着背景占据了每张图像的大部分。OTSU 算法寻求最大化类间差异，在前景和背景大小尺寸差异较大时，表现不佳。

（2）零像素分布。融合图像中的大多数像素是零像素（背景区域），如图 3.17 中（2）所示。非零像素被着色以更清楚地显示，如图 3.17 中（3）所示。因此，大量零像素值可以显著地改变阈值。

鉴于这两个因素，稍微调整 OTSU 算法以通过在应用 OTSU 算法之前从融合图中移除所有零像素来改善实验结果，从而避免融合图中的数据不平衡。

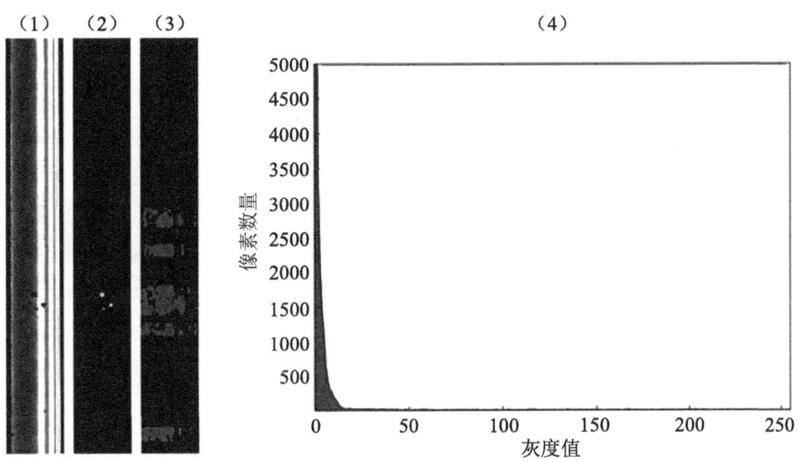

（a）重载钢轨数据集伤损建模

图 3.17　钢轨表面伤损建模

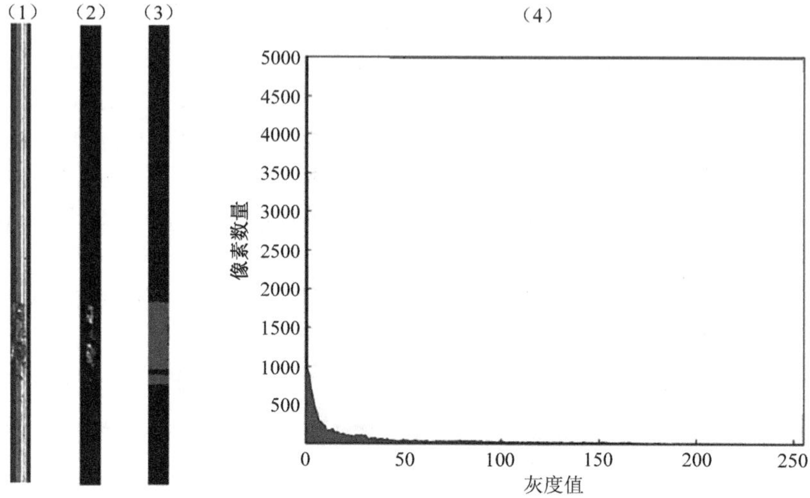

（b）普通钢轨数据集伤损建模

（1）原始图像；（2）预处理图像；（3）非零像素着色图像（黑色表示像素值为零）；（4）灰度值直方图。

图 3.17（续）

图 3.17（彩图）

3.5.2 BSM 算法背景减除

本节将详细介绍 BSM 算法进行背景减除的过程。考虑伤损区域会破坏背景行的一致性，建议 BSM 算法分两个阶段来突出伤损区域：背景行构造和背景差值计算。

1. 背景行构造

背景行构造包括两个主要过程：候选行选择和背景行建立。

候选行选择过程将轨道图像分为 n 部分，本节选择 $n=20$。然后在每个区域中选择高度相似的行作为背景行。这是通过在每个部分中随机选择两行来完成的，记作 $g\left(:, p_k^1\right)$ 和 $g\left(:, p_k^2\right)$，其中，$k \in [1,n]$ 表示第 k 个部分。使用这些随机选择的行作为背景行的候选集。图 3.18 展示了其选择过程。

图 3.18（彩图）

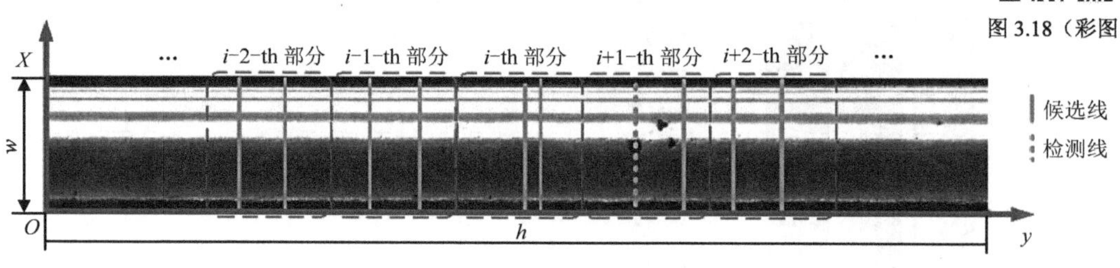

图 3.18　候选行选择过程

背景行建立过程旨在选择尽可能多的背景行，同时避免伤损行（图 3.18 中的虚线），涉及评估候选行集。鉴于图像的稀疏特性，可认为平均行与背景行类似，但与伤损行不同。因此，平均行可用于评估候选行。

平均行向量 $\boldsymbol{m}$ 由每列的灰色平均值组成，即 $\boldsymbol{m}=\left(mc_1, mc_2, \cdots, mc_w\right)$。假定图像矩阵

有 h 行（横向）和 w 列（纵向），则可以定义灰色均值 mc_x 为

$$mc_x = \frac{\sum_{y=1}^{h} g(x,y)}{h} \tag{3-39}$$

然后利用平均行来评估每个部分中的候选行，选择与平均值差别很小的背景行候选。背景行 $\mathfrak{B} = \{\boldsymbol{b}_1, \boldsymbol{b}_2, \cdots, \boldsymbol{b}_n\}$ 可以通过如下定义进行选择：

$$\boldsymbol{b}_k = \underset{\boldsymbol{b} \in \{g(:,p_k^1), g(:,p_k^2)\}}{\operatorname{argmin}} d(\boldsymbol{b}, \boldsymbol{m}) \tag{3-40}$$

式中，$\boldsymbol{b}_k$ 是 k 部分中选择的行；$d(,)$ 是两个向量之间的差值（欧氏距离的平方）。从每个部分中选择背景行以确保建模的背景不会偏离可能变化的真实背景并因此保持一致，这确保了背景行建模的可用性。

2. 背景差值计算

在构造背景模型之后，可以计算背景差值。计算每行和背景行之间的差异将强调伤损子图像，因为其与背景行有很大差异。为了减少噪声干扰，选择当前行与背景行集中的行之间的最小差值。最小差值被视为背景差值。每行都转换为单个背景差值。该过程可以表述为

$$B(x,y) \leftarrow \min_{\boldsymbol{b} \subset \mathfrak{B}} d(g(:,y), \boldsymbol{b}) \tag{3-41}$$

BSM 算法旨在过滤像素灰度值为零的无伤损子图像。但是，它不能通过将行值更改为背景差值来直接过滤无伤损的子图像，因为每行之间存在一些差异，如图 3.19 所示。没有任何限制，许多行将被视为伤损行。因此，基于横向行一致性和稀疏性，将它们设

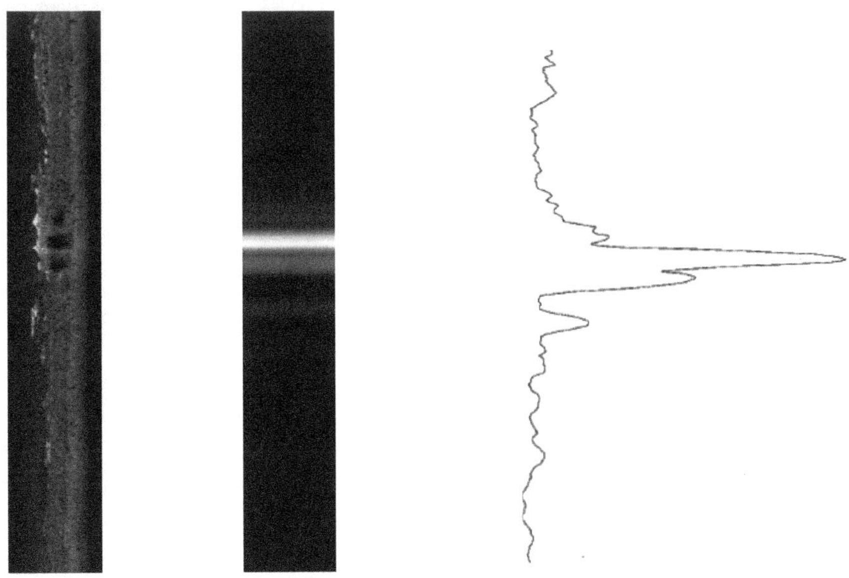

（a）原始图像　（b）经过 BSM 算法处理后的图像　（c）每一行的背景差值曲线

图 3.19　背景减除示意图

置为背景子图像，其中背景差值小于每行和平均行之间差值的平均值。上述删除行的操作可以定义为

$$B(x,y) \leftarrow 0,\ B(x,y) < \frac{\sum_{y=1}^{h} d\left(g(:,y),\boldsymbol{m}\right)}{h} \tag{3-42}$$

式中，设 T_{mb} 表示最大背景值阈值，$T_{\mathrm{mb}} = \dfrac{\sum_{y=1}^{h} d\left(g(:,y),\boldsymbol{m}\right)}{h}$；$B(x,y)=0$ 表示当前像素被指定为背景。然后，将 $B(x,y)$ 标准化为[0,255]，以实现伤损行的最终定位。

3.5.3 REM 算法区域提取

因为 BSM 算法考虑背景行位置，所以它能够在很大程度上忽略行内噪声并且仅定位具有伤损像素的行。然而，这还不足以检测伤损精细的轮廓结构。针对这一问题，在获得伤损子图像后，本节通过考虑视觉显著性来确定伤损区域。

视觉显著性是一种独特的主观感知。显著性总是从局部领域差异性中体现。通常，大多数伤损区域是显著的，但是显著区域不一定是伤损。考虑轨道图像中明显的有限特征，采用基于频率的显著性来减少伤损的范围。

纯相位傅里叶变换通过只保留傅里叶变换相位信息进行图像处理，抑制常规信号但不抑制不规则信号，从而使该技术适用于轨道伤损检测。图 3.20 显示在一致的钢轨背景上出现的伤损不规则性。图 3.20（a）中（3）处的绿色曲线对应图 3.20（a）中（2）处的绿色直线，图 3.20（b）中（3）处的蓝色曲线对应图 3.20（b）中（2）处中的蓝色直线，显示了由伤损引起的明显一致性偏差。

图 3.20（彩图）

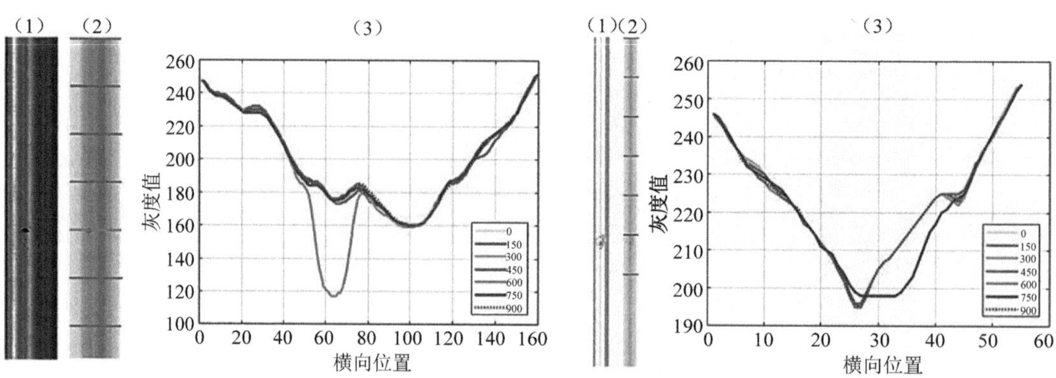

（a）来自类型 1 钢轨表面伤损数据集的示例　　（b）来自类型 2 钢轨表面伤损数据集的示例

（1）原始图像；（2）POFT 处理后的图像；（3）横向位置灰度变化曲线。

图 3.20　重载钢轨和普通钢轨的灰度变化曲线

伤损区域 $R(x,y)$ 检测由 POFT 形式化为

$$r(u,v) = \xi\left(g(x,y)\right) = \left|\xi\left(g(x,y)\right)\right| \cdot \mathrm{e}^{j\phi(u,v)} \tag{3-43}$$

$$R(u,v)=G(x,y)\otimes\xi^{-1}\left(r(u,v)\right) \tag{3-44}$$

式中，$r(u,v)$ 表示 $g(x,y)$ 傅里叶变换后的结果；ξ 表示傅里叶变换；$\left|\xi\left(g(x,y)\right)\right|$ 和 $\phi(u,v)$ 分别表示幅度和相位谱。通过 POFT，保留预处理图像的相位谱，其幅度谱设置为常数。$G(x,y)$ 表示高斯低通滤波器，ξ^{-1} 表示逆傅里叶变换。注意，选择大尺寸高斯低通滤波器，因为如果直接利用显著性来定位轨道表面的变化导致的伤损，则可能引入偏差。大规模滤波不仅可滤除噪声，还可扩展伤损区域的范围，以尽可能避免偏差的影响。

然而，由于其显著区域不一定是伤损区域，具有复杂背景的轨道将显示高假阳性率。因此，接下来基于纵向像素一致性呈现更精细的伤损形状。

3.5.4　PSM 算法像素差异

BSM 算法和 REM 算法能够有效缩小伤损子图像的范围，并粗略地确定伤损区域。但是，其仍然无法准确地获得伤损的轮廓形状。为了解决这个问题，PSM 算法使用纵向像素一致性，通过比较像素选择和差异计算实现更加精确的像素级伤损检测。

1. 比较像素选择

顾名思义，比较像素是用于与当前像素进行比较的像素，PSM 算法通过比较当前像素和比较像素之间的差异来评估伤损。选择比较像素时，考虑轨道图像中的像素，尤其是域像素在纵向上看起来是一致的，PSM 算法将从纵向上选择比较像素。

图 3.21 详细展示了比较像素的选择过程。给定一个大小为 $1\times N$ 的窗口，从窗口中

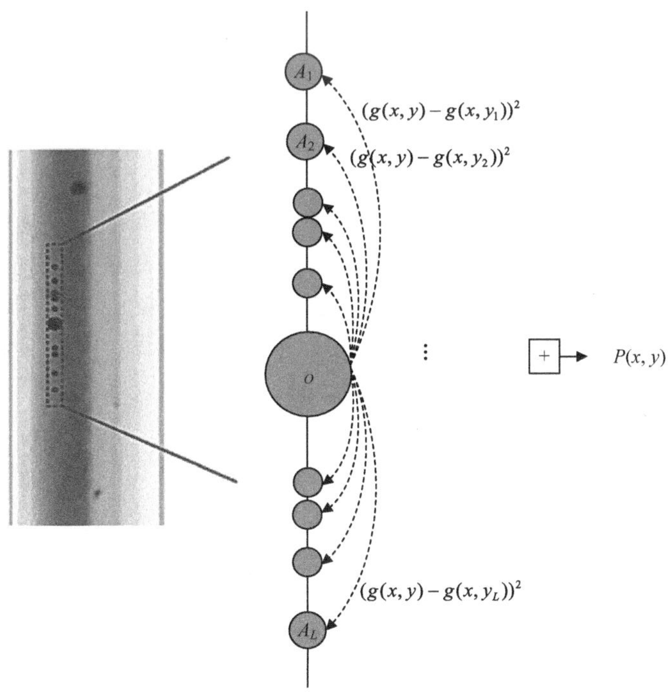

图 3.21　像素选择过程

随机选择 L 个比较像素。实验结果表明，PSM 算法对参数 N 是稳健的，并且在[100, h]内以参数 N 实现稳定的性能（N 的最大值是轨道的长度，因此产生右边界 h）。由于纵向像素一致性，参数 N 是稳定的。但在实际计算过程中，窗口大小的选择不应太小，否则只会选择当前像素周围的像素作为比较像素。如果当前像素表示伤损，有限的周围像素选择将对当前像素显示出很小的差异，甚至同属于一个伤损，导致当前伤损像素可能被误判为背景像素。类似地，PSM 算法对参数 L 的变化同样表现出较好的鲁棒性，并且在[5, N]内具有稳定性能。如果 L 小于 5，噪声可能会导致更大的干扰。在这项工作中，N 和 L 分别设置为 300 和 20。

2. *差异计算*

在确定比较像素之后，就需要计算像素之间的差异。如图 3.21 所示，PSM 算法采用逐像素的替换策略，差值之和直接替换当前像素值，以此突出当前像素和比较像素之间的差异，找到伤损的具体位置。形式上，PSM 定义如下：

$$P(x,y)=\sum_{i=1}^{L}\Big(\big(g(x,y)-g(x,y_i)\big)\cdot I\big(g(x,y)<g(x,y_i)\big)\Big)^2 \tag{3-45}$$

式中，y_i 是从 y 的邻域像素中沿纵向随机选择的纵向坐标；$I\big(g(x,y)<g(x,y_i)\big)$ 是一个指标函数，以抑制噪声影响。

虽然 BSM 算法和 PSM 算法遵循类似的原则，但是它们有明显的差异。BSM 算法强调行之间的差异，并且对干扰具有鲁棒性，适用于大区域滤波。但是，PSM 算法容易受到干扰。BSM 算法和 REM 算法通常具有低精度，因为它们用于过滤大的背景区域以定位伤损，且无法确定伤损的具体形状。PSM 算法的像素级分析可以很容易地确定伤损的形状。因此，PSM 算法必须与 BSM 算法和 REM 算法一起使用。3.5.5 节将讨论组合这三种方法的策略。

3.5.5 组合模型

根据上述分析不难发现，仅利用单一尺度获得的信息是有限的。因此，充分整合多尺度之间的互补信息，从粗到细地分离伤损和背景，可以有效提高伤损检测精确率。

不均匀的照明和反射率的变化引入了不一致性。这种干扰可以通过过滤每个比例的背景区域进行消除。一旦某个像素在特定尺度上被识别为背景，即使其他尺度未将其识别为背景，其值也会被设为零。因此，在此应用几何平均值，因为当任何一个变量（或更多）为零时，几何平均值也必须为零。

鉴于几何平均值的优势，将大尺度的区域过滤（BSM 算法和 REM 算法）与 PSM 算法的形状特定分析结合到融合图中。然而，它们的影响并不被认为是相等的，而是根据其重要性进行加权。加权几何平均值的计算方法定义如下：

$$\begin{gathered}F(x,y)=\sqrt[3]{B(x,y)^{w_1}\times R(x,y)^{w_2}\times P(x,y)^{w_3}}\\ \text{s.t. } w_1+w_2+w_3=3\end{gathered} \tag{3-46}$$

式中，B、R、P 分别表示 BSM、REM、PSM 的输出；w_1、w_2 和 w_3 分别表示每个比例

的权重。在处理伤损检测时，权重提供适应性，BSM 算法和 REM 算法给出伤损范围，PSM 算法提取其形状。

3.5.6　实验结果与分析

本节详细介绍实验设置，并应用于重载钢轨和普通钢轨测试。所提出的算法在 C++ 语言程序中实现，并在具有 Intel 3.40 GHz CPU 的计算机上的 Microsoft Visual Studio 2013 中编译。

本节分别采用像素级和伤损级评测指标评估模型性能。像素级精确率（Pre）、召回率（Rec）和 F1-measure（即 F1 值）（F）的计算方法如下：

$$\mathrm{Pre}=\frac{\mathrm{TP}}{\mathrm{TP}+\mathrm{FP}} \tag{3-47}$$

$$\mathrm{Rec}=\frac{\mathrm{TP}}{\mathrm{TP}+\mathrm{FN}} \tag{3-48}$$

$$F=\frac{2\times\mathrm{Pre}\times\mathrm{Rec}}{\mathrm{Pre}+\mathrm{Rec}} \tag{3-49}$$

式中，TP 表示正确检测到的像素数量；FP 表示误检测的像素数量；FN 表示未检测到的像素数量。

伤损级精确率（Pre^*）、召回率（Rec^*）和 F1 值（F^*）的计算方法如下：

$$\mathrm{Pre}^*=\frac{\mathrm{TP}}{\mathrm{TP}+\mathrm{FP}} \tag{3-50}$$

$$\mathrm{Rec}^*=\frac{\mathrm{TP}}{\mathrm{TP}+\mathrm{FN}} \tag{3-51}$$

$$F^*=\frac{2\times\mathrm{Pre}\times\mathrm{Rec}}{\mathrm{Pre}+\mathrm{Rec}} \tag{3-52}$$

式中，TP 表示正确检测到的伤损数；FP 表示误检测的伤损数；FN 表示未检测到的伤损数。

1. 参数敏感性分析

本节首先验证加权几何平均值的三个加权参数 w_1、w_2 和 w_3 对 CTFM 算法检测性能的影响。如图 3.22 所示，由于 w_1、w_2 和 w_3 之间存在相互关联，因此只需要确定任意两个值。图 3.22 显示每个模型（BSM、REM 和 PSM）是必不可少的，并且组合模型在 $w_1+w_2=1.3$ 的直线附近实现了优异的性能。F 和 F^* 的颜色分布表明，当 w_3 为最大值时，性能最好。因此，本实验中，w_1、w_2 和 w_3 分别设置为 0.7、0.6 和 1.7。

与 CTFM 算法相比，测试的三种最先进的算法以与 CTFM 算法相同的方式选择参数。对于重载钢轨数据集，LN+DLNP 中伤损比例上限 dp 设置为 0.3；在 MLC+PEME 中，权重系数 α 设置为 10；并且在 He 算法中，梯度阈值 k 和控制参数 C 分别设置为 $k=10$ 和 $C=5$。对于普通钢轨数据集，图像具有更一致的背景，与重载钢轨数据集中的不同。因此，参数设置为 $\mathrm{dp}=0.3$、$\alpha=3$、$k=4$、$C=5$。

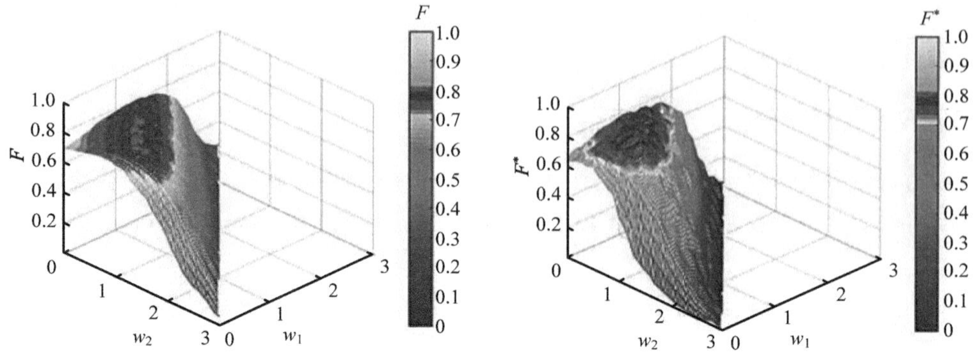

（a）加权参数对重载钢轨测试性能的影响

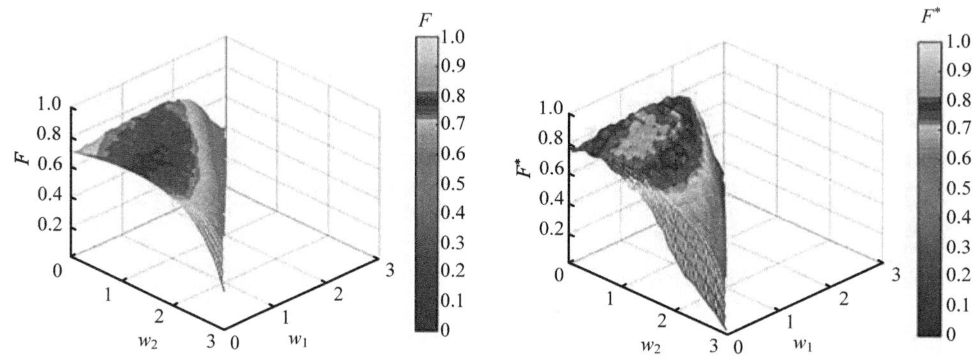

（b）加权参数对普通钢轨测试性能的影响

图 3.22　加权参数对测试性能的影响

图 3.22（彩图）

2. 重载钢轨数据集

图 3.23 描述了在重载钢轨数据集中选择的一些伤损，以及三种最先进算法的相应检测结果。图像仅显示钢轨表面的伤损部分。由图可知，当伤损是通用的并且背景一致时，比较算法表现良好。但是，LN+DLBP 算法无法找到准确的轮廓并且会产生许多误报。MLC+PEME 算法产生一些误报，因为基于受限最大化熵确定的阈值不是最佳的。He 算法给出许多误报，并且不能明确地找到伤损区域，因为它对梯度敏感。与这三种算法相比，本节提出的算法具有更好的检测结果。

表 3.9 使用三个评估指标来评估模型的检测性能。LN+DLBP 算法采用投影算法通过边界框定位伤损，并且 He 算法检测轮廓以找出可能的伤损。因此，像素级索引不适合这两种算法。基于受限最大化熵的 MLC+PEME 算法在伤损级索引中具有较弱的性能，显示许多误报。CTFM 算法的 F1 值（F 和 F^*）约为 80%，而前三种方法的 F1 值不超过 76%。本节提出算法的 F 和 F^*分别比基线高 4%和 7%。

表 3.9 还进一步讨论提出的几个功能模块的有效性。鉴于 BSM 算法和 PSM 算法用于过滤背景区域，因此很容易理解它们的低精度，因为它们在定位伤损时不可避免地包含了许多背景像素。如图 3.23 所示，在 BSM 算法处理图像之后，大量背景像素被判定

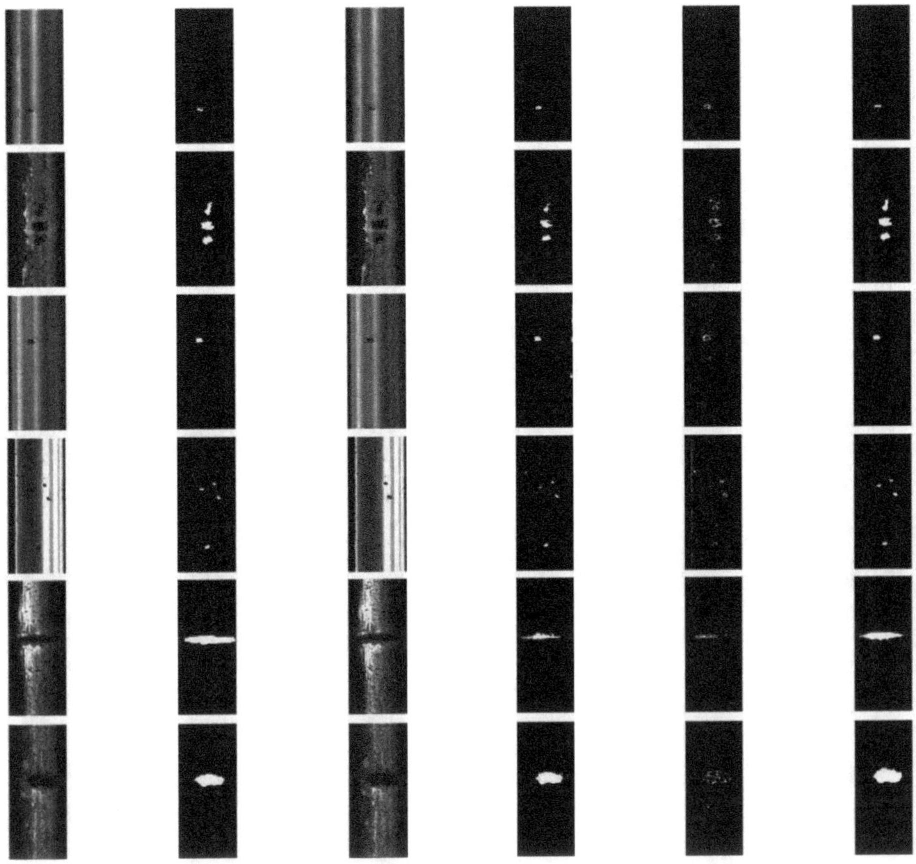

图 3.23　重载钢轨数据集检测对比结果

为伤损子图像。很明显，检测到的子图像与标记的伤损重叠，不超过检测到的子图像的 50%。因此，BSM 算法的精度很低。基于同样的原因，REM 算法具有低的精确率。然而，在使用 BSM 算法或 REM 算法单独进行后处理后，召回率也不理想。因此，通过利用背景建模和显著性算法，BSM+REM 算法大幅提高了召回率，并且找到了大多数伤损。虽然单独使用 PSM 算法可以实现高精度，但是它在很大程度上受到噪声的影响，因此具有较低的精确率。最终，BSM 算法和 REM 算法执行大规模背景滤波，而 PSM 算法确定伤损的形状，从而使 CTFM 算法获得最佳结果。

表 3.9　重载钢轨测试集对比

算法	Pre/%	Rec/%	F/%	Pre*/%	Rec*/%	F*/%
LN+DLBP	—	—	—	76.26	70.80	73.43
MLC+PEME	78.14	78.89	75.70	47.87	85.40	61.35
He	—	—	—	41.19	72.94	52.65
BSM	16.08	84.16	24.23	1.59	66.42	3.10
REM	3.90	47.24	6.33	0.21	55.47	0.42

续表

算法	Pre/%	Rec/%	F/%	Pre*/%	Rec*/%	F*/%
BSM+REM	15.56	94.21	25.33	0.47	86.86	0.93
PSM	92.98	58.47	69.62	78.81	59.12	67.56
CTFM	86.54	77.68	80.02	84.06	77.37	80.58

3. 普通钢轨数据集

图 3.24 显示了普通钢轨数据集中的一些伤损，以及来自三种最先进算法的相应检查结果。LN + DLBP 算法产生了一些假阴性，并且具有偏差。MLC + PEME 算法和 He 算法会产生许多误报。He 算法无法找到准确的轮廓。

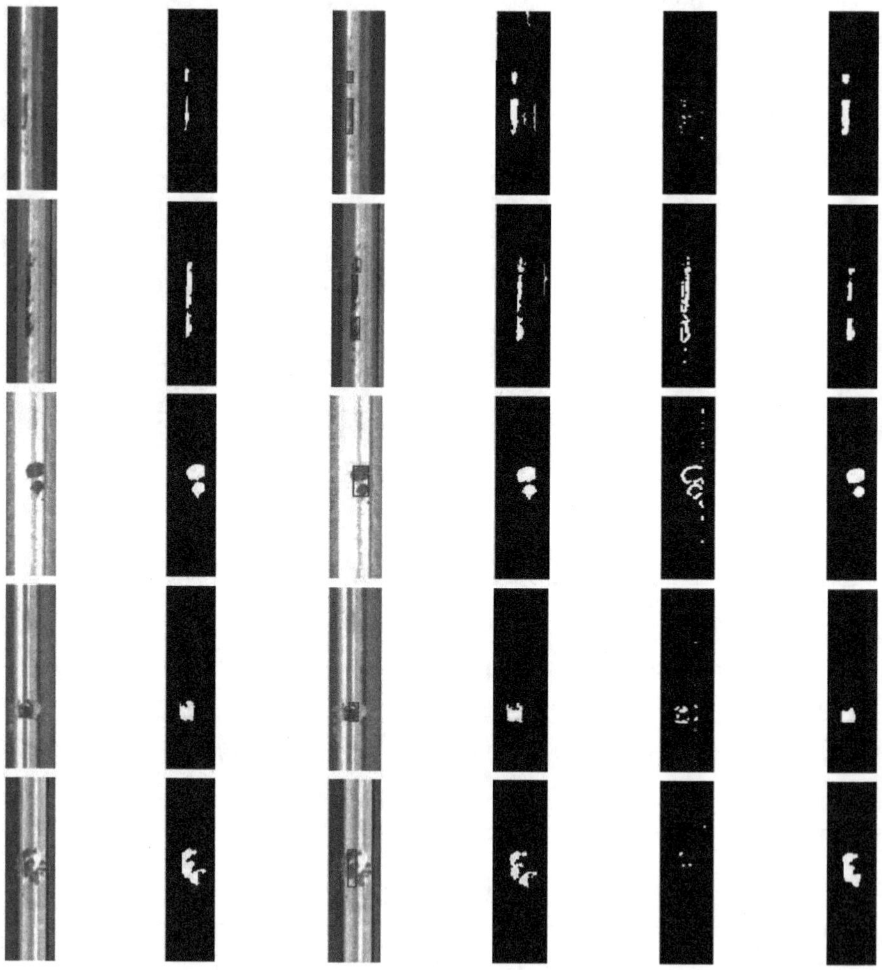

（a）原始图像 （b）真值标签 （c）LN+DLBP （d）MLC+PEME （e）He （f）CTFM

图 3.24 普通钢轨数据集检测对比结果

该数据集的实验结果进一步列于表 3.10 中。LN+DLBP 算法和 He 算法仅使用伤损级索引进行评估。这里，由于伤损的外观不同，He 算法比其他算法表现更差。该算法与 MLC+PEME 算法一起显示出低精度。CTFM 算法以 F 和 F^*的形式实现了最佳性能。虽然 CTFM 算法的 F 指标不是很有利，但其 F^*比最佳的检测性能高约 5%。总的来说，本节提出的算法适用于不同类型的钢轨。

表 3.10　普通钢轨测试集对比

算法	Pre/%	Rec/%	F/%	Pre*/%	Rec*/%	F^*/%
LN+DLBP	—	—	—	88.89	71.82	79.45
MLC+PEME	73.88	83.05	76.05	58.68	91.71	71.56
He	—	—	—	49.73	46.41	48.01
BSM	27.85	72.67	38.61	5.97	75.14	11.06
REM	19.51	91.58	25.97	1.91	96.13	3.75
BSM+REM	42.22	86.72	54.13	18.29	91.71	30.49
PSM	88.84	62.75	70.91	85.50	70.72	77.41
CTFM	84.12	73.25	76.45	85.83	83.98	84.89

表 3.10 进一步在普通钢轨数据集上讨论了提出的各功能模块的有效性。由于普通钢轨数据集具有比重载钢轨数据集更一致的背景，REM 算法获得更高的召回率。与 REM 算法相比，虽然 BSM+REM 算法的召回率略有降低，但它提高了精度以防止太多背景像素被定位为伤损。仅使用 PSM 算法会导致高精度，但由于 PSM 算法易受干扰，召回率较低。结合 BSM 算法过滤、REM 算法定位和 PSM 算法调优，CTFM 算法显示出最佳结果。

4. 实际线路测试

本节在实际的铁路线中进一步测试了所提算法的性能。铁路线的钢轨表面图像由图像采集系统捕获，该系统包括 Dalsa Spyder 线扫描相机、帧采集器和 LED 光源。该系统安装在测试列车下并由车轮编码器触发，以确保每个图像沿着轨道线覆盖 1 m。铁路线的长度约为 45 km，生成的 45366 张图像的质量与普通钢轨数据集中的相似。请注意，检查实际铁路线包括两个任务：伤损识别和伤损定位。

考虑 CTFM 算法更倾向于伤损定位，因此，该实验对 CTFM 算法进行了一些改动以适应实际的铁路检测。首先，应用 CTFM 算法中的 BSM 算法过滤无伤损的轨道图像，利用在式（3-42）中定义的最大背景值阈值 T_{mb}。给定轨道图像，如果其 $B(x,y)$ 的最大值小于 T_{mb}，则过滤掉图像并退出 CTFM 算法中的所有后续过程；否则，不进行改动。通过统计分析普通钢轨数据集，阈值 T_{mb} 通过经验设置为 1128，因为测试轨道线的图像类似于普通钢轨数据集。这种修改可以大幅提高 CTFM 算法的效率。其次，在后处理中丢弃一些尺寸很小的伤损。

将 CTFM 算法的检测性能与 LN+DLBP 算法、MLC + PEME 算法、He 算法和 CFE 算法进行比较。在 CFE 算法中，阈值 T 设置为 74。请注意，这些比较算法的参数设置与普通钢轨数据集中的参数设置相同。

对比结果如表 3.11 所示。LN+DLBP 算法产生低错误检测，但错过了一些可能带来隐患的真正伤损。MLC + PEME 算法和 He 算法在正检率方面表现不佳。CFE 算法以最低的错误率成功检测到所有伤损。该结果证明其对钢轨表面伤损检测的潜在适用性。图 3.25 显示样本无伤损图像及其错误检测结果。图中，灰度图表示无伤损图像，黑色背景图表示检测结果图像。可以观察到，具有油污和轨道接头的区域很容易被识别为伤损。由油污或生锈引起的噪声需要深度信息才能更加可靠地识别。

表 3.11 实际线路测试对比

算法	伤损数量/个	正确检测数量/个	错误检测数量/个	缺失检测数量/个	检出率/%
LN+DLBP	30	20	712	10	66.67
MLC+PEME		29	79194	1	96.67
He		24	59991	6	80
CFE		30	1244	0	100
CTFM		30	5798	0	100

图 3.25 无伤损图像及其错误检测结果样例

5. 计算复杂性分析

计算复杂性是实时轨道伤损检测的重要方面。本节首先分析所提算法的计算复杂性，然后将实际检测时间与 CFE 算法进行比较。

（1）分析 CTFM 算法的计算复杂度。CTFM 算法包括 6 个步骤：①预处理；②BSM 背景减法；③REM 区域提取；④PSM 像素提取；⑤模型融合；⑥后处理。在第①步中，Gamma 校正扫描输入轨道图像一次，因此时间复杂度为$O(N)$，其中N表示轨道图像的像素总数。在第②步中，BSM 的背景扣除过程计算每行和背景行之间的差异，每个背景行需要扫描一次，因此时间复杂度也是$O(N)$。在第③步中，时间复杂度为$O(N\log N)$，因为应用了傅里叶变换。然后，PSM 将每个像素与相邻像素进行比较，PSM 的时间复杂度也是$O(N)$。权重几何平均值用于组合三个级别。因此，组合步骤的计算复杂度为$O(N)$。最后，OTSU 执行图像阈值处理，计算复杂度为$O(N)$。综合而言，CTFM 算法的时间复杂度为$O(N)+O(N)+O(N\log N)+O(N)+O(N)+O(N)\approx O(N\log N)$。

（2）将 CTFM 算法与 CFE 算法进行比较，以确定实际检测时间。表 3.12 显示了图像的平均运行时间复杂度对比。可以观察到，CTFM 的时间复杂度仅为 CFE 的 41%。均值漂移算法通过迭代获得收敛，所以 CFE 花费更多时间。CTFM 不包含这样的迭代，并且通过关联 BSM、REM 和 PSM 可以进一步提高其效率。

表 3.12　图像的平均运行时间复杂度对比

模型	CFE	CTFM
时间复杂度	661	271

3.6　本 章 小 结

本章首先对视觉对比度相关研究及钢轨表面成像模型进行了简要概述。在此基础上结合钢轨表面图像的特殊性，揭示了现有的对比度增强算法不适用于钢轨表面图像的增强。本章重点介绍了三种基于前景模型的伤损检测算法。具体而言，基于投影轮廓的算法利用局部归一化策略增强伤损和背景的对比度，识别伤损。为了进一步提高模型对非均匀图像特征变化的适应能力，本章提出了基于比例强化最大熵的伤损检测策略，实现了增强后的图像不受光照影响，同时最大化伤损熵，有效地匹配了钢轨伤损的统计特性。在此基础上，本章提出了由粗到精的多尺度检测模型，进一步细化了伤损检测结果。实验表明，上述方法均实现了稳定的检测性能，并且满足实时检测需求。

参 考 文 献

[1] Singh M, Singh S, Jaiswal J, et al. Autonomous rail track inspection using vision based system[C]// Proceedings of The IEEE International Conference on Computational Intelligence for Homeland Security and Personal Safety. Alexandria, IEEE, 2006: 56-59.

[2] Li Q Y, Ren S W. A visual detection system for rail surface defects[J]. IEEE Transactions on Systems Man and Cybernetics Part C (Applications and Reviews), 2012, 42(6): 1531-1542.

[3] Xie X H. A review of recent advances in surface defect detection using texture analysis techniques[J]. ELCVIA: Electronic Letters on Computer Vision and Image Analysis, 2008, 7 (3): 1-22.

[4] Li Q Y, Tan Y Q, Zhang H Y, et al. A visual inspection system for rail corrugation based on local frequency features[C]//

Proceedings of the IEEE International Conference on Dependable, Autonomic and Secure Computing. Auckland, IEEE, 2016: 18-23.

[5] Molodova M, Li Z, Nunez A, et al. Monitoring the railway infrastructure: Detection of surface defects using wavelets[C]// Proceedings of the IEEE International Conference on Intelligent Transportation Systems. The Hague, IEEE, 2013: 1316-1321.

[6] Caprioli A, Cigada A, Raveglia D. Rail inspection in track maintenance: A benchmark between the wavelet approach and the more conventional Fourier analysis[J]. Mechanical Systems and Signal Processing, 2007, 21 (2): 631-652.

[7] Arend L E, Spehar B. Lightness, brightness, and brightness contrast: 1. Illuminance variation[J]. Perception & Psychophysics, 1993, 54 (4): 446-456.

[8] Arend L E, Spehar B. Lightness, brightness, and brightness contrast: 2. Reflectance variation[J]. Perception & Psychophysics, 1993, 54 (4): 457-468.

[9] Agaian S S. Visual morphology[J]. Proceedings of SPIE-The International Society for Optical Engineering, 1999, 3646: 139-150.

[10] Ji T L, Sundareshan M K, Roehrig H. Adaptive image contrast enhancement based on human visual properties[J]. IEEE Transactions on Medical Imaging, 1994, 13 (4): 573-586.

[11] Gordon R, Rangayyan R M. Feature enhancement of film mammograms using fixed and adaptive neighborhoods[J]. Applied Optics, 1984, 23 (4): 560-564.

[12] Beghdadi A, Negrate A L. Contrast enhancement technique based on local detection of edges[J]. Computer Vision Graphics and Image Processing, 1989, 46 (2): 162-174.

[13] Xie X D , Lam K M. An efficient illumination normalization method for face recognition[J]. Pattern Recognition Letters, 2006, 27 (6): 609-617.

[14] Agaian S S, Silver B, Panetta K A. Transform coefficient histogram-based image enhancement algorithms using contrast entropy[J]. IEEE Transactions on Image Processing, 2007, 16 (3): 741-758.

[15] Panetta K A, Wharton E J, Agaian S S. Human visual system-based image enhancement and logarithmic contrast measure[J]. IEEE Transactions on Systems, Man, and Cybernetics, Part B (Cybernetics), 2008, 38 (1): 174-188.

[16] Peli E. Contrast in complex images[J]. Journal of the Optical Society of America A Optics & Image Science, 1990, 7 (10): 2032-2040.

[17] Tang J S, Peli E, Acton S. Image enhancement using a contrast measure in the compressed domain[J]. IEEE Signal Processing Letters, 2003, 10 (10): 289-292.

[18] Phong B T. Illumination for computer generated pictures[J]. Communications of the ACM, 1975, 18 (6): 311-317.

[19] Gonzalez R C, Wintz P. Digital image processing[M]. Englewood Cliffs: Prentice-Hall, 2007.

[20] Celik T, Tjahjadi T. Contextual and variational contrast enhancement[J]. IEEE Transactions on Image Processing, 2011, 20 (12): 3431-3441.

[21] Sherrier R H, Johnson G A. Regionally adaptive histogram equalization of the chest[J]. IEEE Transactions on Medical Imaging, 1987, 6 (1): 1-7.

[22] Zuiderveld K. Contrast limited adaptive histogram equalization[J]. Academic Press Professional, 1994: 474-485.

[23] Lee J S. Digital image enhancement and noise filtering by use of local statistics[J]. IEEE Transactions on Pattern Analysis & Machine Intelligence. 1980, 2 (2): 165-168.

[24] Narendra P M, Fitch R C. Real-time adaptive contrast enhancement[J]. IEEE Transactions on Pattern Analysis and Machine Intelligence, 1981, 3 (6): 655-661.

[25] Otsu N. A threshold selection method from gray-level histograms[J]. IEEE Transactions on Systems Man & Cybernetics , 1979, 9 (1): 62-66.

[26] Ng H F. Automatic thresholding for defect detection[J]. Pattern Recognition Letters, 2006, 27 (14): 1644-1649.

[27] Kapur J N, Sahoo P K, Wong A K C. A new method for gray-level picture thresholding using the entropy of the histogram[J]. Computer Vision, Graphics, and Image Processing, 1985, 29 (3): 273-285.

[28] 戴琼海. 多维信号处理: 快速变换、稀疏表示与低秩分析[M]. 北京：清华大学出版社, 2016.

[29] Li Q Y, Huang Y P, Liang Z P, et al. Thresholding based on maximum weighted object correlation for rail defect detection[J]. IEICE Transactions on Information and Systems, 2012, 95 (7): 1819-1822.

[30] Rosin P L. Unimodal thresholding[J]. Pattern Recognition, 2001, 34 (11): 2083-2096.

[31] Hou X, Harel J, Koch C. Image signature: Highlighting sparse salient regions[J]. IEEE Transactions on Pattern Analysis and Machine Intelligence, 2012, 34 (1): 194-201.

[32] Xie Y L, Lu H C. Visual saliency detection based on Bayesian model[C]// Proceedings of the IEEE International Conference on Image Processing. Brussels, IEEE, 2011: 645-648.

[33] Gao D S, Vasconcelos N. Decision-theoretic saliency: Computational principles, biological plausibility, and implications for neurophysiology and psychophysics[J]. Neural Computation, 2009, 21 (1): 239-271.

[34] Harel J, Koch C, Perona P. Graph-based visual saliency[J]　Advances in Neural Information Processing Systems, 2006: 19:545-552

[35] Tu W C, He S F, Yang Q X, et al. Real-time salient object detection with a minimum spanning tree[C]// Proceedings of the IEEE Conference on Computer Vision and Pattern Recognition. Las Vegas: IEEE, 2016: 2334-2342.

第 4 章　基于背景模型的伤损检测方法

基于前景模型的伤损检测方法着重于分析钢轨表面伤损的表面特征，在均匀纹理的钢轨表面图像上表现良好。然而，由于复杂的采集条件和外界干扰因素，此类方法在具有动态背景的钢轨表面上难以准确地检测伤损。鉴于此，本章关注点从增强前景伤损信息转移到探索图像背景上，提出基于背景模型的伤损检测方法，挖掘钢轨表面中动态背景的分布，提高伤损检测精确率。本章首先明确背景模型的问题定义，然后介绍基于层次提取器和背景统计特征的钢轨表面伤损视觉检测方法。

4.1　引　　言

基于前景的钢轨表面伤损视觉检测系统往往专注于伤损和背景之间的对比度增强，在均匀纹理的钢轨表面图像上表现良好。然而，由于轨道交通具有运营线路长、运营速度快、运营环境复杂等特点，在钢轨表面图像采集过程中难免受到运营环境的多变性、各种气候条件，以及外界光和系统噪声等的影响。例如，在雨雪、雾霾、高温热浪等环境下，系统常常处于各类不良视觉条件下，采集的图像、视频会存在不同程度的降质；此外，轨道交通的高速运动、高频振动也将不可避免地造成采集图像或视频中的运动模糊及传感器的内外参数漂移。这些外在因素使钢轨表面具有复杂而动态的背景，导致现有方法在分离前景伤损区域的过程中面临严峻的技术挑战[1]。

为了解决上述问题，本章将研究方向从增强伤损对比度转移到建模背景特征上，并注重于探索钢轨表面多样化的背景分布规律。实际上，钢轨表面的外观主要受到钢轨表面和车轮之间摩擦的影响，并且在相同纵向上点的摩擦力是几乎相同的。考虑钢轨表面和车轮之间的几何位置相对固定，在一段时间内采集的钢轨表面图像在纵向上应具有相对一致的像素强度。如果发生显著的强度变化，那该位置就极有可能存在伤损。

图 4.1（彩图）

如图 4.1 所示，一段时间内采集的钢轨表面背景在前述外界干扰因素

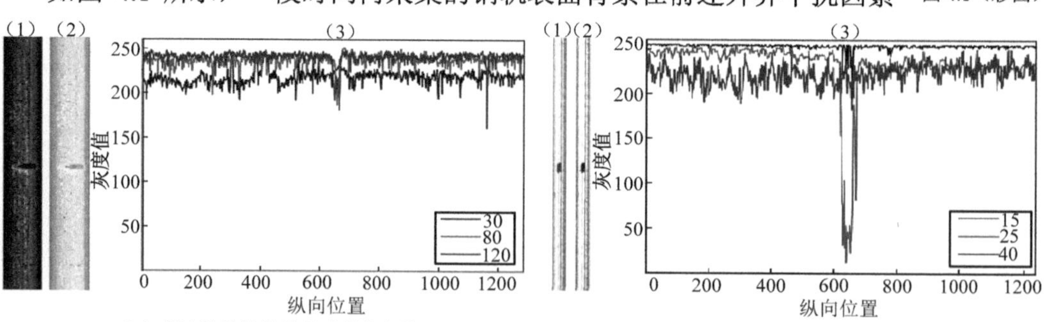

（a）高速铁路轨道的像素强度变化　　（b）重载铁路轨道的像素强度变化

（1）铁轨表面图像；（2）预处理图像；（3）像素强度曲线。

图 4.1　灰度值沿纵向线的变化曲线

下呈现小范围波动，但是像素强度总体上呈稳定趋势。像素强度显著变化的区域总是定位在真实伤损或噪声等其他异常值处。

4.2 问 题 定 义

Barnich 等[2]提出了视觉背景提取器（visual background extractor，ViBe）。该算法利用每个像素空间领域中预定数量的随机选择样本对当前像素进行背景建模，当新观测像素与其对应的背景模型中预定数量的样本匹配时，将其分类为背景。最后，只有分类成背景的像素才有机会随机更新其背景模型，这种随机更新策略会扩散到其他相邻值。ViBe 仅使用灰度值建模背景的基本思想，可以自然地扩展到钢轨表面伤损检测任务中。

通过前文分析不难发现，钢轨表面的背景区域可以预期具有灰度值的相对一致性趋势，但往往被小部分伤损或其他异常所打破，表现出较大的差异。因此，给定任意钢轨表面数据 $\boldsymbol{X}$，进一步将其分割为指定长度的子数据块，那么钢轨表面数据的空间序列可表示为 $\boldsymbol{X}=\{\boldsymbol{X}_1,\boldsymbol{X}_2,\cdots,\boldsymbol{X}_t,\cdots\}$。理论上，$\boldsymbol{X}_t$ 的长度可以是任何值，即任意一段钢轨。因此，$\boldsymbol{X}$ 可以表示任何先前实验中采集系统所捕获的轨道图像[3-6]，甚至是铁路线路的整个钢轨表面采集数据。

现在考虑异常检测的形式化描述。假设概率模型 $\mathrm{Pr}_{Z(z)}$表示在正常条件下测量值 z 的分布，那么在该模型下，任何异常被定义为在该模型下的概率低于阈值的测量值。这里，以非监督的方式考虑钢轨表面离散伤损的检测问题，形式化描述为

$$\Pr\left(C_t=0\mid \boldsymbol{X}_t,\{\boldsymbol{X}_t,C_i\}_{i=1}^{t-1}\right)=\mathrm{e}^{-D(\boldsymbol{X}_t,\boldsymbol{M}_t)} \tag{4-1}$$

式中，条件概率 $\Pr(x\mid y)$ 测量当前块 $\boldsymbol{X}_t$ 在历史数据和其相应的类标签 $\{\boldsymbol{X}_t,C_i\}_{i=1}^{t-1}$ 下属于背景 $C_t=0$ 的概率；$\boldsymbol{M}_t$ 是从历史数据和其相应的类标签中提取的背景模型；$D(\cdot)$ 可以是任何距离度量。这种新的形式化克服了先前工作中只关注单帧钢轨表面图像伤损检测的局限性，为钢轨表面伤损检测任务提供了新的研究思路，同时促进了钢轨表面伤损的在线检测方法研究，实现实时检测。

4.3 基于层次提取器的伤损检测模型

在钢轨表面图像中，大多数背景像素沿纵向的观测值，总是出现在灰度特征空间中一些主要的密集区域；相反，伤损区域像素作为异常值的一种，总是偏离这些密集区域。由此，可以通过挖掘这些主要分布在密集区域的背景点，从而识别伤损像素。例如，均值漂移（mean shift）算法[7-8]通过迭代更新数据点的位置，使其逐渐移动到数据密度最大的区域，最终收敛到数据分布的高密度区域。为便于描述，本节称这些高密度区域为模点。均值漂移算法在计算机视觉和图像处理领域中被广泛应用，如目标跟踪和图像平滑等。然而，其在特定任务中考虑模式局部性的确定策略可能会导致严重的误报，这主要是因为噪声点和真实伤损无法得到很好的区分。

受此启发，本书同样将关注点从钢轨表面离散伤损检测问题转换为探索与分析钢轨

表面背景模式的新思路，专注于寻找背景模点（即高密度区域的簇中心）。针对这一问题，本书提出一种新颖的层次化提取器——粗到细提取器（CFE），旨在充分挖掘钢轨图像的背景模式并检测表面伤损。

与现有文献相比，CFE 的主要贡献有两点。首先，CFE 以不同的方式对钢轨表面图像进行建模，将检测问题转换为背景模式的寻找。这种方式打破了先前工作的局限性，特别是为类似的检测任务提供了广泛的机会。其次，CFE 提出了一种结合纵向上下文信息和横向先验信息的细提取器，以实现良好的性能和鲁棒检测。具体来说，细提取器充分利用背景模式，并关注其全局特性而非局部特性，以定义纵向上下文信息项，并探索真实伤损的空间位置先验信息，从而实现鲁棒检测。

4.3.1 CFE 模型概述

图 4.2 展示了 CFE 的整体框架，包括预处理、粗粒度特征提取、细粒度特征提取及后处理四个步骤。

（1）预处理：核心任务是减少光照不均衡和钢轨表面反射特性等外界因素的影响。CFE 首先使用对数变换对输入的钢轨表面图像进行灰度压缩，然后减去均值，再将其归一化到[0, 255]内。

（2）粗粒度特征提取：用于大致定位伤损在钢轨表面中的位置。其基本思想是充分利用钢轨表面图像的固有特性，区分伤损和背景。粗提取器将伤损视为异常，并且专注于寻找与灰度特征空间中的高密度区域相对应的背景模式。背景模式以外的点被视为异常值，所得的包含真实伤损和其他噪声点的异常图如图 4.2 所示。

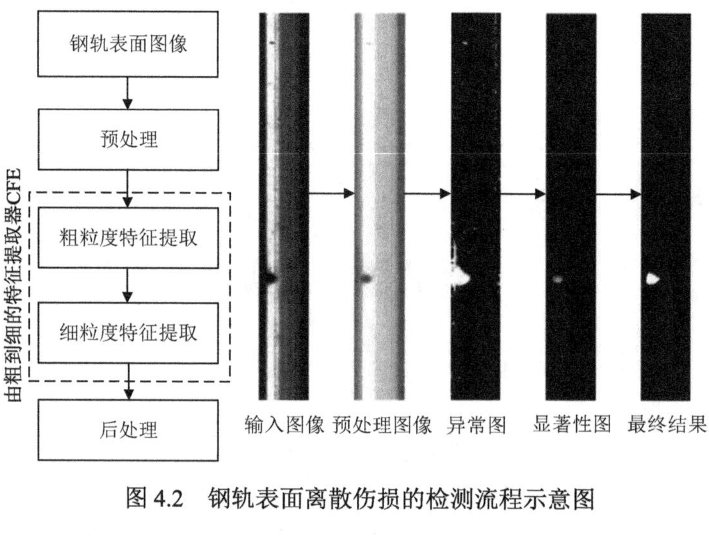

图 4.2 钢轨表面离散伤损的检测流程示意图

（3）细粒度特征提取：用于进一步区分粗提取器得到的异常值属于真实伤损还是噪声。为了稳健地抑制噪声点的影响，细提取器充分利用背景模式来定义纵向上下文信息项。通过对数据集中真实伤损的质心进行调查，定义横向先验信息项。这两个信息项都被整合到一个显著性函数中，从中可以轻松过滤不需要的噪声点。

（4）后处理：一些小尺寸的假伤损将在这个阶段被舍弃。

4.3.2　粗粒度特征提取

为了进一步抑制噪声的影响，给定图像中像素 $p(x,y)$，使用特征向量 $\boldsymbol{v}(p)=[I,I_{\text{mean}},I_{\text{median}}]^{\text{T}}$ 进行表示，其中 x 和 y 分别表示横向坐标和纵向坐标，I、I_{mean}、I_{median} 分别表示当前灰度值、其空间邻域的平均值和中值。滤波窗口尺寸设定为 3 像素×3 像素，以达到噪声抑制和边缘保留之间的良好平衡；滤波窗口在图像边界处采用压缩策略，以保证特征提取的完整性。

根据 4.2 节提到的钢轨表面图像所固有的特性，即沿纵向的大部分观测值始终显示一致的视觉模型，尽管伤损会打破这种一致性并作为前景出现。换句话说，在灰度特征空间，纵向上的大多数观测值总是出现在一些主要密集区域，即聚类簇；簇的中心刻画了与其相关联的特征空间的局部结构。因此，一旦确定了聚类中心的位置，就会基于特征空间的局部结构划定与其相关的模点。通过均值漂移算法，可以获得这种潜在分布下具有零梯度和局部最大密度的模式，用于刻画背景的潜在分布，从而实现将伤损检测问题转换为沿纵向观察值序列寻找模点的问题。

粗粒度特征提取主要包含五个阶段。

1）序列生成

为每个纵向列收集一个样本序列 $\boldsymbol{V}=\{\boldsymbol{v}_1,\boldsymbol{v}_2,\cdots,\boldsymbol{v}_n,\cdots,\boldsymbol{v}_N\}$，其中 $\boldsymbol{v}_n$ 表示第 n 个样本点，N 是序列大小。

2）典型样本采样

为了减少计算量，从序列 $\boldsymbol{V}$ 中利用下采样策略随机选择一组代表性的样本 $\{\boldsymbol{v}_m\}_{m=1}^{M}$。考虑一个显著模式附近的局部密度变化并不像全局变化那么大，实验随机选取了沿纵向四分之一的样本作为该列的代表性样本。

3）模点获取

均值漂移算法是一种非参数特征空间分析技术，用于迭代定位梯度为零的局部密度最大处，如算法 4.1 所示。需要说明的是，平均移位向量的计算仍然基于整个样本序列 V，其优势在于学习的模点能够更好地表示特征空间中的视觉信息；另外，模点的计算通过使用代表性样本减小了计算开销且不会降低密度估计的质量。

算法 4.1　均值漂移算法流程

输入：一个样本序列 $\boldsymbol{V}=\{\boldsymbol{v}_n\}_{n=1}^{N}$，典型样本 $\{\boldsymbol{v}_m\}_{m=1}^{M}$，$t$，$\varepsilon$，高斯核 $K(\cdot)$和带宽 h；

输出：列模点 $\{\boldsymbol{c}_m\}_{m=1}^{M}$；

1：for m = 1 to M do

2：初始化：t=0，并设置 $\{\boldsymbol{c}^{(t)}\}=v_m$；

3：While $\left\|c_m^{(t)}-c_m^{(t-1)}\right\|_2^2<\varepsilon$：

4：$t=t$+1；

5：均值漂移：

$$c_m^{(t)} = \frac{\sum_{n=1}^{N} v_n K\left(\left\|\frac{v_n - c_m^{(t-1)}}{h}\right\|^2\right)}{\sum_{n=1}^{N} K\left(\left\|\frac{v_n - c_m^{(t-1)}}{h}\right\|^2\right)}$$

6：end for

4）模点融合

由于仅采用近四分之一的代表性样本获取模点$\{\boldsymbol{c}_m\}_{m=1}^{M}$，这不可避免地导致有些模点靠得很近，甚至重合。为了获得更紧凑的模点，该步骤将非常接近甚至重合的模点进行融合，生成L个带权重的紧凑模点，$\boldsymbol{C}=\{\boldsymbol{c}_l\}_{l=1}^{L}$，其中权重$w_l$定义为每个模点所代表的簇中样本个数占整个序列$\boldsymbol{V}$的比重。

5）异常值提取

在钢轨表面图像中有这样一个常识：真正的伤损点总是沿纵向的一小部分。通过实验发现，在本章收集的钢轨表面图像数据集中，伤损样本占总样本数量的最大比重为4%。因此，与背景相关的模点集合可以定义为

$$\hat{\boldsymbol{C}}=\{\boldsymbol{c}_j, w_j \mid w_j \geqslant \gamma,\ j=1,2,\cdots,L\} \tag{4-2}$$

式中，$\gamma=0.1$以抑制其他噪声的干扰。值得注意的是，伤损区域往往具有较低的灰度特征，尽管该先验总是被其他噪声所抑制[4]。针对该问题，向模点集合$\hat{\boldsymbol{C}}$增加新的模点：

$$\{c_j, w_j \mid c_j^2 > c_i^2, \forall c_j \notin \hat{\boldsymbol{C}}, \forall c_i \notin \hat{\boldsymbol{C}}\} \tag{4-3}$$

经过上述筛选过程，很显然$\hat{\boldsymbol{C}}$之外的点均可被当作异常。然而，这种粗粒度的特征提取过程并不能准确地判断异常是属于真实伤损还是图像噪声。如图4.2所示，这种粗糙的决策过程极易受到噪声干扰，并带来大量的错误检测。因此，本节提出细粒度特征提取方法，以进一步过滤噪声。

4.3.3 细粒度特征提取

对于每个像素$p(x,y)$，其背景模型可以表示为$\hat{\boldsymbol{C}}(y)=\{\boldsymbol{c}_k, w_k\}_{k=1}^{K}$。该背景模型在粗粒度特征提取过程中沿着其纵向方向得到该列的潜在背景分布，该信息有助于区分钢轨表面图像中的真实伤损和复杂背景。基于背景模型的基本思想是为像素$p(x,y)$定义显著性函数$S(p)$，以测量其显著性并确定其类别标签，即属于背景还是伤损。直观地说，准确而有效的检测应在很大程度上具备减少噪声影响的能力：一方面，定义的显著性函数应能增强真实伤损的对比度，同时抑制噪声的对比度；另一方面，其能够降低在不太可能出现真正伤损点的空间位置处的响应值。

因此，当独立地考虑每个像素时，其标签应同时取决于其表面特征与背景模型之间的拟合度及其空间位置分布。显著性函数定义如下：

$$S(p)=F^{\mathrm{LCI}}(p,\boldsymbol{M}(p))\times F^{\mathrm{TPI}}(p) \tag{4-4}$$

式中，$\boldsymbol{M}(p)=\left\{N_G\left(\hat{\boldsymbol{C}}(y)\right)\right\}=\left\{\cdots,\hat{\boldsymbol{C}}(y-1),\hat{\boldsymbol{C}}(y),\hat{\boldsymbol{C}}(y+1),\cdots\right\}=\left\{\hat{\boldsymbol{C}}^i\right\}_{i=1}^{I}$ 是关于像素 $p(x,y)$ 的背景模型，考虑相邻像素之间相似的时空分布，这种领域相关性构造背景模型允许背景信息的空间扩散；$F^{\mathrm{LCI}}(p,\boldsymbol{M}(p))$ 是关于像素 $p(x,y)$ 及其对应背景模型 $\boldsymbol{M}(p)$ 的纵向上下文信息项的函数，主要用于测量外观特征和背景模型之间的拟合程度，并编码纵向上相对一致性；$F^{\mathrm{TPI}}(p)$ 是关于像素 $p(x,y)$ 的横向先验信息项的函数，主要编码在横向上不同位置处发生真实伤损的概率信息。最终的显著性图，如图 4.2 所示。给定像素的显著性值，其标签的定义为

$$\mathrm{Label}(p)=\begin{cases}1, & S(p)>T\\ 0, & \text{其他情况}\end{cases}\tag{4-5}$$

式中，T 为阈值参数。如果 $\mathrm{Label}(p)=1$，那么像素 $p(x,y)$ 被标记为伤损点，反之为背景。阈值的选取可以使用不同的处理策略，如通过交叉验证来估计固定阈值，或者采用自适应策略计算自适应阈值。这里采用固定阈值策略。类似的固定阈值策略也被大量其他故障检测任务所采用，如 can-end [9]、LCD 面板[10]和大孔径光学元件[11]。

然而，在现实轨道检测中，阈值化处理步骤是不必要的，因为计算的显著性图足以帮助铁路检测员定位真正的伤损位置，从而避免潜在的严重风险并减少无用的工作负担。这里的显著性图进一步分割是为了获得伤损的精确形状，这有利于更加全面和公平地定量评估和客观比较本节所提出的像素级处理算法 CFE。

下文将详细讨论如何有效且有意义地定义 F^{LCI} 和 F^{TPI}，以使它们对钢轨表面离散伤损检测具有好的检测性能和一定的鲁棒性。

1）纵向上下文信息

对于钢轨表面离散伤损检测任务，不仅需要鼓励最大化真实伤损，而且需要在一定程度上抑制噪声。因此，定义纵向上下文信息项为

$$F^{\mathrm{LCI}}(p,\boldsymbol{M}(p))=\frac{1}{I}\sum_{i=1}^{I}\sum_{k=1}^{K}w_k^i\boldsymbol{v}(p)-\boldsymbol{c}_{k2}^i\tag{4-6}$$

式中，$\boldsymbol{v}(p)$ 是像素 p 的特征向量；$\boldsymbol{c}_k^i$ 和 w_k^i 分别表示背景模型 $\boldsymbol{M}(p)$ 下第 i 个空间位置的模点集合下第 k 个聚类中心及其对应的权重。

该策略的优势主要体现在两个方面。首先，尽管粗粒度特征提取考虑背景模式的局部性，能够过滤大部分背景点，但是依然存在大量误报。相比之下，纵向上下文信息项充分利用整个背景模式的信息来进一步过滤钢轨表面图像中的噪声点。这种依赖背景模式全局特性的确定策略，可以增强真实伤损与噪声点之间的辨识度，后续实验表明它能够产生良好的检测性能。其次，所提出的策略很容易扩展。例如，它可以结合横向先验信息项来实现更稳健的检测性能。

2）横向先验信息

钢轨表面图像大多沿纵向方向具有一致性，但横向边缘存在较大振动和复杂背景。实际上，以往文献中的工作也受到这种边缘效应的影响[4]。因此，本节提出横向先验信息项，以编码不同空间位置处真实伤损发生的概率。基本的观察是，轨道的工作模式导致钢轨表面在横向上呈曲面型，真正的伤损最有可能发生在轨道的中间位置。本节对真

实采集的钢轨表面离散伤损数据集中的伤损在横向上的质心位置（即 y）进行了统计。图 4.3 显示了这些质心沿横向位置的归一化直方图。注意，沿横向线的每个质心标准化为[0,1]。图 4.3（a）表明真实伤损在钢轨表面图像中间发生的可能性更高，而很少出现在钢轨表面图像的横向边缘。换句话说，远离钢轨表面中间的位置更可能发生错误响应。

为了在稳健检测和减轻边缘效应之间实现最佳平衡，本节通过简单的抛物线曲线对横向先验信息进行建模[12]。点 $p(x,y)$ 的横向先验信息项 F^{TPI} 定义如下：

$$F^{\text{TPI}}(p)=ay^2+by+c \tag{4-7}$$

式中，$y\in[0,1]$ 表示 p 点的横向位置。横向先验信息项明确地选取两个边缘点(0,0)、(0,1)和中间点(0.5,h)来确定抛物线曲线方程。图 4.3（b）显示带有 h={0.1,0.5,0.8,1.0}的抛物线建模曲线。当 $h=1$ 时，$F^{\text{TPI}}(0.5)=1$ 比横向边缘附近的其他点大得多，如 $F^{\text{TPI}}(0.1)=F^{\text{TPI}}(0.9)=0.34$。如果伤损分别位于 $y=0.5$ 和 $y=0.1$ 处，F^{TPI} 会明显抑制 $y=0.1$ 处的真实伤损，导致漏报。因此，为了平衡检测精度和边缘效应，这里选择 $h=0.1$ 构造横向先验信息项。

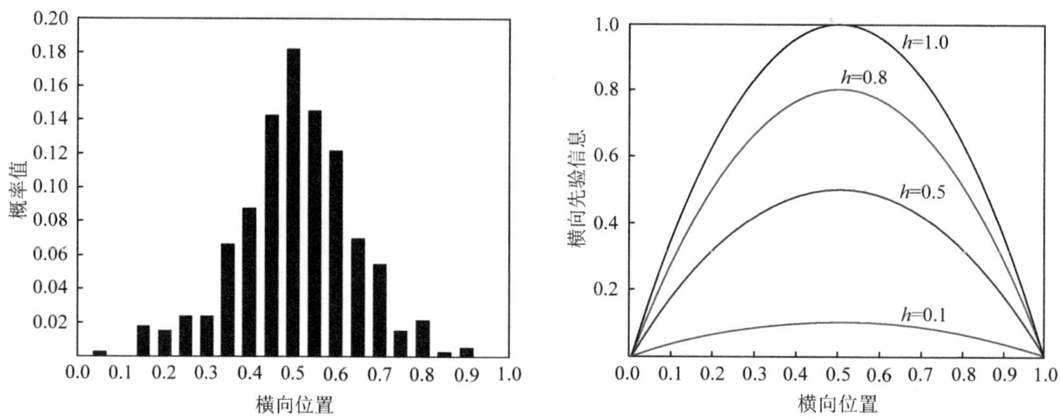

（a）归一化直方图　　（b）抛物线建模曲线

图 4.3　统计建模结果示意图

4.3.4　实验结果与分析

为了更加全面地评估本章所提出的基于像素级的处理算法 CFE，本实验在重载钢轨线路和普通钢轨线路中分别收集了 67 张和 128 张带离散伤损的钢轨表面图像。针对每种线路的图像，随机选择 80%用于训练，20%用于测试。所有带伤损的钢轨表面图像均由轨道检测领域专家进行像素级标注。

本章分别采用像素级和伤损级评测指标评估模型性能。像素级精确率（Pre）、召回率（Rec）和 F1 值（F）的计算方法见式（3-47）～式（3-49）。

伤损级精确率（Pre*）、召回率（Rec*）和 F1 值(F^*)的计算方法见式（3-50）～式（3-52）。

1）参数敏感性分析

式（4-5）中的阈值参数T是影响 CFE 算法性能的重要参数。对于重载钢轨验证集，本实验评估了$T \in [40,70]$的参数变化范围，以明确阈值分割对模型性能的影响。参数的依赖关系如图 4.4（a）所示。正如预期的那样，F1 值随着T的增加而增加。在$T = 53$时，CFE 算法性能达到最佳，因为这个值在精确率与召回率之间取得了良好的平衡。随着T进一步增加，即$T > 53$，CFE 算法检测性能开始下降。当T足够大时，算法倾向于增加精确率，代价是大幅减小召回率。为了平衡精确率和召回率，下述重载钢轨实验设置$T = 53$。

针对普通钢轨测试集，采用相同的方法选择适当的参数。注意，T也是通过最大化其F和F^*来选择的。图 4.4 所示为参数T对 F1 值的影响。其中，F和F^*分别表示像素级和伤损级的定量实验结果。F和F^*依赖T的关系曲线，T的参考范围设置为$[60,90]$。同样，随着T增加，两条曲线先增加然后减小，因为精确率和召回率是一对相互矛盾的指标。下述普通钢轨的实验设置$T = 74$，在精确率与召回率之间取得了良好的平衡。

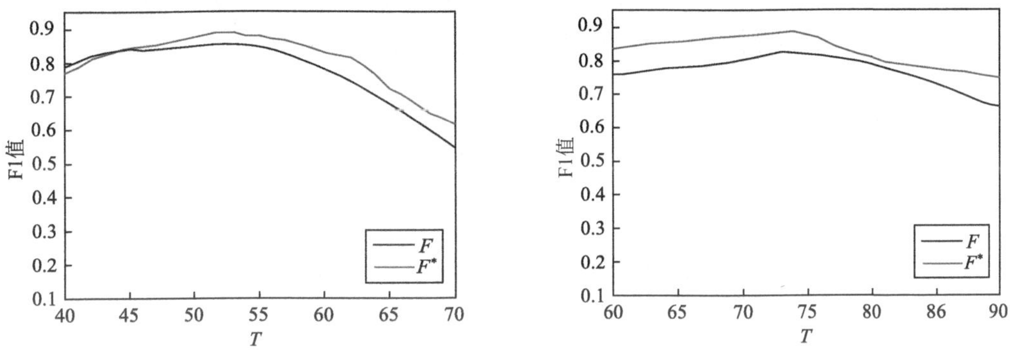

（a）普通钢轨数据集的实验结果　　（b）重载钢轨数据集的实验结果

图 4.4　参数T对 F1 值的影响

上述实验结果表明，虽然参数T的变化给F和F^*带来了一定波动，但本节所提算法仍然保持了较好的鲁棒性。在小范围的参数变化下能够实现稳定的检测性能。

2）重载钢轨表面伤损检测实验结果分析

在重载钢轨测试集上对比 CFE 算法与当前主流伤损检测模型的实验结果。对比算法包括 LN+DLBP、MLC+PEME 和 He[5]。为保证试验对比的公平性，所有对比算法的参数选择均通过最大化 F1 值（F和F^*）实现。在 LN+DLNP 算法中伤损占比上限 dp 设置为 0.3；在 MLC+PEME 算法中，权重系数α设置为 10；He 算法中的梯度阈值$k = 10$、控制参数$C = 5$。

图 4.5 可视化了所有对比算法在重载钢轨测试集上的实验结果。当伤损区域和背景都具有匀质性时，所有对比算法都实现了良好的检测性能，能够有效地分离伤损区域。He 算法对梯度变化非常敏感，当钢轨表面的背景变化复杂时，出现了明显的漏检。整体来看，本章提出的层次化检测算法能够有效地识别伤损的完整轮廓，检测结果贴合真实的伤损范围。

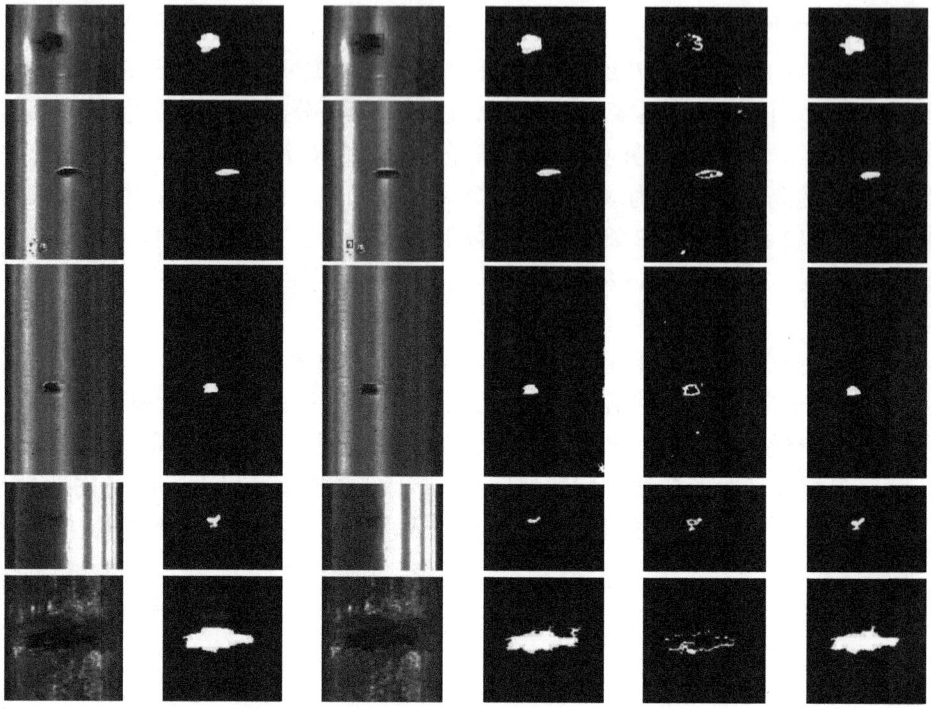

（a）原始图像 （b）真值标签 （c）LN+DLBP （d）MLC+PEME （e）He （f）CFE

图 4.5 重载钢轨数据集上不同算法的伤损检测结果对比图

表 4.1 定量地展示了伤损级和像素级伤损检测结果。由于 LN+DLBP 采用投影算法通过边界框定位伤损，He 算法主要检测轮廓以定位可能的伤损。因此，像素级评测指标无法评估这两种算法的检测性能。由于钢轨表面复杂的背景变化，MLC+PEME 算法的检测性能也差强人意。相比而言，本节提出的算法在伤损级和像素级上均实现了更佳的检测能性能。

表 4.1 重载钢轨数据集上不同算法的伤损检测评价指标对比

算法	Pre/%	Rec/%	*F*/%	Pre*/%	Rec*/%	*F**/%
LN+DLBP	—	—	—	76.26	70.80	73.43
MLC+PEME	78.14	78.89	75.70	47.87	85.40	61.35
He	—	—	—	41.19	72.94	52.65
CFE	87.54	85.63	85.12	93.02	85.40	89.05

3）普通钢轨表面伤损检测实验结果分析

继续验证 CFE 算法在普通钢轨测试集上的检验性能，并与文献中其他成熟的算法进行比较，包括 LN+DLBP 算法、MLC+PEME 算法和 He 算法[5]。

如图 4.6 和表 4.2 所示，与重载钢轨数据集类似，所有算法在具有匀质性且对比度较大的钢轨表面图像中都达到了具有同等竞争水平的检测结果。值得注意的是，虽然普通钢轨具有更相对一致的背景，但是伤损区域的表面特征却更加复杂。这种现象也使得对梯度变化尤其敏感的 He 算法检测性能下降，难以找到准确的伤损轮廓，出现了稀疏的激活结果。LN+DLBP 算法在此类伤损中也同样面临挑战，激活框（图 4.6 中第三列图像上的框）存在一定偏移和漏报。

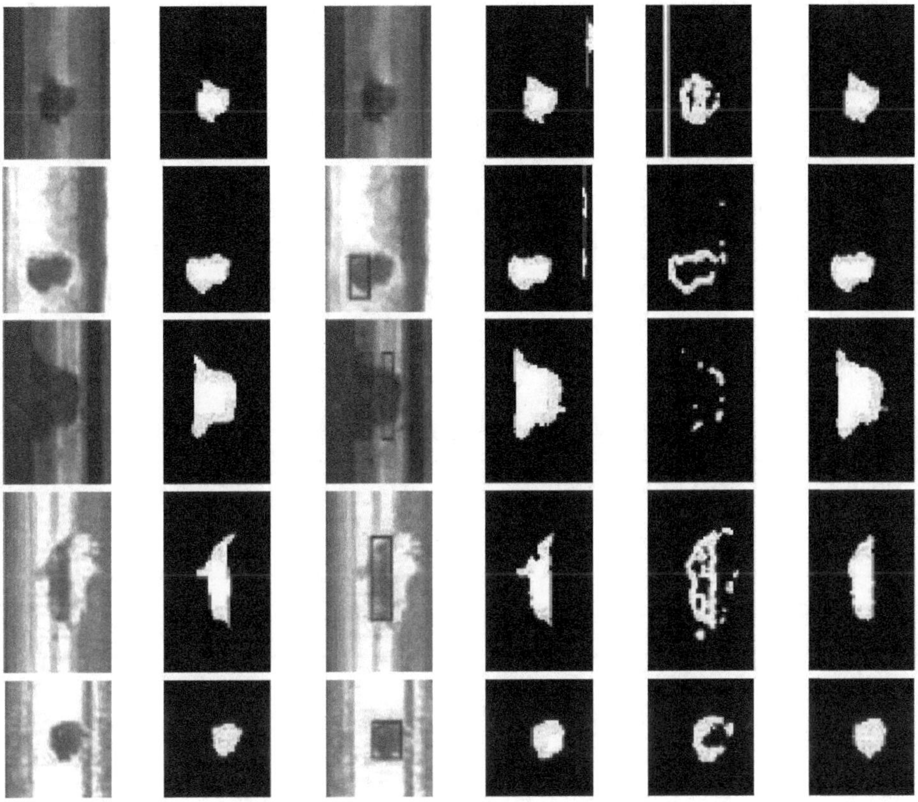

（a）原始图像　（b）真值标签　（c）LN+DLBP　（d）MLC+PEME　（e）He　（f）CFE

图 4.6　普通钢轨数据集上不同算法的伤损检测结果对比图

表 4.2　普通钢轨数据集上不同算法的伤损检测评价指标对比

算法	Pre/%	Rec/%	F/%	Pre*/%	Rec*/%	F^*/%
LN+DLBP	—	—	—	88.89	71.82	79.45
MLC+PEME	73.88	83.05	76.05	58.68	91.71	71.56
He	—	—	—	49.73	46.41	48.01
CFE	83.88	83.58	82.11	91.91	83.98	87.76

相比较而言，CFE 算法在 F 和 F^*两种评测指标下均实现了最佳的检测性能。实验结果表明，纵向上下文信息和横向先验信息相结合的伤损增强过程致力于背景分布而不是专注于对比度增强。该策略能更好地适应复杂的检测条件，有助于从多变的背景中分离前景伤损。纵向上下文信息和横向先验信息相结合的伤损增强过程对于这种特定的检测任务更具有效性。

4）实际运营线路钢轨表面伤损检测实验结果分析

为了进一步评估 CFE 算法在真实运营环境中的伤损检测性能，本节在一条覆盖 45 km 普通钢轨的实际运营线路上进行了测试。本次实验共采集 45366 张钢轨表面图像。将 CFE 算法的检验性能与以上三种成熟的算法进行比较，采用正确检测数、错误检测数、缺失检测数和正确检测率来实现定量评估。由于图像采集自普通钢轨，本实验阈值 T 仍然设置为 74。

如表 4.3 所示，尽管 LN+DLBP 算法具有较低的错误检测数，但是其错过了一些真正的伤损，而这些伤损可能导致铁路日常工作中的潜在风险。MLC+PEME 算法和 He 算法在错误检测方面表现较差，这会导致繁重的人工复检工作。CFE 算法能成功检测到所有伤损，在正确检测数、错误检测数方面都实现了最佳的性能。CFE 算法错误检测数较多的原因主要在于它独立地建模像素而没有充分考虑相邻像素的标签信息。实验结果证明了其在钢轨表面离散伤损检测中的强大潜力，并且进一步验证了 CFE 算法对阈值参数 T 变化的鲁棒性。

表 4.3　实际铁路线检验结果统计

算法	伤损数量	正确检测数	错误检测数	缺失检测数	正确检测率/%
LN+DLBP	30	20	712	10	66.67
MLC+PEME		29	79194	1	96.67
He		24	59991	6	80
CFE		30	1244	0	100

4.4　基于背景统计特征的伤损检测模型

现阶段的钢轨表面伤损视觉检测系统多使用线扫描相机捕获固定长度（如 1 m）的轨道图像，然后通过后续的图像处理子系统单独分析这些图像，并进行伤损检测。目前主流的伤损检测算法均关注单张图像中的伤损识别，而忽略了完整轨道的空间特征。换句话说，虽然轨道被钢轨表面伤损视觉检测系统采集并存储为单独的图像，但其空间连续性和整体性被破坏。针对这个问题，本节将根据轨道的时空特性重新形式化描述伤损检测问题。

4.3 节中所提的层次提取器着重分析了钢轨表面背景的表面特征，表明像素强度在纵向上保持相对一致性，仅存在轻微的偏差。较大偏差总是定位在真实伤损和噪声等异常位置。而且，真实的伤损总是占据小部分像素且显著偏离背景分布。因此，本节研究内容继续专注于从非参数化的背景分布中区分所期望的真实伤损。与层次提取器不同的是，本节采用随机策略构造背景模型。基本思想是选取少量但接近背景的观测值来估计背景分布往往比使用大多数观测值来估计背景分布更可靠。

基于上述分析，本节提出新的背景导向伤损检测器（background-oriented defect inspector，BODI），通过随机策略从沿每条纵向线的像素集中构建对应的背景模型。为了捕捉随机性带来的性能影响，BODI 借鉴了基于二项式分布的理论，提出使用多次随机构建及集成策略增强背景模型的表示能力。为了确保检测的鲁棒性、适应性和实时性，

BODI 对背景模型采用实时的更新机制，实现了钢轨表面离散伤损的在线检测。真实铁路线路的实验评估表明，本文所提方法明显优于现有模型，充分证明了其在铁路检测领域的稳定的检测精度和在线实时检测能力。

4.4.1　BODI 模型概述

参照 4.2 节的问题定义，对于块 $\boldsymbol{X}_t$ 中的给定像素 $p(x,y)$，其与纵向线上的下一个位置的像素是相似的，除非它们属于伤损或噪声。x 和 y 分别表示纵向和横向的坐标。只需为每条纵向线建立背景模型，便能够区分伤损和正常背景，得到像素级的伤损区域。

图 4.7 展示了 BODI 的示意图。BODI 为每条纵向线建立背景模型，以区分伤损和正常背景。通过独立地处理每个块中的像素，并将每个块的宽度 w 设置为 1，使每条横向线都是需要考虑的对象。图中红色虚线框代表图像块，这里指的是横向线；绿色实心圆代表像素点，每个橙色的'Y'表示当前像素被分类为背景。BODI 使用背景模型和横向先验信息来确定当前块中的当前像素是否属于背景，逐块进行计算。如果判定当前像素属于背景，则更新其对应的背景模型；否则，检测过程转向纵向线上的下一个像素。需要注意的是，同样的检测过程能够应用于其他纵向线，该检测过程也可以应用于任意长度的轨道线。

图 4.7（彩图）

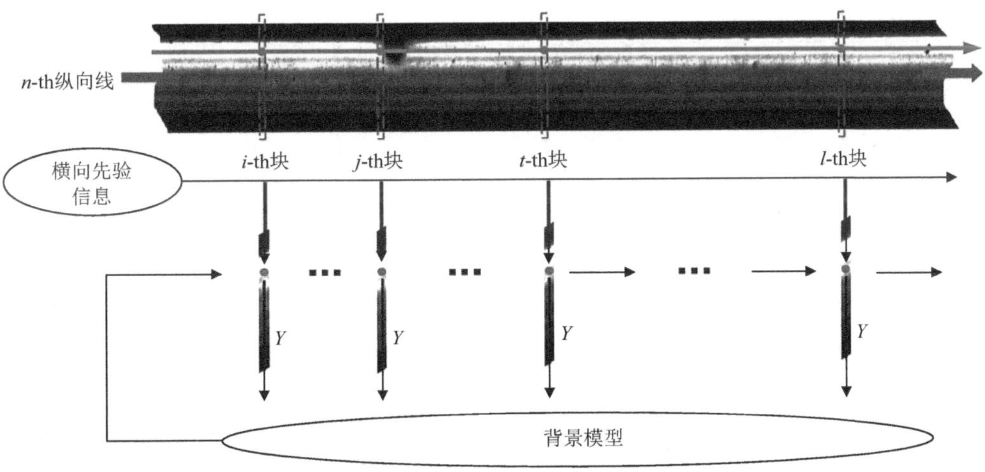

图 4.7　背景导向伤损检测器示意图

BODI 的计算过程包括预处理、背景表示和伤损识别、后处理三个步骤。预处理旨在减少不均匀照明和钢轨表面反射变化的影响。因为分割块的宽度 $w=1$ 足够小，BODI 可以同时处理一批分割块，然后对处理结果进行拼接。背景表示和伤损识别本质上是用一组随机选择的样本围绕目标像素 p 建模背景。然后，根据背景模型和先验知识，给出当前像素关于背景或伤损的类别判定结果。最后，通过后处理过滤细小的误报。

4.4.2　钢轨背景统计模型

实际上，一个具有较好性能的伤损检测器总是被认为能够最大限度地突出伤损而抑制噪声。因此，最关键的过程是构建适当的背景分布来区分伤损与噪声等异常。一种简单的方法是利用始终被检测为背景的所有像素来生成一个全局检测器。但结果是被误检为背景的真实伤损像素将逐渐腐蚀背景模型，从而降低背景模型的表示能力。事实上，伤损检测的根本目的是从钢轨表面图像中选择适当且具有代表性的背景像素来拟合背景分布，并定义适当的距离测量以限制噪声的影响。前文工作在灰度特征空间中使用纵向上的代表性背景簇中心作为背景模型实现高性能的伤损检测。但是，由于均值漂移算法的迭代性，使得该策略在计算上成本高昂。本节将利用随机选择策略构建背景模型以降低计算成本，随后采用这个随机性的背景统计来进行钢轨表面离散伤损的检测。

理想情况下，一条轨道应具有在稳定光照下看起来一致的表面特征。即使是使用过的轨道，其表面在纵向上也会保持一致。这主要受车轮摩擦的影响，因为与车轮接触的轨道点几乎是固定的，所以这种影响沿轨道纵向不会变化，只会在横向上有所变化。因此，在沿钢轨表面搜索时，可以预期会有一个一致的背景模式，而伤损则会打破这种一致性，作为前景出现。直观地说，准确的检测应尽可能地减少不规则性的影响，即应增强真实伤损的对比度，同时抑制噪声点的对比度，并减少不太可能是真正伤损点的响应。因此，在独立考虑每个像素时，其标签应基于其外观、背景模型和空间位置之间的拟合度。

具体而言，给定图像中像素 $p(x,y)$，同样使用特征向量 $\boldsymbol{v}(p)=[I,I_{\text{mean}},I_{\text{median}}]^{\text{T}}$ 进行数据预处理，以抑制噪声干扰。每个像素 $p(x,y)$ 的背景模型可以由 N 个沿着纵向随机且均匀选取的像素样本集表示，如下所示：

$$\boldsymbol{M}(p)=\{\boldsymbol{v}_1,\boldsymbol{v}_2,\cdots,\boldsymbol{v}_n,\cdots,\boldsymbol{v}_N\} \tag{4-8}$$

式中，N 表示背景模型大小。随机选择的伤损像素数量 L 服从参数为 N 和 q 的二项分布，记作 $L\sim B(N,q)$。因此，在这个随机构建的背景模型 $\boldsymbol{M}(p)$ 中至少包含一个伤损像素的概率表示为

$$\Pr(L\geqslant 1)=\sum_{L=1}^{N}\binom{N}{L}q^{L}(1-q)^{N-L}=Q \tag{4-9}$$

通过式（4-9）很容易看出，随着 N 的增加，选中伤损像素的概率将呈指数级增长。因此，较大的背景模型更易导致伤损像素对背景模型的腐蚀而丧失背景表示能力。但是，使用较少的样本填充背景模型将意味着背景模型的表示能力不足，因为待检测的钢轨表面图像包含动态背景和大量噪声。总的来说，背景表示的目的是一方面尽可能不包含伤损像素，另一方面尽量显示出足够的多样性。这明显是矛盾的。针对多次构建的随机背景模型的集成机制将平衡这些矛盾。

针对上述问题，本节进一步讨论所有构建的随机模型都能够击中伤损像素的概率。假设随机构建背景模型的次数是 K，则这些随机过程中选中伤损像素的次数 J 同样遵循参数为 K 和 Q 的二项式分布，即 $J\sim B(K,Q)$。因此，所有随机过程都选中伤损像素的概率 P 为

$$P=\Pr(J=K)=\binom{K}{J}Q^{J}(1-Q)^{K-J} \tag{4-10}$$

图 4.8 显示在不同背景模型大小 N 下 P 和 K 的关系。不同的曲线表明，更多的随机背景样本对应着更多的随机选择背景像素的过程。当 K 足够大时，这些并行过程选择伤损像素的概率明显降低。在这种情况下，所选背景表示中的伤损像素污染将最小化，

使伤损像素相对于背景像素更加醒目。融合所有不同的随机选择过程有利于增强背景表示的多样性，并最小化伤损像素的出现。

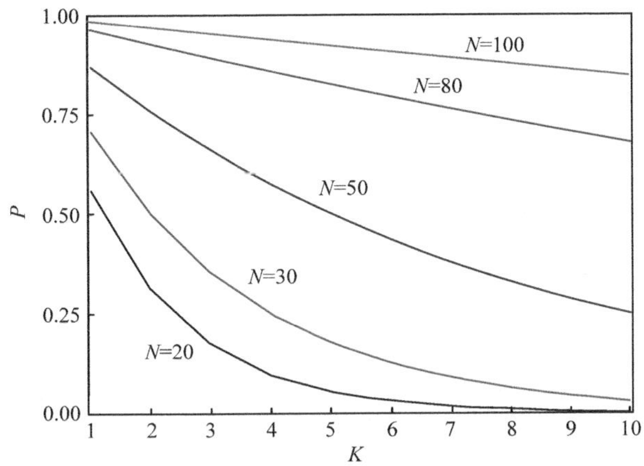

图 4.8　不同背景模型大小 N 下的 P 和 K 之间的关系

通过比较当前像素 p 与其对应的背景模型 $\boldsymbol{M}(p)$，可以确定其属于背景还是伤损。参考式（4-4），关于像素 p 的显著性函数 $S(p)$ 定义为

$$S(p)=\frac{1}{K}\sum_{k=1}^{K}F^{\mathrm{LCI}}(p,\boldsymbol{M}(p))\times F^{\mathrm{TPI}}(p) \tag{4-11}$$

$$F^{\mathrm{LCI}}(p,\boldsymbol{M}(p))=\frac{1}{N}\sum_{n=1}^{N}\left[\left(\boldsymbol{v}_{\mathrm{n}}-\boldsymbol{v}(p)\right)^{\mathrm{T}}\boldsymbol{W}\left(\boldsymbol{v}_{\mathrm{n}}-\boldsymbol{v}(p)\right)\right]^{\frac{1}{2}}\mathrm{Pr}(p) \tag{4-12}$$

$$F^{\mathrm{TPI}}(p)=ay^2+by+c \tag{4-13}$$

$$\mathrm{Pr}(p)=\frac{\sum_{n=1}^{N}\hat{\#}\{(\boldsymbol{v}_{\mathrm{n}}-\boldsymbol{v}(p))>\gamma\}}{d\times N} \tag{4-14}$$

显著性函数 $S(p)$ 被定义为所有构建的随机背景模型下的平均值。$F^{\mathrm{LCI}}(p,\boldsymbol{M}(p))$ 是关于像素 $p(x,y)$ 及其对应背景模型 $\boldsymbol{M}(p)$ 的纵向上下文信息项的函数，主要用于测量外观特征和背景模型之间的拟合程度，并编码纵向上的相对一致性。$F^{\mathrm{TPI}}(p)$ 是关于像素 $p(x,y)$ 的横向先验信息项的函数，其主要编码在横向上的不同位置处发生真实伤损的概率信息。$\boldsymbol{W}=\mathrm{diag}([0.3,0.35,0.35])$ 是权重对角矩阵。$\mathrm{Pr}(p)$ 表示当前像素属于伤损的概率值，$\hat{\#}$ 是一个计算满足条件的元素操作符，γ 是固定参数，d 是特征向量 $\boldsymbol{v}$ 的维度。如果 $p(x,y)$ 具有较大的灰度值偏差但灰度值较低，则说明其很有可能是噪声干扰，$\mathrm{Pr}(p)$ 接近于 0。

给定显著性值，最终通过阈值策略判定伤损和背景。该计算过程与式（4-5）相似，这里的显著性图分割同样是为了获得伤损的精确形状，这有利于更加全面和公平地定量评估和客观比较本章所提出的像素级处理算法 BODI。

4.4.3　实时性处理技术

本实验的检测对象涉及整条铁路线，而不仅仅是视觉采集系统捕获的单张钢轨表面图像。因此，可以利用轨道的空间连续性来减少冗余计算。

假设当前像素 p 通过与其关联的背景模型 $\boldsymbol{M}(p)$ 进行伤损识别，那么该背景模型同样适用于纵向线上的下一个像素，因此针对下一个像素不需要再次生成背景模型。然而，沿钢轨移动的距离越大，对于考虑照明或外部干扰等背景变化越大，初始的背景模型与当前像素的适配性就越差。因此，更新机制至关重要。这里采用 ViBe 算法的更新机制，其允许关于背景进化信息的空间扩散，并依赖仅被分类为背景的样本。基本原则是像素的背景模型应包含最近的样本，但不一定要丢弃较旧的样本[2]。更新机制结合保守更新策略和随机更新方案，以避免死锁和持续的误报[13]，即伤损像素不应该包含在背景模型中。具体来说，使用一个随机选择的索引 $n \in [1,2,\cdots,N]$，相应的背景模型样本 $\boldsymbol{v}_n$ 被当前像素样本 $\boldsymbol{v}(p)$ 替换，这使背景模型可以学习当前像素。只有被分类为背景的像素可以用于其模型的随机更新，并且随机更新方案会扩散其相邻的值。因此，分类为背景的像素 p 将根据均匀分布规则随机更新其背景模型 $\boldsymbol{M}(p)$。

4.4.4 实验结果与分析

一般而言，图像采集系统对采集的图像质量具有恒定的影响，并且采集系统的任何不足都会给后续图像处理带来严峻的挑战。因此，一旦采集系统固定，整个自动检测系统的性能主要由后续的图像分析算法确定。本节将从参数敏感性、鲁棒性等不同的角度对所提出的方法进行全面评估。

1）参数敏感性分析

本实验使用从普通钢轨中收集的 40 张钢轨表面图像构造测试集。每张图像覆盖的轨道长度为 1 m，且至少包含一个伤损。测试集中的伤损由轨道检测领域专家进行人工标定。由于 BODI 同样是基于像素级的处理算法，本章除了伤损级评测指标外，还引入传统的基于像素级的评测指标。

虽然 BODI 算法善于在线处理长距离的轨道，但其检测同样适用于单独的图像。由前述可知，随机构建背景模型的次数 K 越大，背景模型的表示能力越充分，且越具有多样化。考虑背景表示能力和算法效率之间的相互平衡，本实验设置 $N=20$ 、$K=5$ 。图 4.9

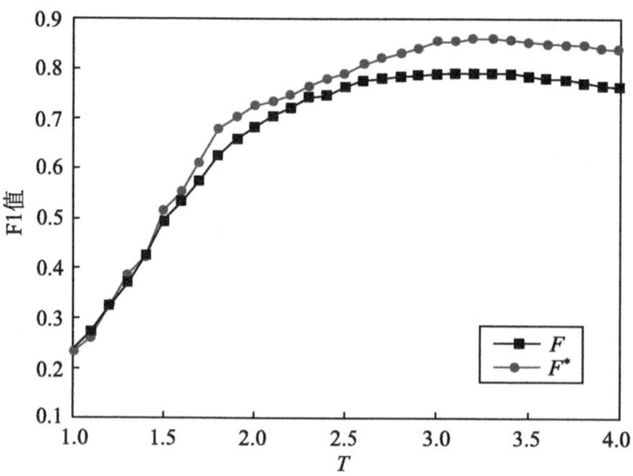

图 4.9 参数 T 对 F1 值的影响

展示了阈值参数T对F和F^*曲线的影响。可以看出，较小的T会导致模型倾向于查全，进而导致比较严重的误报，因此 F1 值指标较差。随着T的增加，F1 值指标得以改善。当$T = 3.2$时，BODI 算法性能最佳，在精确率和召回率之间取得了良好的平衡。继续增加T会使得模型倾向于查准，而牺牲查全率。虽然 F1 值曲线存在一些振动，但检测性能在T的小范围变化内保持稳定。

2）鲁棒性分析

为了评估所提方法在不同极端情况下的鲁棒性，这里采用在极端照明条件下采集的图像和用高斯白噪声($\sigma < 20$)破坏的图像进行算法评估。图 4.10 和图 4.11 分别展示了不同条件下的模型检测结果。实验结果表明，本节所提方法在复杂条件下仍能正确地识别伤损区域，具有稳定的检测能力。其鲁棒性主要体现在以下两个方面。首先，BODI 算法基于背景模型，其采用的集成策略能够显著增强特征表示能力，采用的更新机制能够确保模型对场景的适应性。其次，BODI 算法定义了显著性函数，通过集成纵向上下文信息和横向先验信息以突出伤损，同时有效抑制了噪声干扰。

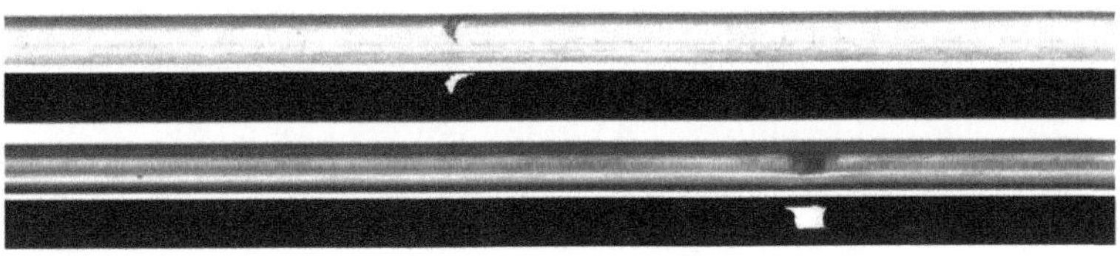

（a）普速铁路轨道检测结果

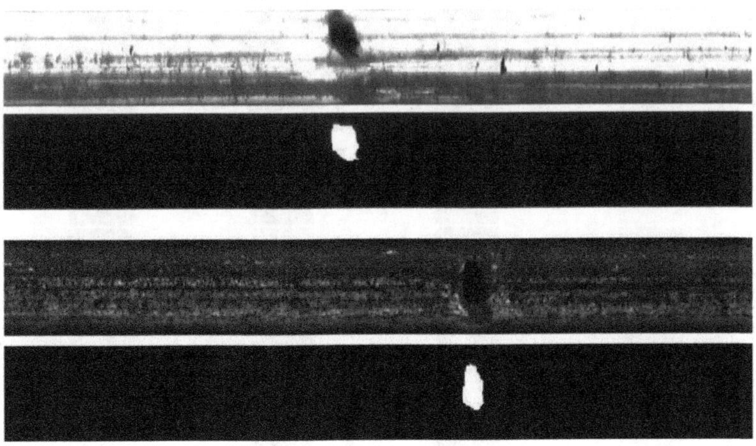

（b）高速铁路轨道检测结果

图 4.10　鲁棒性检验：高亮度或反射不均的轨道检测结果示意图

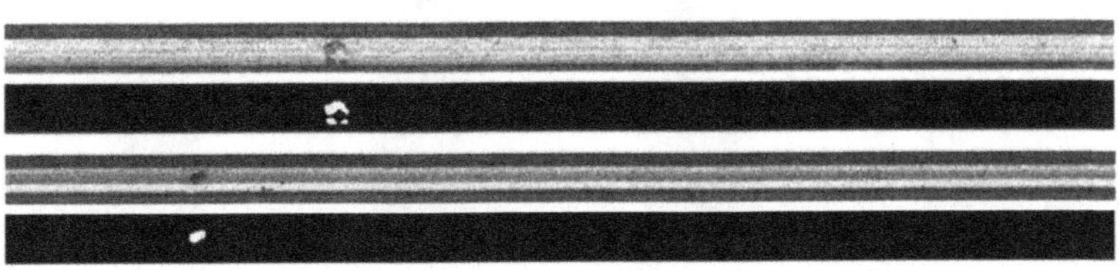

（a）普速铁路轨道检测结果

图 4.11　鲁棒性检验：带高斯白噪声的轨道检测结果示意图

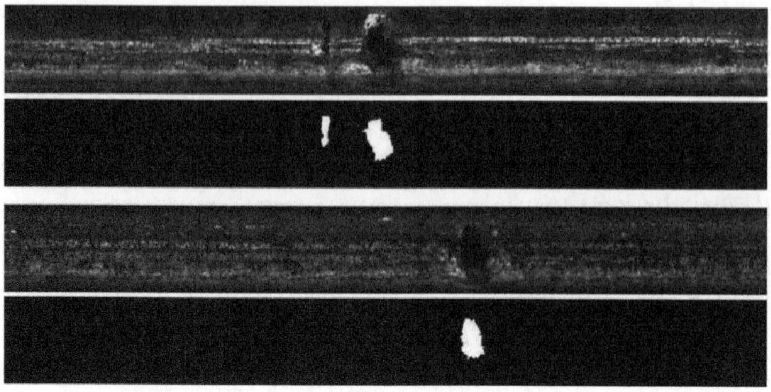

（b）高速铁路轨道检测结果

图 4.11（续）

3）对比实验

本节将所提 BODI 算法的检测性能与文献中其他成熟的算法进行比较，包括 LN+DLBP、MLC+PEME、He[5]和 CFE。所有对比算法的参数选取均通过最大化 F1 值来实现。图 4.12 和图 4.13 分别显示了普通铁路轨道和重载铁路轨道的伤损检测结果。当采集的钢轨表面具有匀质性的伤损和相对一致性的背景时，这些算法都可获得良好的检测结果。但与重载钢轨相比，普通钢轨具有相对一致性的背景但具有更复杂表面的伤损，

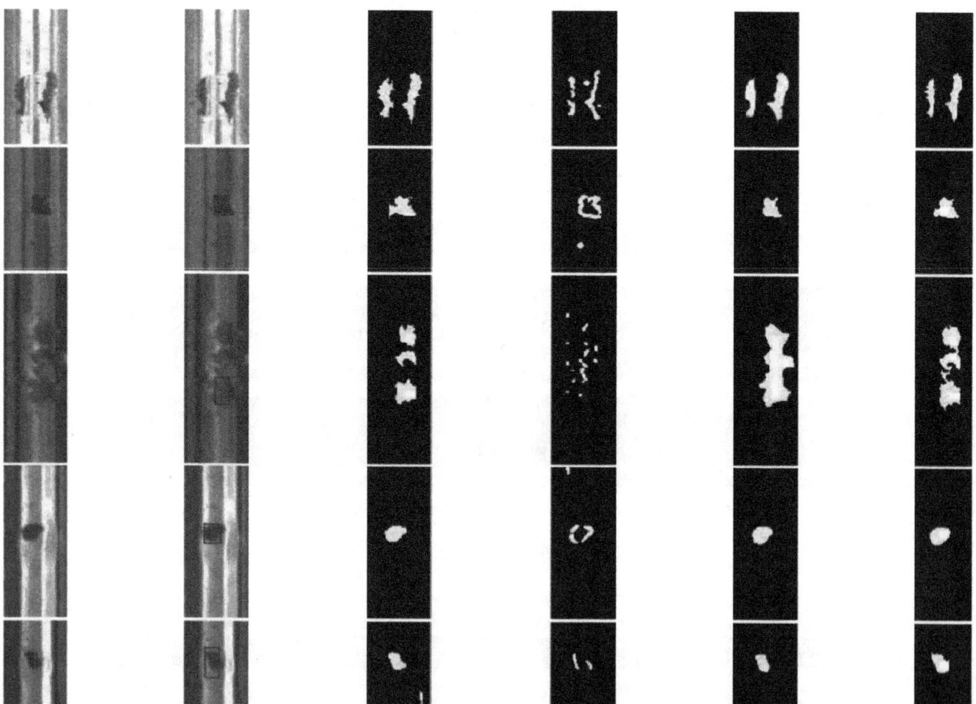

（a）原始图像　（b）LN+DLBP　（c）MLC+PEME　（d）He　（e）CFE　（f）BODI

图 4.12　普通铁路轨道检测结果示意图

并且不同的伤损区域也具有不同的表面特性。因此，MLC+PEME 算法对于具有这种不均匀外观的伤损会产生许多假阴性，因为通过受限最大熵确定的阈值不是最佳的阈值。LN+DLBP 算法的检测结果也不成功，并且具有偏差和漏检。He 算法对梯度尤其敏感，因此无法找到准确的轮廓而且会造成零碎的检测。比较结果表明，BODI 算法和 CFE 算法均表现良好，没有误检和漏检。

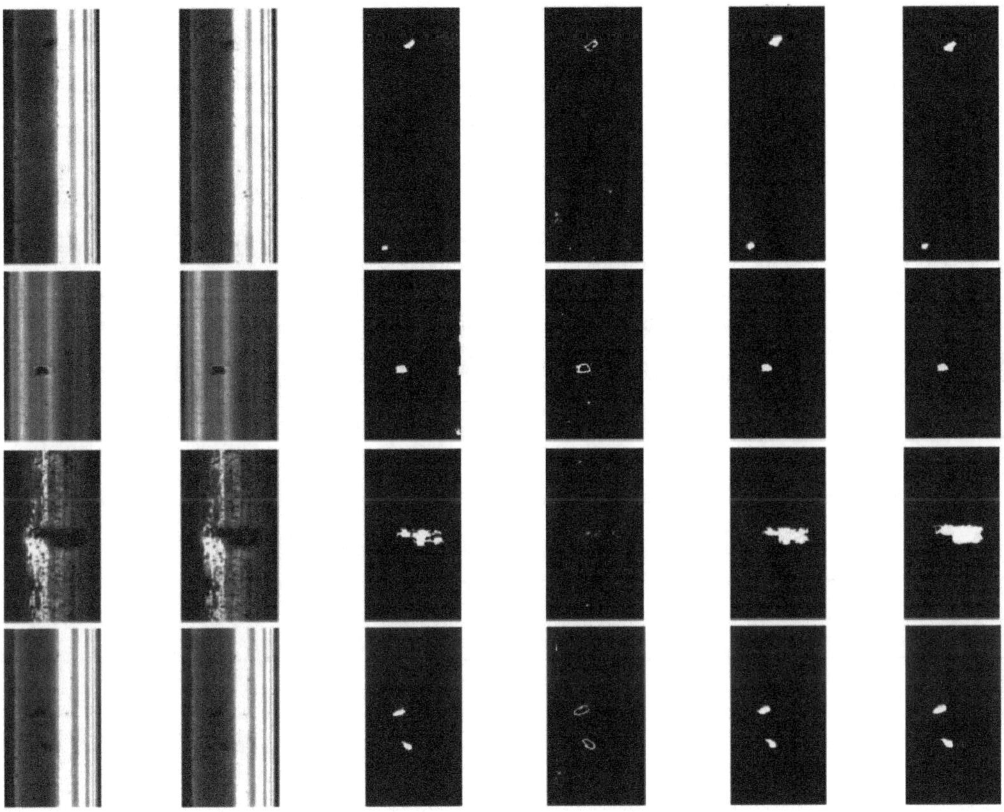

（a）原始图像　（b）LN+DLBP　（c）MLC+PEME　（d）He　（e）CFE　（f）BODI

图 4.13　重载钢轨检测结果示意图

值得注意的是，本节所提算法在弥补其时间复杂度高的缺点基础之上，提出了基于随机策略构建背景模型、更新背景模型的方法，实质为一种在线实时的检测过程。为了充分验证 BODI 算法的有效性并展现其优势且定量评估所提算法的性能，在一条覆盖 45 km 的普通钢轨的实际运营线路上进行测试。本次实验共采集 45336 张钢轨图像。这里采用的评估指标是常见的标准，如正确检测数、错误检测数、缺失检测数和正检率。表 4.4 总结了这五种算法的定量评估对比结果：LN+DLBP 算法具有较低的错误检测数，但错过了一些真正的伤损；漏检的伤损是一种潜在的安全风险。正如预期的那样，MLC+PEME 算法和 He 算法在错误检测数方面表现不佳。结果表明，本节所提算法能够成功检测出所有伤损，在正检率方面性能最佳。该结果证明了其对铁路检查的潜在适用性，并验证了所使用随机策略和集成机制的有效性。此外，在本节所提算法中，阈值

参数 T 的选择是稳健的。然而，BODI 算法在错误检测数方面表现相对较差，因为它独立地建模像素而不考虑领域像素的状态。

表 4.4 BODI 和对比算法在实际铁路线路上的检验结果统计

算法	伤损数量	正确检测数	错误检测数	缺失检测数	正检率/%
LN+DLBP	30	20	712	10	66.67
MLC+PEME		29	79194	1	96.67
He		24	59991	6	80
CFE		30	1244	0	100
BODI		30	1809	0	100

4）时间复杂度分析

表 4.5 使用每米平均执行时间评估了对比算法的时间复杂度。所有算法都在 2.40 GHz Intel Xeon E5620 处理器和 28 GB 内存的计算机上执行。其中，CFE 算法的背景模型采用更新机制以实现公平比较。BODI 算法的背景模型更新机制采用随机策略。实验结果表明，尽管 CFE 算法表现良好，但是与其他成熟算法相比，其计算复杂度最高，在计算效率上处于劣势。目前，常见的配备自动轨道图像采集系统的测试列车的最大速度约为 85 km/h。BODI 算法每米检测平均耗时 41.78 ms，每小时能够实时检测的里程数为 86.165 km。因此，本节提出的算法基本可以满足当前铁路检测的实时性需求。

表 4.5 算法处理时间复杂度对比

算法	LN+DLBP	MLC+PEME	He	CFE	BODI
每米平均执行时间/ms	15.76	29.64	35.21	372.79	41.78

5）讨论

如果每条横向线都被视为视频帧，那么 BODI 算法采用的策略可以被视为计算机视觉中的经典模型，即视频序列中的运动检测：其中每条横向线对应视频帧，离散伤损则对应前景。最近的非参数背景建模算法和最相关的模型是 ViBe[2]。

ViBe 算法利用每个像素邻域中的一些随机选择的样本进行背景模型的建立和更新，并使用一定距离内的固定数量的样本来确定新观测值的标签。ViBe 算法也具有随机特征。巴尼奇（Barnich）和范 • 德罗根布鲁克（Van Droogenbroeck）指出，采用随机过程进行模型初始化和更新机制的策略被证明是强大的，尽管它不同寻常。相比之下，本实验在理论上通过考虑二项式分布来分析这种随机特征，随后在该分析结果的指导下，采用若干背景模型的随机构建和集成机制来增强和多样化背景模型的表示能力，这对于鲁棒性检验更具优势。

考虑伤损的缺点策略。ViBe 算法考虑当前像素的局部性并通过其匹配数来确定其是否为背景。这种考虑局部性的策略在轨道检测领域报告了许多错误检测。真正的伤损很容易被标记为背景，因为其噪声等其他异常非常相似。相比之下，该策略受益于其背景模型的全局性和累积的加权欧氏距离，可以显著改善真实伤损和噪声等异常的区别。此外，这种策略也很容易被扩展。例如，它可以结合横向先验信息项以实现稳健性检测。

图 4.14 可视化了从重载钢轨和普通钢轨获取的一些伤损下，ViBe 算法和 BODI 算法的相应检测对比结果。由图可知，当伤损的内部具有复杂外观时，ViBe 算法存在明显的漏报现象。这主要是因为与真实伤损点类似的其他噪声混淆了 ViBe 算法的伤损决策过程。表 4.6 定量地评估了 BODI 算法和 ViBe 算法的检测性能。从检测结果来看，BODI 算法检测结果更贴合真实情况。这主要得益于背景模型的多次随机构建和集成策略大幅降低了伤损像素对背景模型的干扰。实验结果表明 BODI 算法对背景模型中伤损点的腐蚀现象不敏感。这也说明了集成机制能显著增强背景模型的表示能力，并且增加其多样性。此外，结合纵向上下文信息和横向先验信息的伤损确定过程被证明更适合于这种特定的检测任务。

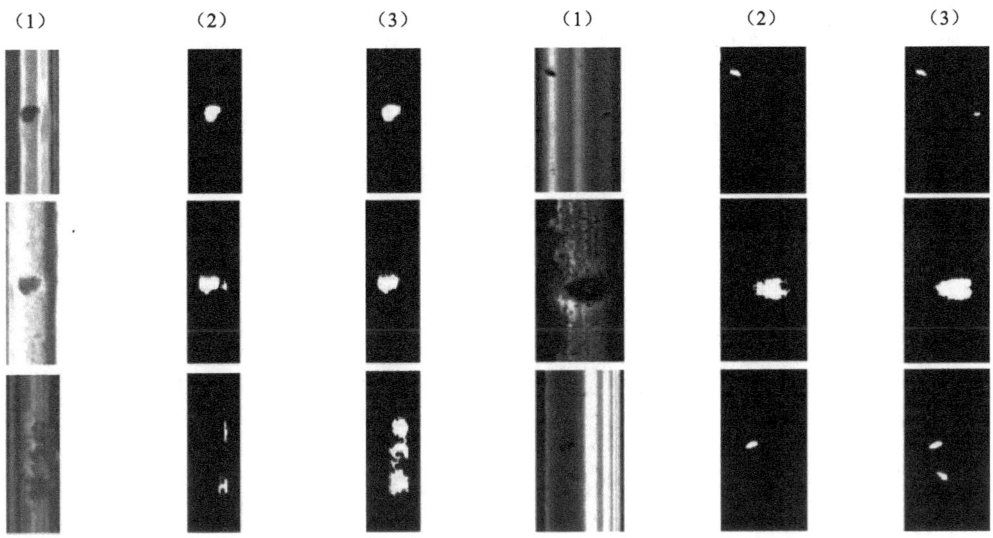

（a）普通钢轨　　（b）重载钢轨

（1）原始图像；（2）ViBe；（3）BODI。

图 4.14　ViBe 和 BODI 算法的伤损检测结果对比示意图

表 4.6　实际铁路线检验结果统计

算法	伤损数量	正确检测数	错误检测数	缺失检测数	正检率/%
ViBe	30	23	6628	7	76.67
BODI		30	1809	0	100

综上所述，本节提出一种钢轨表面离散伤损检测器（BODI）算法。与先前研究中只聚焦于 CCD 相机捕获的固定轨道图像相比，本节考虑轨道的空间特征并重新形式化该检测问题，从而实现在线检测过程。BODI 算法基于选取少量但接近背景的观测值来估计背景分布，往往比使用大多数观测值来估计背景分布更可靠的基本思想，采用随机策略生成背景模型。具体地说，BODI 算法随机选择代表性背景像素样本构造背景模型，并通过集成不同的随机构建过程来增强模型的表示能力。最后，通过整合纵向上下文信息和横向先验信息定义显著性函数来确定伤损的标记。实验结果表明，该算法具有可靠

的检测性能，能够很好应对外部干扰的影响，如光变化和噪声，从而获得稳健的检测。此外，BODI 算法在实际铁路线路检测中获得了 100%的正检率和低错误检测数，同时证明了其在测试列车上的实时性。实验结果表明它是一种很有发展前景的钢轨表面离散伤损检测算法。

4.5 本章小结

本章详细介绍了基于背景建模的钢轨表面伤损检测方法。这类模型利用钢轨表面纵向上灰度值相对一致性的先验知识，通过挖掘背景观测值的分布来最大限度地识别伤损区域。具体而言，CFE 算法利用灰度特征空间中簇的结构信息和伤损区域的空间位置先验，实现了伤损与背景的有效分离。尽管 CFE 算法取得了最好的检测性能，但是与其他成熟的算法相比并没有显示出计算效率的优势，因为它基于不断迭代的均值漂移算法建立鲁棒的背景模型。为了解决这个问题，BODI 算法放弃了时间复杂度较高的均值漂移算法，转而采用随机策略建模背景分布，在确保模型稳定性和鲁棒性的同时显著提升了计算效率，实现了实时的在线伤损检测。

在未来的研究中，可从以下两个方面扩展。一方面，本章所提算法虽然为每个像素构建了背景模型，但是没有考虑相邻像素之间的关系。因此，未来的研究将使用超像素或考虑相邻像素的标签来开发背景模型，编码更多空间领域信息，以进一步提高检测精确率。另一方面，在未来的工作中可仔细研究和组合其他不同类型的信号（如超声波）以发现潜在的伤损。

参考文献

[1] Trinh H, Haas N, Li Y, et al. Enhanced rail component detection and consolidation for rail track inspection[C]// Proceedings of the IEEE Workshop on the Applications of Computer Vision (WACV). Breckenridge, IEEE, 2012: 289-295.

[2] Barnich O, Van Droogenbroeck M. ViBe: A universal background subtraction algorithm for video sequences[J]. IEEE Transactions on Image processing, 2011, 20 (6): 1709-1724.

[3] Gan J, Li Q, Wang J, et al. A hierarchical extractor-based visual rail surface inspection system[J]. IEEE Sensors Journal, 2017, 17 (23): 7935-7944.

[4] Li Q Y, Ren S W. A real-time visual inspection system for discrete surface defects of rail heads[J]. IEEE Transactions on Instrumentation and Measurement, 2012, 61 (8): 2189-2199.

[5] He Z D, Wang Y N, Yin F, et al. Surface defect detection for high-speed rails using an inverse PM diffusion model[J]. Sensor Review, 2016, 36 (1): 86-97.

[6] Li Q Y, Ren S W. A visual detection system for rail surface defects[J]. IEEE Transactions on Systems, Man, and Cybernetics, Part C (Applications and Reviews), 2012, 42(6): 1531-1542.

[7] Fukunaga K, Hostetler L D. The estimation of the gradient of a density function, with applications in pattern recognition[J]. IEEE Transactions on Information Theory, 1975, 21 (1): 32-40.

[8] Comaniciu D, Meer P. Mean shift: A robust approach toward feature space analysis[J]. IEEE Transactions on Pattern Analysis and Machine Intelligence, 2002, 24 (5): 603-619.

[9] Chen T J, Wang Y N, Xiao C Y, et al. A machine vision apparatus and method for can-end inspection[J]. IEEE Transactions on Instrumentation and Measurement, 2016, 65 (9): 2055-2066.

[10] Gan Y Z, Zhao Q F. An effective defect inspection method for LCD using active contour model[J]. IEEE Transactions on

Instrumentation and Measurement, 2013, 62 (9): 2438-2445.

[11] Tao X, Zhang Z T, Zhang F, et al. A novel and effective surface flaw inspection instrument for large-aperture optical elements[J]. IEEE Transactions on Instrumentation and Measurement, 2015, 64 (9): 2530-2540.

[12] Ren Y Z, Domeniconi C, Zhang G J, et al. Weighted-object ensemble clustering[C]// Proceedings of the IEEE International Conference on Data Mining. Dallas, IEEE, 2013: 627-636.

[13] Cucchiara R, Grana C, Piccardi M, et al. Detecting moving objects, ghosts, and shadows in video streams[J]. IEEE Transactions on Pattern Analysis and Machine Intelligence, 2003, 25 (10): 1337-1342.

第 5 章　基于矩阵分解的伤损检测算法

在采集到的钢轨表面图像中，伤损分布往往具有一定的稀疏性，即伤损发生概率低、伤损目标在图像中占比小。轨道图像的背景在空间域中是线性相关的，相应的灰度矩阵是低秩的。针对伤损图像的这种稀疏和低秩的特征，本章提出一种基于矩阵分解的伤损检测算法，通过建立融合背景线性动态正则项和伤损结构化稀疏正则项，识别钢轨表面伤损。本章首先概述稀疏表示模型和低秩表示模型，然后引入基于稀疏表示和矩阵重建的钢轨表面伤损视觉检测算法。

5.1　引　　言

轨道伤损检测本质上是图像识别问题，但相较于自然场景的图像任务，它面临更严峻的挑战：一方面，输入图像易受外部光照和噪声干扰；另一方面，钢轨表面伤损目标形态多变、干扰严重，低层视觉特征稳定性较弱。

前文研究表明，与亮度和纹理等低层视觉特征相比，稀疏性与低秩性是伤损图像的稳定描述。稀疏性主要体现在伤损实体在待检测轨道中是稀疏的，出现的概率比较低，而且伤损目标在待检测图像中所占的面积比较小。此外，伤损图像在变换域中可以通过超完备字典进行稀疏表示。通过构造伤损图像的超完备视觉字典，使用极少的视觉原子表征伤损图像，得到伤损图像的稀疏表示模型和检测算法；低秩性主要体现在伤损图像在空间域中对应的灰度矩阵或者由局部图像块重构的矩阵是低秩的。在轨道检测中，待检测图像一般是规则的，而伤损可以认为是一个异常区域。从矩阵角度分析，伤损图像的灰度矩阵的行或者列之间存在较大的相关性，秩比较低，而伤损目标则会破坏这种低秩性。

5.2　预 备 知 识

5.2.1　稀疏表示概述

稀疏表示研究具有悠久的历史，产生了很多里程碑性的研究成果。诺贝尔生理学（或医学奖）得主 Hubel 和 Wiesel [1]通过对猫的视觉条纹皮层的简单细胞感受野的研究得出一个结论：初级视皮层 V1 区神经元的感受野能对视觉刺激产生“稀疏表示”。随后，许多计算模型模拟和验证了生物视觉系统的神经加工机制的稀疏性。1996 年，Olshausen 和 Field[2]在《自然》（*Nature*）杂志上发表的重要论文指出：稀疏编码模型能在自然图像集上学习得到类似 V1 区简单细胞感受野的基函数。Ganguli 和 Sompolinsky[3]从神经编码和数据处理两个方面总结了稀疏编码理论和应用，进一步强调了稀疏性原则的重要性和意义。下面从模型、算法和应用三个层次概述主要的相关成果。

1. 稀疏表示模型

稀疏表示的基本思想是假设输入信号能被压缩表示，或者可由预先定义的少数基函数线性组合。给定 N 维信号 $\boldsymbol{x} \in R^N$，它的稀疏表示模型可描述为

$$\boldsymbol{x} = \boldsymbol{D\alpha} \tag{5-1}$$

式中，变换矩阵 $\boldsymbol{D} = [d_1, d_2, \cdots, d_L] \in \boldsymbol{R}^{N \times L}, N < L$ 称为字典，列向量 $\boldsymbol{d}_i$ 称为原子；$\boldsymbol{\alpha} = [\alpha_1, \alpha_2, \cdots, \alpha_L] \in \boldsymbol{R}^L$ 是系数向量，它要求是稀疏的，即 $\boldsymbol{\alpha}$ 中只有很少的非零元素，而其他元素皆为零。记非零元素个数为 K，有 $K \ll N$，则称 $\boldsymbol{\alpha}$ 是 K 稀疏的。

多维信号的稀疏表示示意图如图 5.1 所示。图中，13 维信号 x 由字典 $\boldsymbol{D}$（包含 24 个原子）和 3-稀疏信号 $\boldsymbol{\alpha}$ 构造；箭头右侧图像是箭头左侧叠加模型的矩阵表示形式；$\boldsymbol{\alpha}$ 中深色表示非零元素，其他为零元素；$\boldsymbol{D}$ 中的深色列表示构造信号 $\boldsymbol{x}$ 的原子。

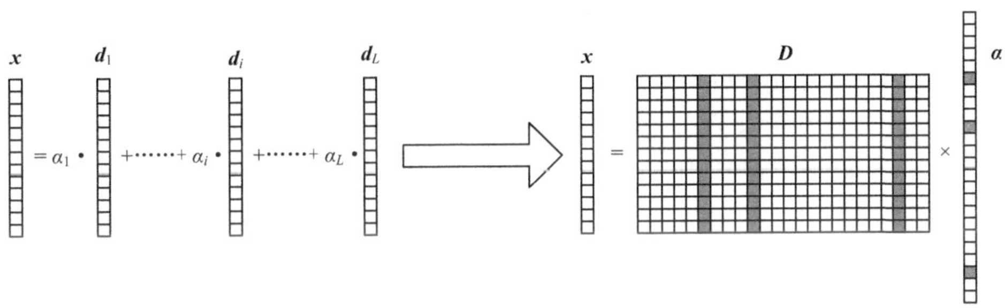

图 5.1　多维信号的稀疏表示示意图

在式（5-1）中，已知输入信号 $\boldsymbol{x}$ 和变换矩阵 $\boldsymbol{D}$，求解系数向量 $\boldsymbol{\alpha}$ 的过程称为稀疏编码，可描述为

$$\min_{\boldsymbol{\alpha}} \|\boldsymbol{\alpha}\|_0 \quad \text{s.t.} \quad \boldsymbol{x} = \boldsymbol{D\alpha} \tag{5-2}$$

式中，$\|\boldsymbol{\alpha}\|_0$ 表示 $\boldsymbol{\alpha}$ 的 l_0 范数，即 $\boldsymbol{\alpha}$ 中非零元素的个数。稀疏编码具有两个特征：超完备性和稀疏性。超完备性表明原子的个数大于信号的维数，即字典的列数大于行数。与正交基相比，超完备字典能包含更多的原子，且没有正交性的约束，因此超完备字典的设计更加灵活，刻画输入信号特征的能力也更强。稀疏性表明输入信号只需极少数的原子就能表示，即输入信号可以压缩表示。

在实际应用中，信号 $\boldsymbol{x}$ 一般包含噪声，如果假设噪声为高斯白噪声，则式（5-2）中的等式约束可以改为不等式约束，可得

$$\min_{\boldsymbol{\alpha}} \|\boldsymbol{\alpha}\|_0 \quad \text{s.t.} \quad \|\boldsymbol{x} - \boldsymbol{D\alpha}\|_2^2 < \varepsilon \tag{5-3}$$

式中，ε 表示噪声强度或稀疏表示误差。另外，上述模型也可以转换为正则化形式：

$$\min_{\boldsymbol{\alpha}} \|\boldsymbol{x} - \boldsymbol{D\alpha}\|_2^2 + \lambda \|\boldsymbol{\alpha}\|_0 \tag{5-4}$$

式中，λ 表示权重系数，平衡目标函数中第一项和第二项的影响。

本章将式（5-3）和式（5-4）都统称为稀疏表示模型。

容易证明稀疏编码模型式（5-1）是 NP 困难问题，其计算量非常大。研究者针对

式（5-2）问题解的唯一性和精确重构等展开了深入研究，取得了一系列的重大理论成果。Donoho 和 Huo[4]首次提出稀疏表示的不确定性（uncertainty principle）。在此基础上，Donoho 和 Elad[5]证明了字典 $\boldsymbol{D}$ 满足条件 $\sigma(\boldsymbol{D}) \geqslant 2\|\boldsymbol{\alpha}\|_0$ 时，式（5-2）具有唯一解。$\sigma(\boldsymbol{D})$ 表示字典 $\boldsymbol{D}$ 中最小的线性相关的列向量集所包含的向量个数。更进一步，Candes 等[6]证明了在受限等距性（restricted isometry property，RIP）条件下，式（5-2）与以下 l_1 范数优化问题具有相同的解。

$$\min_{\boldsymbol{\alpha}} \|\boldsymbol{\alpha}\|_1 \quad \text{s.t.} \quad \boldsymbol{x} = \boldsymbol{D\alpha} \tag{5-5}$$

显然，式（5-5）是一个凸优化问题，具有唯一解。这些理论成果表明：虽然式（5-2）是非凸的，求解非常复杂，但是在特定条件下，式（5-2）能够通过逼近算法求解全局最优解。

2. 稀疏编码算法

在稀疏表示模型式（5-2）中，有两类优化计算问题：首先是在字典 $\boldsymbol{D}$ 已知的情况下，输入信号 $\boldsymbol{x}$ 的稀疏表示系数 $\boldsymbol{\alpha}$ 的估计问题，称为稀疏编码；其次是字典 $\boldsymbol{D}$ 在未知的情况下，从给定信号集合 X 中构造字典 $\boldsymbol{D}$ 的学习问题，称为字典学习。稀疏编码的经典方法包括匹配追踪[7]、子空间追踪[8]、基追踪[9]和 Dantzig 选择器[10]等。因为稀疏编码不是本章关注的重点，其相关研究成果不作展开；字典学习是稀疏表示模型中的关键问题，K-SVD [11]是经典的通用字典学习算法，但是伤损检测应用需要判别性字典，以达到提高检测性能的目的。下面简要概述与本章相关的判别性字典学习方面的进展，字典学习的综述参阅文献[12]。

判别性字典学习方法大致可以分为两大类。第一类是学习出针对所有信号的统一字典[13-14]，将字典学习与分类器训练融合为一个优化目标函数，期待学习出的字典将信号的高维表示变得更加可分。此类学习方法求解复杂度较高，一般通过不断迭代得到一个近似解。第二类方法针对每一类别的信号学习出相应的子字典[15-16]。在学习过程中综合考虑信号的重构误差、稀疏度，结合不同类别信号的 soft-max、费舍尔（Fisher）准则等进行约束。此类方法得到的信号高维表示辨别性较高，但在测试过程中进行稀疏编码时只能考虑重构误差、稀疏度。总体来说，判别性字典学习还是一个跟任务相关、开放的研究课题[12]。

3. 稀疏表示的应用

随着稀疏表示模型与理论的发展，它在计算机视觉领域得到广泛的应用。Elad 和 Aharon[17]提出了基于学习型字典的图像降噪模型，采用 K-SVD 算法在噪声图像中学习字典，然后基于稀疏性进行图像降噪。Wright 等[18]最先提出基于稀疏表示理论的人脸识别方法，该方法极大地促进了稀疏编码在机器视觉方面的应用，具有里程碑的意义。近些年，研究者把稀疏表示模型广泛应用于目标检测[19]、目标追踪[20]、图像分类[21-22]、显著性检测[23]等方面。

特别地，稀疏表示理论在图像分解方面也得到较好的发展。Starck 等[24-25]提出形态成分分析（morphological component analysis，MCA）方法，利用超完备字典将图像分解为几何结构分量和纹理分量。最近，MCA 方法被广泛应用于高光谱分析[26]和图像修复[27-28]等问题。但是，MCA 方法中的字典都是解析型字典，需要根据先验知识确定，故缺乏通用性。

5.2.2　低秩表示模型概述

稀疏表示理论认为输入信号在特定字典下合成系数满足稀疏特性，其中输入信号被表示为向量的形式。即如果输入信号是 m 行 n 列的图像，则图像可以被按行排列成一个 $m\times n$ 的向量。在很多实际问题中，输入信息用矩阵表示更加直观和便利。对于矩阵而言，其稀疏性的定义主要可分为两种：矩阵元素的稀疏性和矩阵奇异值的稀疏性。前者是指矩阵中非零元素的个数相对较少，参照向量范数，定义矩阵的 l_0 范数为矩阵中非零元素的个数；而后者指矩阵的奇异值中非零元素的个数相对较少，也就是说矩阵的秩比较低。因此，继稀疏表示之后，基于稀疏低秩思想的矩阵重建逐渐成为机器学习、计算机视觉等领域的研究热点。

矩阵重建又可分为矩阵填充（matrix completion）和矩阵恢复（matrix recovery）两类问题。矩阵填充的任务是利用矩阵的部分观测数据对缺失元素进行预测补全，矩阵恢复则是从带噪数据中复原出原始矩阵。考虑钢轨表面伤损检测的任务，本章将重点关注矩阵恢复模型。下面从模型、算法和应用三个层次概述主要的相关成果。

作为经典的矩阵恢复模型，鲁棒主成分分析（robust principle component analysis，RPCA）[29]模型将观测矩阵 $\boldsymbol{X}\in \boldsymbol{R}^{m\times n}$ 分解为矩阵 $\boldsymbol{B}$ 和 $\boldsymbol{E}$ 的线性叠加，并假设矩阵 $\boldsymbol{B}$ 的奇异值是稀疏的，即 $\boldsymbol{B}$ 是低秩矩阵；矩阵 $\boldsymbol{E}$ 中的元素是稀疏的，即 $\boldsymbol{E}$ 中非零元素较少。将矩阵 $\boldsymbol{B}$ 的奇异值向量记为 $\boldsymbol{\sigma}$，则矩阵 $\boldsymbol{B}$ 的秩 $\mathrm{rank}(\boldsymbol{B})=\|\boldsymbol{\sigma}\|_0$，即矩阵 $\boldsymbol{B}$ 的秩等于其奇异值向量的 l_0 范数。定义矩阵的核范数（nuclear norm）为奇异值向量的 l_1 范数，即 $\|\boldsymbol{B}\|_*=\|\boldsymbol{\sigma}\|_1$，容易验证核范数是凸函数。为了求解方便，通常用矩阵的核范数和 l_1 范数对低秩约束和稀疏约束进行凸松弛，即 RPCA 模型可以表示为如下形式：

$$\min_{\boldsymbol{B},\boldsymbol{E}}\{\|\boldsymbol{B}\|_*+\gamma\|\boldsymbol{E}\|_1\}\quad \text{s.t.}\quad \boldsymbol{X}=\boldsymbol{B}+\boldsymbol{E} \tag{5-6}$$

Candes 等[29]证明了当采样数目满足一定条件时，核范数最小化问题能以很高的概率完全恢复原始矩阵。矩阵的秩越低，则允许缺失的元素就越多。更多的理论成果表明，在有噪声的情况下，这种恢复也是稳定的[30]。关于式（5-6）的求解，研究者们提出了众多优化算法。该矩阵恢复模型可转换为半定规划问题，应用成熟的内点算法求解。虽然内点算法经过少数的迭代次数就能收敛，但是每次迭代的时间复杂度高。当矩阵的维度达 10^3 量级时，内点算法在普通计算机上就无法有效求解了。为了克服内点算法不能处理大规模矩阵的不足，研究者们充分挖掘低秩模型的特性，提出了很多求解低秩模型的优化算法。为了准确恢复低秩矩阵，Wright 等[31]提出了一种迭代阈值算法。Ganesh 等[32]提出求解 RPCA 模型的加速近邻梯度（accelerated proximal gradient，APG）算法。Lin 等[33]提出了增广拉格朗日乘子（augmented LaGrange multiplier method，ALM）算法，其运算速度快，准确性也比较高，比迭代阈值和 APG 算法有更高的收敛性能[34]。Lu 等[35]

提出了迭代重新加权最小二乘（iteratively reweighted least square，IRLS）算法用于求解低秩约束和稀疏约束相混合的最小化问题。

在 RPCA 模型中，数据被隐式地假设为来自单一的低秩子空间。为了更好地处理来自多个子空间的混合数据，Liu 等[36]提出了低秩表示（low rank representation，LRR）模型。作为一种广泛使用的子空间聚类方法，LRR 模型可以看作 RPCA 模型的进一步拓展，其求解以下优化模型：

$$\min_{\boldsymbol{Z},\boldsymbol{E}} \|\boldsymbol{Z}\|_* + \lambda\|\boldsymbol{E}\|_{2,1} \quad \text{s.t.} \quad \boldsymbol{X} = \boldsymbol{DZ} + \boldsymbol{E} \tag{5-7}$$

式中，$\lambda > 0$ 为平衡参数；$\boldsymbol{D}$ 表示张成原始数据空间的字典；$\boldsymbol{Z}$ 称为矩阵 $\boldsymbol{X}$ 的低秩表示；$\|\boldsymbol{E}\|_{2,1}$ 表示稀疏矩阵 $\boldsymbol{E}$ 的混合范数。

5.3 基于稀疏表示的伤损检测方法

传统的伤损检测方法大多只针对特定场景有效，模型泛化能力较弱，且缺乏一个相对普适的伤损检测模型与理论框架。本章研究表明，伤损目标在实体、特征和像素等层面体现出稳定的稀疏低秩特性。伤损目标出现的概率比较低，且在待检图像中所占面积比较小。与此同时，由于待检图像通常具有较强的背景一致性，致使其在灰度空间或特征空间中能够形成一种低秩结构，而表面伤损的存在则会对这种低秩性造成破坏。基于此，本章提出一种基于实体稀疏追踪的伤损目标分割模型。在特征层面，考虑工业场景图像多为灰度图、可用特征有限的情况，基于局部二值模式（local binary pattern，LBP）[37]编码思想设计了一种新型特征，并融合灰度特征和纹元特征组成特征提取模块；在模型层面，舍弃了传统低秩稀疏表示框架下常用的正则化约束，转而挖掘伤损图像固有的先验知识，并以此指导特征矩阵的分解过程。在多个钢轨表面伤损数据集上的实验结果表明，所提出的分割模型具有较高的正确检测率和错误检测数，同时也享有良好的泛化能力。

5.3.1 伤损图像的稀疏表示模型

给定伤损图像 $\boldsymbol{X} \in \boldsymbol{R}^l$（$l$ 等于图像行和列的乘积），假设它由三种成分线性叠加组成：

$$\boldsymbol{X} = \boldsymbol{B} + \boldsymbol{E} + \boldsymbol{N} \tag{5-8}$$

式中，$\boldsymbol{B}$ 为图像背景；$\boldsymbol{E}$ 为伤损目标；$\boldsymbol{N}$ 为噪声成分。对于伤损目标 $\boldsymbol{E}$，假设存在一个超完备伤损字典 $\boldsymbol{\Phi}_E \in \boldsymbol{R}^{l\times l_E}$（$l_E$ 表示伤损字典中原子的个数，典型地，$l_E \gg l$），它使得求解问题

$$\boldsymbol{\alpha}_E^{\text{opt}} = \operatorname{argmin}\|\boldsymbol{\alpha}\|_0, \quad \text{s.t.} \quad \boldsymbol{E} = \boldsymbol{\Phi}_E \times \boldsymbol{\alpha} \tag{5-9}$$

能获得稀疏解。式（5-9）定义本质上是对伤损目标进行超完备变换，使得合成系数 $\boldsymbol{\alpha}_E$ 稀疏性最大。对于图像背景 $\boldsymbol{B}$，伤损字典 $\boldsymbol{\Phi}_E$ 不能产生类似于式（5-9）的稀疏解。同样，图像背景 $\boldsymbol{B}$ 存在一个背景字典 $\boldsymbol{\Phi}_B \in \boldsymbol{R}^{l\times l_B}$（典型地，背景字典中原子的个数 $l_B \gg l$），它能产生一个非常稀疏的表示。当把背景字典 $\boldsymbol{\Phi}_B$ 作用于伤损目标成分 $\boldsymbol{E}$ 时，式（5-9）也不能得到稀疏解。

根据上述的假设条件，伤损图像 $\boldsymbol{X}$ 的稀疏表示可以转换为下述模型：

$$\left\{\boldsymbol{\alpha}_E^{\mathrm{opt}},\boldsymbol{\alpha}_B^{\mathrm{opt}}\right\}=\operatorname{argmin}\left\{\|\boldsymbol{\alpha}_E\|_0+\|\boldsymbol{\alpha}_B\|_0+\lambda\|\boldsymbol{X}-\boldsymbol{\Phi}_E\boldsymbol{\alpha}_E-\boldsymbol{\Phi}_B\boldsymbol{\alpha}_B\|_2^2\right\} \tag{5-10}$$

式中，λ 为权重参数；$\|\boldsymbol{X}-\boldsymbol{\Phi}_E\boldsymbol{\alpha}_E-\boldsymbol{\Phi}_B\boldsymbol{\alpha}_B\|_2^2$ 表示重构图像和原图像之间的误差，其也在一定程度上编码伤损图像中的噪声。在获得式（5-10）的最优解 $\boldsymbol{\alpha}_E^{\mathrm{opt}},\boldsymbol{\alpha}_B^{\mathrm{opt}}$ 后，伤损目标成分可以表示为 $\boldsymbol{E}^{\mathrm{opt}}=\boldsymbol{\Phi}_E\boldsymbol{\alpha}_E^{\mathrm{opt}}$，采用同样的方法分解出图像背景成分 $\boldsymbol{B}^{\mathrm{opt}}$，噪声成分 $\boldsymbol{N}$ 可以表示为 $\boldsymbol{X}-\boldsymbol{E}^{\mathrm{opt}}-\boldsymbol{B}^{\mathrm{opt}}$。

5.3.2　基于稀疏性的伤损检测

如果把字典矩阵和系数向量组合起来，式（5-10）本质上是经典的稀疏编码问题。根据基追踪（basis pursuit）[38]算法思想，把最小化 l_0 范数变换为最小化 l_1 范数，式（5-10）可以转换为

$$\left\{\boldsymbol{\alpha}_E^{\mathrm{opt}},\boldsymbol{\alpha}_B^{\mathrm{opt}}\right\}=\operatorname{argmin}\left\{\|\boldsymbol{\alpha}_E\|_1+\|\boldsymbol{\alpha}_B\|_1+\lambda\|\boldsymbol{X}-\boldsymbol{\Phi}_E\boldsymbol{\alpha}_E-\boldsymbol{\Phi}_B\boldsymbol{\alpha}_B\|_2^2\right\} \tag{5-11}$$

定义 $\boldsymbol{\Phi}^+=\boldsymbol{\Phi}^{\mathrm{T}}(\boldsymbol{\Phi}\boldsymbol{\Phi}^{\mathrm{T}})^{-1}$ 为 $\boldsymbol{\Phi}$ 的摩尔-彭罗斯（Moore-Penrose）伪逆，式（5-11）可以进一步转换为以下模型[39]：

$$\left\{\boldsymbol{E}^{\mathrm{opt}},\boldsymbol{B}^{\mathrm{opt}}\right\}=\operatorname{argmin}\left\{\|\boldsymbol{\Phi}_E^+\boldsymbol{E}\|_1+\|\boldsymbol{\Phi}_B^+\boldsymbol{B}\|_1+\lambda\|\boldsymbol{X}-\boldsymbol{B}-\boldsymbol{E}\|_2^2\right\} \tag{5-12}$$

综合带约束和正则化的基追踪（basis pursuit with constraints and regularization，BCR）算法和基追踪算法原理，$\boldsymbol{E}^{\mathrm{opt}}$ 和 $\boldsymbol{B}^{\mathrm{opt}}$ 的数值最优解可以通过交替优化的方式求解。算法 5.1 详细描述了基于稀疏性的钢轨表面伤损检测算法。

算法 5.1　基于稀疏性的钢轨表面伤损检测算法

输入：伤损图像 $\boldsymbol{X}$，伤损成分字典 $\boldsymbol{\Phi}_E$，背景成分字典 $\boldsymbol{\Phi}_B$，权重 λ，终止条件阈值 ε；

输出：伤损目标 $\boldsymbol{E}$，背景图像 $\boldsymbol{B}$；

初始化：按照最大值平均（mean of max，MOM）算法计算阈值 δ；

循环执行：

（1）假设 $\boldsymbol{E}$ 不变，更新 $\boldsymbol{B}$；

　　计算残差 $\boldsymbol{R}$，$\boldsymbol{R}=\boldsymbol{X}-\boldsymbol{E}$；

　　计算 $\boldsymbol{\alpha}_B=\boldsymbol{\Phi}_B^+\boldsymbol{R}$；

　　根据阈值 δ 筛选 $\boldsymbol{\alpha}_B$，得到系数 $\widehat{\boldsymbol{\alpha}}_B$；

　　重构 $\boldsymbol{B}$，$\boldsymbol{B}=\boldsymbol{\Phi}_B\widehat{\boldsymbol{\alpha}}_B$；

（2）假设 $\boldsymbol{B}$ 不变，更新 $\boldsymbol{E}$；

　　计算残差 $\boldsymbol{R}$，$\boldsymbol{R}=\boldsymbol{X}-\boldsymbol{B}$；

　　计算 $\boldsymbol{\alpha}_E=\boldsymbol{\Phi}_E^+\boldsymbol{R}$；

　　根据阈值 δ 筛选 $\boldsymbol{\alpha}_E$，得到系数 $\widehat{\boldsymbol{\alpha}}_E$；

　　重构 $\boldsymbol{E}$，$\boldsymbol{E}=\boldsymbol{\Phi}_E\widehat{\boldsymbol{\alpha}}_E$；

（3）按照 MOM 算法更新 δ；

（4）如果 $\delta<\varepsilon$，则结束循环。

根据定义不难发现，字典 $\boldsymbol{\Phi}_E$ 和 $\boldsymbol{\Phi}_B$ 在基于稀疏性的伤损分解模型中起着关键作用。Starck 等[40]提出基于保真度测量的字典选择方法，但是该方法比较复杂。在实际应用中，字典的选择通常并不遵从理论上的最优选择，而往往按照经验选择已知的变化，如小波变换、离散余弦变换、Curvelet 小波等[41]。在伤损图像检测应用中，背景一般是一致性比较强的纹理，而伤损目标则是非常局部化的异质对象。因此，离散余弦变换（discrete cosine transform，DCT）适合作为背景字典、Curvelet 变换[42]或者 Gabor 变换适作为伤损字典。

阈值 δ 的更新是基于稀疏性的钢轨表面伤损分解算法的另一个核心要素。阈值更新策略有线性迭代策略和最大值平均（MOM）策略[43]。MOM 是一种自适应更新策略，不需要人工干预，而且收敛速度比较快。阈值更新的 MOM 描述为

$$\delta_t = \frac{1}{2}\left[\left\|\boldsymbol{\Phi}_B^+\left(\boldsymbol{X}-\boldsymbol{E}_t\right)\right\|_\infty + \left\|\boldsymbol{\Phi}_E^+\left(\boldsymbol{X}-\boldsymbol{B}_t\right)\right\|_\infty\right] \tag{5-13}$$

式中，t 表示迭代序号。

图 5.2 展示了基于稀疏性的钢轨表面伤损检测算法原理图，其中背景字典由局部 DCT 变换构造，伤损字典由 Curvelet 变换生成。需要指出的是，为了提高检测的速度，生成型的滤波器簇代替了合成型的字典。

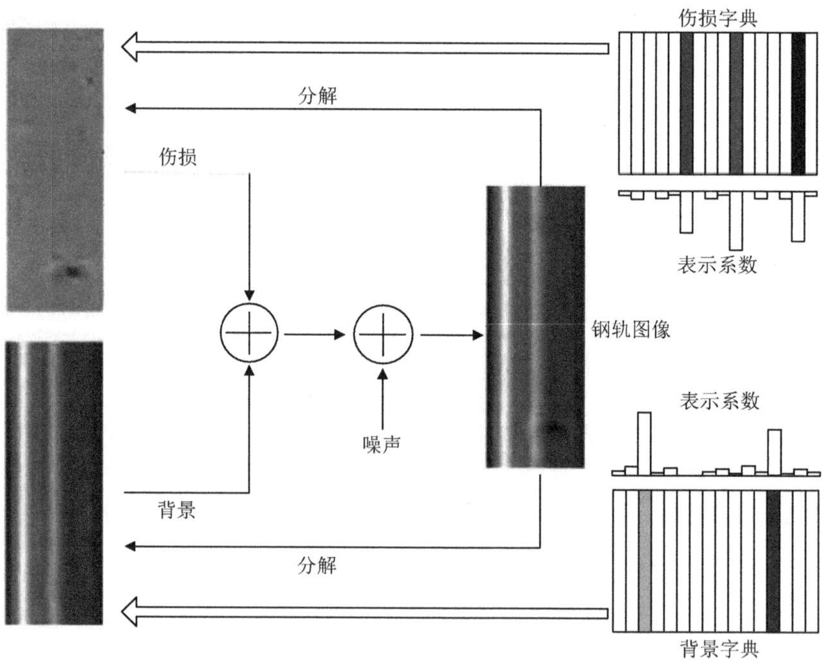

图 5.2　基于稀疏性的钢轨表面伤损检测算法原理图

5.3.3　实验结果与分析

图 5.3 展示了两张典型钢轨伤损图像的检测结果。两幅图像均存在亮度不均和锈迹干扰等情况，基于稀疏性的钢轨表面伤损检测算法在四次迭代后能较好地把伤损从背景中分离出来。

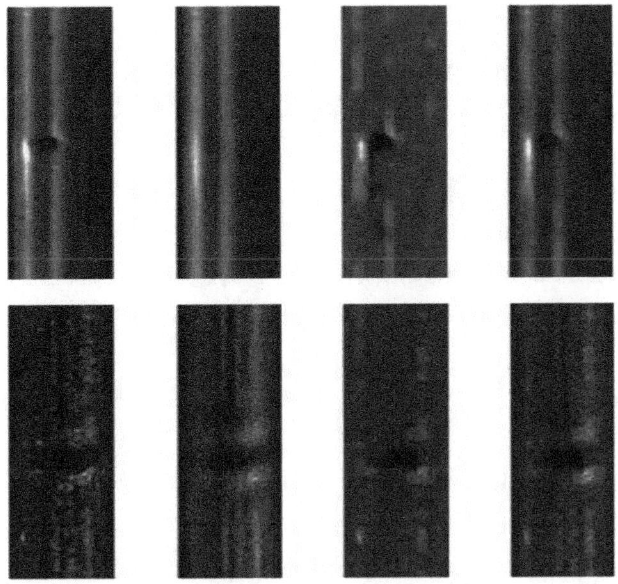

（a）原始图像　　（b）背景部分　　（c）伤损部分　　（d）合成图像

图 5.3　钢轨伤损检测结果示意图

基于稀疏性的伤损分解算法是基于 BCR 原理的迭代优化过程，背景成分和伤损成分在迭代过程中不断更新。图 5.4 展示了一张典型图像在分解过程中背景成分和伤损成分的动态演变过程。背景成分和伤损成分初始化时都是零矩阵；经过二次迭代后，背景和伤损两种成分开始呈现；经过四次迭代后，背景成分和伤损成分趋于稳定和完善。针对数据集中的其他图像，基于稀疏性的伤损分解算法能以较快的速度收敛得到稳定的背景成分和伤损成分。

（a）一次迭代　　（b）二次迭代　　（c）三次迭代　　（d）四次迭代

图 5.4　基于稀疏性的伤损分解算法的动态演变过程

变换字典是基于稀疏性的钢轨表面伤损检测算法的核心要素。常见的变换字典包括非抽样小波（undecimated wavelet transform，UWT）、曲线波（Curvelet）和 DCT。针对钢轨表面伤损检测的应用特点和需求，变换字典实验考虑以下字典组合策略。

（1）Curvelet-LDCT(CLdic)：Curvelet 构造伤损字典，尺度参数设置为 2；LDCT 构造背景字典，窗口尺寸为 16 像素，后续 LDCT 的窗口尺寸默认为 16 像素。

（2）UWT-LDCT(ULdic)：UWT 构造伤损字典，其中尺度参数为 2，滤波器设定为 Symmlet，后续 UWT 的参数设置都相同；LDCT 构造背景字典。

（3）Curvelet-DCT(CDdic)：Curvelet 构造伤损字典，DCT 构造背景字典，即窗口尺寸等于输入图像尺寸。

（4）LDCT-Curvelet(LCdic)：与第一个字典组合策略相反，即 Curvelet 和 LDCT 分别构造伤损字典和背景字典。

（5）Curvelet-UWT(CUdic)：Curvelet 和 UWT 分别构造伤损字典和背景字典。

为了评估不同字典组合的性能，评价指标定义为

$$\mathrm{Dis}_{(\mathrm{dic})}=\sum_{i=1}^{C}\frac{\mathrm{NHam}\left(\boldsymbol{R}_i^{\mathrm{gt}},\boldsymbol{R}_i^{\mathrm{aut}}\right)}{C} \tag{5-14}$$

式中，C 为测试集中图像的数量；$\boldsymbol{R}_i^{\mathrm{gt}}$ 表示第 i 张伤损图像手工标注的二值化结果；$\boldsymbol{R}_i^{\mathrm{aut}}$ 表示应用本节所提算法分割后使用[44]二值化的结果图像；$\mathrm{NHam}(\cdot)$ 定义为归一化海明距离，即二值图像 $\boldsymbol{R}_i^{\mathrm{gt}}$ 与 $\boldsymbol{R}_i^{\mathrm{aut}}$ 的海明距离与矩阵像素数目的比值。本质上，Dis 值表示分割方法在像素层次的错误率，不同字典组合的性能比较结果如表 5.1 所示。实验结果表明，Curvelet-LDCT 是最优的字典组合策略，UWT-LDCT 取得了次优的性能，而 LDCT-Curvelet 和 Curvelet-UWT 的性能最不理想。实验结果也从另一个角度表明，Curvelet 和 UWT 比较适合表征伤损目标等具有局部性和各向同性的对象，而 LDCT 则适用于均匀或者周期性的纹理部件，这也与文献[42]中的结论相吻合。需要指出的是，对于伤损背景图像，DCT 变换的性能明显低于 LDCT 变换性能，可以推导出 LDCT 变换能更加稀疏地表征纹理背景。

表 5.1 不同字典组合的性能对比

字典组合	CUdic/%	LCdic/%	CDdic/%	ULdic/%	CLdic/%
Dis	36.87	32.49	24.82	3.28	2.64

5.4 基于矩阵重建的伤损检测

在伤损目标分割任务中，传统的底层视觉特征稳定性较弱。但与此同时，伤损目标在像素、实体和特征等多个层面却体现出稳定的稀疏低秩特性。伤损实体在待检图像出现的概率比较低，且伤损目标在待检图像中所占的面积通常比较小。伤损图像在变换域中可以通过超完备字典进行稀疏表示，可以看作低秩背景与稀疏目标的叠加。

考虑先前一些视觉检测方法适用范围窄、迁移能力弱的问题，本节提出一种基于实体稀疏追踪的伤损目标分割模型。在特征层面，本节提出一种新的特征提取算子，能够

针对表面伤损分割任务提取到更具有判别性的特征，并与传统基于灰度的特征及纹元特征相结合，用于对超像素进行特征描述并构建特征矩阵。在模型层面，考虑图像纹理能够在原始灰度空间或特征空间中形成一种低秩结构，而表面伤损的存在则会对这种结构产生破坏。本章将伤损目标分割任务形式化为低秩近似与实体稀疏追踪的问题，旨在更好地刻画伤损目标稀疏性的同时具备鲁棒的检测性能。

5.4.1　伤损图像的低秩表示

一般情况下，钢轨表面非伤损区域往往具有同质性，而伤损区域则表现出显著差异。也就是说，对于给定 m 行和 n 列的输入图像矩阵 $\boldsymbol{X} \in \boldsymbol{R}^{m \times n}$，它可以分解为三个矩阵之和：$\boldsymbol{X} = \boldsymbol{B} + \boldsymbol{E} + \boldsymbol{N}$，其中 $\boldsymbol{B}$ 为规则的背景矩阵，$\boldsymbol{E}$ 为稀疏伤损矩阵，$\boldsymbol{N}$ 为无规则噪声矩阵，分解结果如图 5.5 所示。

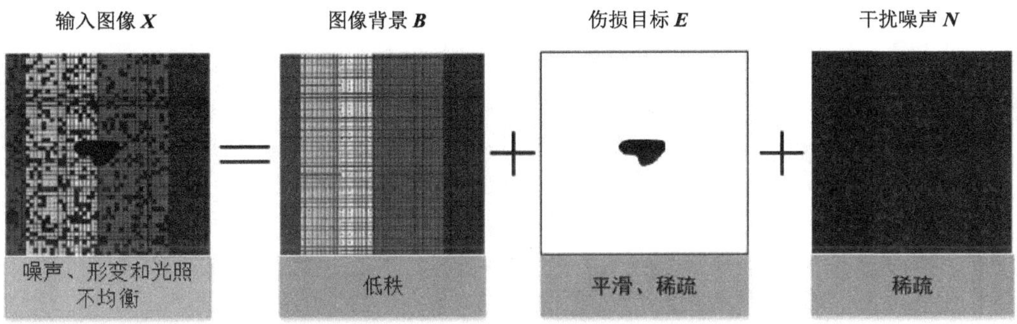

图 5.5　低秩伤损矩阵分解示意图

从数学角度，背景矩阵 $\boldsymbol{B}$ 一般是低秩的，或者说其奇异值向量中非零元素较少。同时，对于服役状态的钢轨而言，钢轨表面伤损产生的概率较低且伤损面积通常较小，因此伤损和干扰噪声所占钢轨面积的比例总体很小，即 $\boldsymbol{E}$ 和 $\boldsymbol{N}$ 是稀疏的，矩阵中非零元素的个数较少。无规则噪声矩阵 $\boldsymbol{N}$ 在稀疏的同时还具有元素分布零散的特点，可以利用传统的数字图像处理技术将 $\boldsymbol{N}$ 从 $\boldsymbol{X}$ 中去除，故假设 $\boldsymbol{X} = \boldsymbol{B} + \boldsymbol{E}$。基于钢轨表面图像呈现出的稳定的稀疏低秩特性，基于矩阵重建的钢轨表面伤损检测模型可以描述为经典的 RPCA 模型：

图 5.5（彩图）

$$\{\boldsymbol{B}, \boldsymbol{E}\} = \operatorname{argmin}\left(\|\boldsymbol{B}\|_* + \lambda \|\boldsymbol{E}\|_1\right) \quad \text{s.t. } \boldsymbol{X} = \boldsymbol{B} + \boldsymbol{E} \tag{5-15}$$

需要指出的是，作为矩阵恢复的代表性模型，RPCA 模型并未考虑像素之间的邻域信息。并且，在 RPCA 模型提出之际，一个基本的条件是低秩矩阵与稀疏矩阵不能存在概念耦合，即式（5-15）中的低秩矩阵 $\boldsymbol{B}$ 不能是稀疏的，稀疏矩阵 $\boldsymbol{E}$ 不能是低秩的。对应到钢轨表面伤损检测任务上，图像中的伤损像素往往表面紧凑呈簇状分布，更有甚者，伤损区域较背景区域的像素一致性更高，导致直接应用 RPCA 模型并不能取得较好的检测性能。为了提高低秩模型在检测领域的表征能力，Peng 等[45]提出了结构化的低秩稀疏矩阵分解，利用树型结构的稀疏正则化项来编码图像块之间的空间信息。

Zhou 等[46]基于邻域特性提出了一种邻接点检测算法 DECOLOR，其对背景矩阵 $\boldsymbol{B}$ 有如下约束：

$$\text{rank}(\boldsymbol{B}) \leqslant K \tag{5-16}$$

式中，K 是预先指定的常数参数。一般而言，K 控制背景模型的复杂度。对应到钢轨表面伤损检测任务上，若钢轨表面图像采集自服役期久、表面磨损严重的线路，则 K 值应相应地设置更大一些。

考虑钢轨表面的伤损目标会破坏图像背景对应的低秩结构，而且伤损目标往往是连续区域、相对表面整体面积较小。因此，自然地可以用马尔可夫随机场[47-48]来刻画伤损目标矩阵 $\boldsymbol{E}$。定义图 $\boldsymbol{G}=(V,\varepsilon)$，其中 V 表示输入图像矩阵 $\boldsymbol{X}$ 所有顶点的集合，而 ε 则表示相邻像素的边集。伤损矩阵的能量函数可以通过 Ising 模型[47]给出：

$$\sum_{ij\in V} u_{ij}\left(E_{ij}\right)+\sum_{(ij,kl)\in\varepsilon} \lambda_{ij,kl}\left|E_{ij}-E_{kl}\right| \tag{5-17}$$

式中，$\lambda_{ij,kl}>0$ 为控制 E_{ij} 和 E_{kl} 依赖性的权衡参数；势函数 u_{ij} 定义为

$$u_{ij}\left(E_{ij}\right)=\begin{cases}0, & E_{ij}=0\\ \lambda_{ij}, & E_{ij}=1\end{cases} \tag{5-18}$$

式中，$\lambda_{ij}>0$ 用于对 $E_{ij}=1$ 的情形进行惩罚。方便起见，参数 $\lambda_{ij,kl},\lambda_{ij}$ 均被设置为定值，即 $\lambda_{ij}=\beta,\lambda_{ij,kl}=\gamma$。

对于钢轨表面图像而言，在无伤损的背景区域有 $E_{ij}=0$ 成立，可以假设 $X_{ij}=B_{ij}+\xi_{ij}$，其中 ξ_{ij} 表示独立同分布的高斯噪声，即 $E_{ij}=0$ 时，B_{ij} 是 X_{ij} 最小二乘意义下的最佳近似；对于钢轨表面的伤损区域有 $E_{ij}=1$ 成立，此时图像背景被伤损目标覆盖，即有 $X_{ij}=E_{ij}$ 成立。至此，对背景矩阵 $\boldsymbol{B}$ 和伤损矩阵 $\boldsymbol{E}$ 的整体建模为

$$\min_{\boldsymbol{B},E_{ij}\in\{0,1\}} \frac{1}{2}\left(X_{ij}-B_{ij}\right)^2+\beta\sum_{ij}E_{ij}+\gamma\sum_{(ij,kl\in\varepsilon)}\left|E_{ij}-E_{kl}\right| \quad \text{s.t.} \quad \text{rank}(\boldsymbol{B})\leqslant K \tag{5-19}$$

为了让上述模型可解，用核范数来代替低秩约束并重写成对偶形式，得到 DECOLOR 算法最终的优化模型：

$$\min_{\boldsymbol{B},E_{ij}\in\{0,1\}} \frac{1}{2}\left\|P_{E^\perp}(\boldsymbol{X}-\boldsymbol{B})\right\|_F^2+\alpha\|\boldsymbol{B}\|_*+\beta\|\boldsymbol{E}\|_1+\gamma\left\|\boldsymbol{A}\text{vec}(\boldsymbol{E})\right\|_1 \tag{5-20}$$

式中，$P_{E^\perp}(\boldsymbol{X})$ 表示 $\boldsymbol{X}$ 在 $\boldsymbol{E}$ 所张成线性空间的正交补空间上的投影；$\|\boldsymbol{X}\|_F$ 表示矩阵 $\boldsymbol{X}$ 的弗罗贝尼乌斯（Frobenius）范数；$\boldsymbol{A}$ 表示图 $\boldsymbol{G}$ 对应的关联矩阵；$\alpha>0$ 为与 K 相关的平衡系数。式（5-20）仍然可以通过交替优化的方式进行求解，求解步骤如下。

（1）固定伤损矩阵 $\boldsymbol{E}$，背景矩阵 $\boldsymbol{B}$ 的更新求解过程变为

$$\min_{\boldsymbol{B}} \frac{1}{2}\left\|P_{E^\perp}(\boldsymbol{X}-\boldsymbol{B})\right\|_F^2+\alpha\|\boldsymbol{B}\|_* \tag{5-21}$$

（2）固定背景矩阵 $\boldsymbol{B}$，伤损矩阵 $\boldsymbol{E}$ 的更新过程可以重写为

$$\begin{aligned}&\min_{\boldsymbol{B},E_{ij}\in\{0,1\}} \frac{1}{2}\left\|P_{E^\perp}(\boldsymbol{X}-\boldsymbol{B})\right\|_F^2+\beta\|\boldsymbol{E}\|_1+\gamma\left\|\boldsymbol{A}\text{vec}(\boldsymbol{E})\right\|_1\\ &=\frac{1}{2}\sum_{ij}\left(X_{ij}-B_{ij}\right)^2\left(1-E_{ij}\right)+\beta\sum_{ij}E_{ij}+\gamma\left\|\boldsymbol{A}\text{vec}(\boldsymbol{E})\right\|_1\end{aligned}$$

$$= \sum_{ij} \left(\beta - \frac{1}{2}(X_{ij} - B_{ij})^2 \right) E_{ij} + \gamma \left\| \boldsymbol{A}\mathrm{vec}(\boldsymbol{E}) \right\|_1 + \ell \tag{5-22}$$

式中，$\ell = \frac{1}{2}\sum_{ij}\left(X_{ij} - B_{ij}\right)^2$ 在矩阵固定时是一个常数。至此，伤损矩阵 $\boldsymbol{E}$ 的更新求解变成二值标记的马尔可夫随机场的标准形式，可以通过图割法[49-50]进行求解。

图 5.6 展示了应用默认参数设置的 DECOLOR 算法对钢轨表面进行伤损检测的实验结果。由图可知，对于背景一致性强的钢轨图像，该算法能够较为准确地检测出钢轨表面区域的连续伤损；对于背景复杂的钢轨图像，DECOLOR 算法基本能够实现伤损位置的横向定位，但其分割结果有进一步的改进空间。

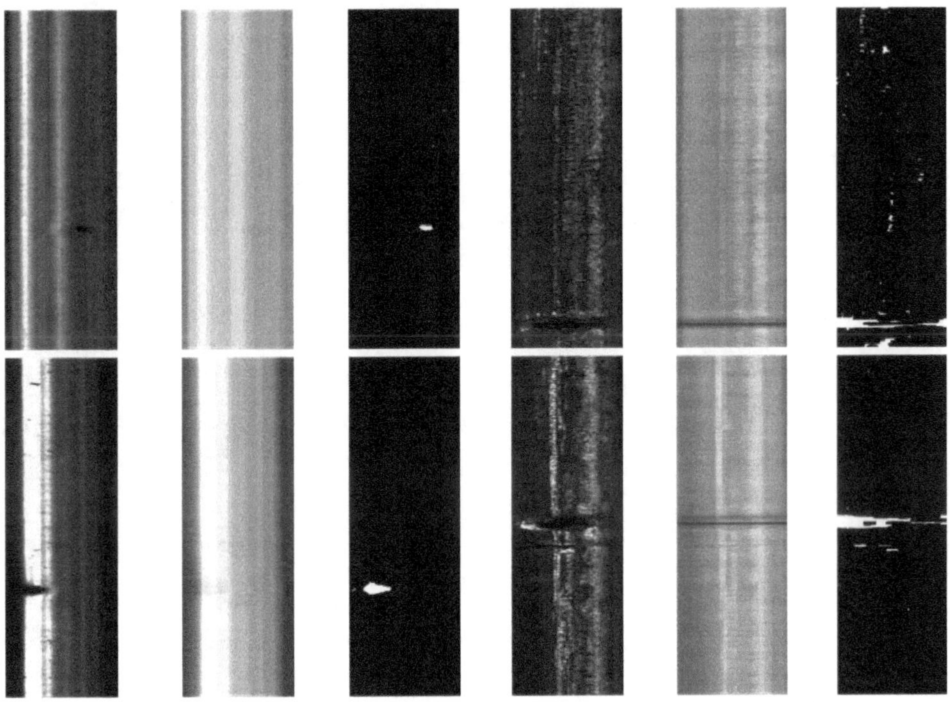

（a）原始图像 1　（b）重建背景 1　（c）伤损检测 1　（d）原始图像 2　（e）重建背景 2　（f）伤损检测 2

图 5.6　DECOLOR 算法用于钢轨表面伤损检测结果图

5.4.2　基于实体稀疏追踪的伤损检测

图 5.7 展示了基于实体稀疏追踪的伤损检测算法的框架图，其主要包括图像预处理、特征提取、超像素分割、固有先验挖掘、实体稀疏追踪、图像后处理 6 个关键步骤。

1. 图像预处理

为了降低光照不均等环境因素对成像过程的干扰，本章采用对数变换和伽马矫正对原始图像进行预处理操作。从图 5.7 中可以发现，这类简单的预处理操作即可有效地平滑待检图像的背景，增强伤损目标与图像背景的对比度，从而有助于后续的检测流程。

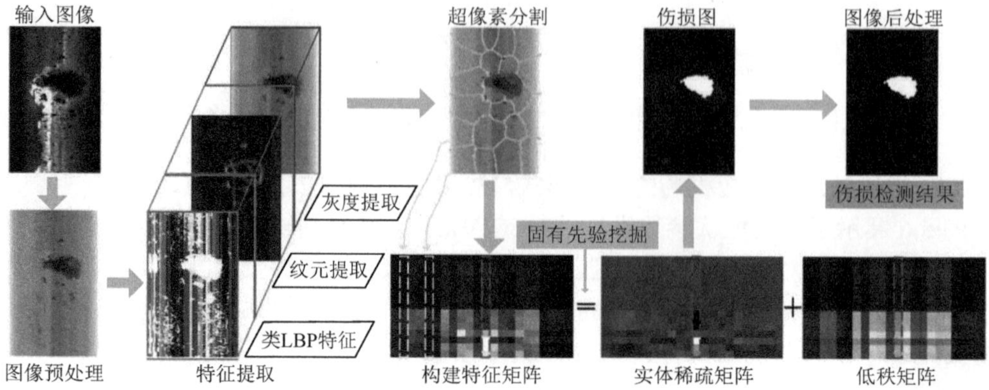

图 5.7　基于实体稀疏追踪的伤损检测算法的框架图

图 5.7（彩图）

2. 特征提取

在低秩表示的框架下，Shen 和 Wu[51]提出了一种经典的组合特征，组合了包括颜色特征、多尺度金字塔特征和 Gabor 特征等在内的共 53 维的特征用于显著性物体检测。但是，对基于矩阵低秩稀疏分解的检测模型而言，高维度的特征表示同时意味着较高的计算复杂度和较长的模型求解时间。因此，结合伤损目标分割的任务特性，本节设计了一种相对紧凑的特征组合。

本节提出一种类 LBP 的特征提取算子，通过该算子提取的图像特征能够更好地区分伤损目标和背景区域。作为一种特征提取算子，LBP 在设计之初被用来描述图像的局部纹理变化状况。对于给定图像中的任一像素，其对应的 LBP 编码值可以通过对比自身与其邻域像素计算得到，形式上可以表示为

$$\mathrm{LBP}_{\mathrm{neN},\mathrm{neR}}=\sum_{k=0}^{\mathrm{neN}-1}\Phi\left(g_k-g_c\right)2^k,\quad \Phi(x)=\begin{cases}1, & x\geqslant 0\\ 0, & x<0\end{cases}\tag{5-23}$$

式中，g_c 表示中心像素的灰度值；g_k 表示其邻域中第 k 个像素的灰度值；neN 表示邻域像素的总个数；neR 表示邻域半径。显然，此时编码值 $\mathrm{LBP}_{\mathrm{neN},\mathrm{neR}}$ 受邻域像素起始位置的影响。对此，研究者们提出具有旋转不变性的 LBP 编码[1]，经过不同次按位旋转可以得到不同的二值模式序列，这些序列中对应的最小编码值被定义为中心像素的旋转不变 LBP 编码值。即便如此，对于钢轨表面伤损检测任务而言，LBP 特征的判别能力仍然有限。如图 5.8（a）所示，尽管伤损区域 P_1 处像素与背景区域 P_3 处像素有着明显灰度差异，但 P_1 和 P_3 两个像素对应的 LBP 值却可能十分接近。这是因为在编码半径较小时，中心像素和其邻域像素的灰度值较为接近，致使在伤损区域和背景区域计算得到的 LBP 值不可区分。由于 LBP 表征局部纹理的变化，因此在伤损边界（如 P_2 处）计算得到的 LBP 编码值与背景区域计算得到的 LBP 编码值会有显著差异。相反，当编码邻域半径设置较大时，如图 5.8（b）所示，P_1 与其邻域背景像素有着明显的灰度差异，其对应的 LBP 特征将与大多数背景像素有所不同。但与此同时，背景像素 P_3 却可能会与伤损像素进行比较，二者同样存在灰度差异，最终使诸如 P_3 这样的无损背景像素在特征层面突显出来，同样不利于伤损像素的分割。

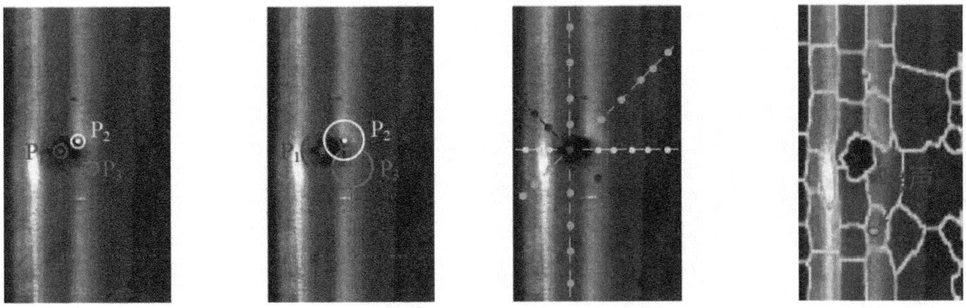

（a）小半径 LBP 算子　（b）大半径 LBP 算子　（c）类 LBP 特征提取算子　（d）超像素分割结果

图 5.8　特征提取算子及超像素分割示意图

因此，本节提出一种类 LBP 特征描述子，从水平、竖直和两个对角线共四个方向描述像素灰度的变化，如图 5.8（c）所示。也就是说，对于图像中的任一像素，类 LBP 特征描述子将会与每个方向上随机选取的 T 个像素进行对比进而完成二值模式编码，编码规则与 LBP 算子保持一致。由于伤损目标在待检图像中所占面积通常较小，随机选取的 T 个像素大概率为背景像素，从而避免了 LBP 局部编码对伤损目标分割任务的不利影响。以竖直方向为例，在随机选择竖直方向上的 T 个像素之后，该方向线上的所有像素将会根据这 T 个像素进行特征编码。通过这种方式，图像中的每个像素最终会被描述为一个四维向量。相较于传统的 LBP 算子采用固定半径的邻域像素作为参考，类 LBP 特征提取算子能够利用随机选取的像素从四个方向对中心像素进行表征，因此所提取的特征也更具有判别性。

图 5.8（彩图）

注意到工业检测场景中采集的图像多为灰度图，这意味着图像的灰度信息可作为区分伤损目标与图像背景的重要特征来源。对此，文献[52]对待检图像提取了三维基于灰度的特征，即像素原始灰度值、在指定邻域内的灰度均值和灰度中值。此外，考虑纹元特征在纹理分类任务中的优越表现[53]，本节对输入图像每一像素进一步提取了八维纹元特征[54]用于区分形态各异的伤损目标和纹理复杂的背景模式。至此，特征提取模块将提取共 15 维特征用于描述伤损图像表面纹理的变化。形式上，输入图像 $\boldsymbol{I}$ 中的第 i 个像素被表示为 $f_i \in \boldsymbol{R}^d, d = 15$。

3. 超像素分割

经过图像预处理与特征提取之后，使用超像素分割算法将输入图像分割为一系列紧凑且视觉上同质的超像素集合。一方面，以超像素而非像素为基本处理单元能够在一定程度上降低计算复杂度。另一方面，个别表面伤损可能占据图像中一块较大的连续区域，导致伤损目标在像素层面并不严格符合稀疏性假设。但是，一旦将待检图像分割为超像素集合，则仅有少量的超像素能满足伤损的稀疏性假设。

出于计算效率和分割效果的考虑，本章采用简单线性迭代聚类（simple linear iterative clustering，SLIC）[55]超像素分割算法将图像 $\boldsymbol{I}$ 分割为一系列超像素的集合，记作 $\{\mathrm{sp}_i \mid i = 1,2,\cdots,N\}$，其中 N 表示超像素的分割数量。对于第 i 个超像素 sp_i，定义它的特

征表示为其所包含所有像素的特征向量的均值，即

$$\boldsymbol{x}_i = \frac{1}{N_{\mathrm{sp}_i}} \sum_{p_j \in \mathrm{sp}_i} \boldsymbol{f}_i \tag{5-24}$$

式中，N_{sp_i} 表示超像素 sp_i 内所包含的像素数量；p_j 表示超像素 sp_i 内包含的第 j 个像素；$\boldsymbol{f}_j$ 为像素 p_j 的特征向量。最后，所有超像素的特征向量构成了图像 $\boldsymbol{I}$ 的特征矩阵，记作 $\boldsymbol{X}$，即 $\boldsymbol{X} = [\boldsymbol{x}_1, \boldsymbol{x}_2, \cdots, \boldsymbol{x}_N]$。

如图 5.8 所示，即便超像素中包含少量噪声像素（红圈区域），由于在计算时采用了平均策略，通过式（5-22）计算得到的特征向量仍然能够基本反映该超像素的本质特性。也就是说，超像素的特征表示具有更好的抗噪能力。

4. 固有先验挖掘

对于给定的输入图像，伤损目标通常仅占据整张图像的一小部分。从超像素的角度看，这意味着分割产生的绝大多数超像素都对应着无损的图像背景区域。这样一来，随机选取的超像素大概率为背景超像素，这是伤损图像背景先验挖掘的核心思想。

（1）背景先验挖掘。形式上，对于给定图像 $\boldsymbol{I}$ 的分割产生的超像素集合 $\{\mathrm{sp}_i \mid i = 1, 2, \cdots, N\}$，本章从中随机选择 c 个超像素并将这些超像素的特征向量分别记为 $\boldsymbol{x}_1', \boldsymbol{x}_2', \cdots, \boldsymbol{x}_c'$。然后，利用随机选取的 c 个超像素的特征向量均值作为背景特征。对于每一个超像素 sp_i，其相应的背景先验可以表示为

$$\mathrm{BP}_i = \|\boldsymbol{x}_i - \boldsymbol{x}_B\|_2^2 \tag{5-25}$$

（2）局部先验挖掘。在将输入图像分割为超像素集合的同时能够获得每个超像素的近邻信息，这意味着能够从视觉显著性的角度挖掘伤损目标的局部先验。广义上讲，所谓的视觉显著性是指一种感性认识，用来表示诸如伤损目标等能从其邻域中脱颖而出、吸引人们注意力的视觉元素。因此，考虑伤损目标在多数情况下与其邻域超像素存在显著表面差异，本章利用超像素自身与其邻域超像素的特征差异定义每一个超像素 sp_i 的局部先验，即

$$\mathrm{LP}_i = \frac{1}{\mathrm{SPN}_{\mathrm{sp}_i}} \sum_{j \in \mathcal{N}_{\mathrm{sp}_i}} \|\boldsymbol{x}_i - \boldsymbol{x}_B\|_2^2 \tag{5-26}$$

式中，$\mathcal{N}_{\mathrm{sp}_i}$ 表示超像素 sp_i 邻域超像素的索引集合；$\mathrm{SPN}_{\mathrm{sp}_i}$ 表示集合 $\mathcal{N}_{\mathrm{sp}_i}$ 中的元素数量。可以发现，局部先验描述的是超像素局部的变化。对于背景超像素而言，由于其自身与邻域超像素表面相似，其局部先验值通常较小。

5. 实体稀疏追踪

实体稀疏追踪融合上述的超像素特征表示和固有先验，构建伤损目标分割模型，并应用交替方向法求解实体稀疏矩阵。

（1）实体稀疏追踪。通过挖掘伤损图像的固有先验能够一定程度上推断每个超像素对应伤损目标的概率。但是，受限于噪声干扰和超像素尺度等因素的影响，这种推断显然是不够准确的。因此，本节并不直接利用先验信息实现伤损目标分割任务，而是将其作为一种指导信息来辅助低秩稀疏矩阵的分解过程。不同于传统的基于低秩表示的模型[56-57]

使用复杂的正则化项，本节完美融合上述先验信息提出一种基于实体稀疏追踪（entity sparsity pursuit，ESP）的伤损目标分割模型。具体而言，ESP 模型通过求解以下优化问题实现伤损目标分割任务：

$$\min_{Z,E}\|Z\|_*+\lambda\|E_W\|_{2,1} \quad \text{s.t.} \quad X=XZ+E \tag{5-27}$$

式中，$W=\operatorname{diag}(w_1,w_2,\cdots,w_N)$ 为对角权重矩阵。在传统的低秩表示模型中，伤损矩阵 E 满足列稀疏性，用于表示列级别的矩阵毁坏。从伤损检测的角度出发，如果超像素 sp_i 属于背景区域，则伤损矩阵 E 中的第 i 列理应是一个稀疏向量，反之相反。从模型求解的视角看，在式（5-25）中，如果希望 E 中第 i 列为稀疏向量对应无伤损的背景超像素 sp_i，那么应该设置一个较大的 w_i 用于压缩 E 中第 i 列的量级。反之，则设置较小的 w_i，从而放松对第 i 列的约束以突显伤损目标。根据上述分析及伤损图像的固有先验，ESP 将 w_i 定义为

$$w_i=\mathrm{e}^{-(\mathrm{BP}_i+\mathrm{LP}_i)} \tag{5-28}$$

（2）模型优化求解。为了求解式（5-25）定义的优化问题，本章首先引入辅助变量 J 对其进行重新定义：

$$\min_{Z,E}\|J\|_*+\lambda\|WE\|_{2,1} \quad \text{s.t.} \quad X=XZ+E, Z=J \tag{5-29}$$

然后，利用交替方向法（alternating direction method，ADM）[58]对其进行求解：

$$\begin{aligned}\mathcal{L}=&\|J\|_*+\lambda\|WE\|_{2,1}+\operatorname{tr}\left(Y_1^{\mathrm{T}}(X-XZ-E)+Y_2^{\mathrm{T}}(Z-J)\right)\\&+\frac{\mu}{2}\left(\|X-XZ-E\|_F^2+\|Z-J\|_F^2\right)\end{aligned} \tag{5-30}$$

式中，tr 表示矩阵的迹，即对角线元素之和；$\|\bullet\|_F$ 表示 F 范数，即矩阵中所有元素平方和的根；Y_1 和 Y_2 表示两个拉普拉斯乘子；$\mu>0$ 为惩罚系数。至此，ESP 模型求解过程可以被定义为无约束优化问题。因此，本节可以通过固定其他变量的方式对矩阵 J、Z 和 E 进行迭代求解并更新 Y_1 和 Y_2 两个乘子，详细的求解步骤如算法 5.2 所示。

算法 5.2 通过 ADM 算法求解 ESP 模型

输入： 特征矩阵 X，字典矩阵 D，平衡参数 λ；

输出： 低秩表示矩阵 Z，稀疏矩阵 E；

初始化：$Z=J=E=0$，$Y_1=Y_2=\mathbf{0}$，$\mu=10^{-6}$，$\mu_{\max}=10^6$，$\rho=1.1$，$\varepsilon=10^{-3}$

While 不收敛 do：

（1）固定其他变量，通过下式更新 J：

$$J=\operatorname{argmin}\frac{1}{\mu}\|J\|_*+\frac{1}{2}\left\|J-\left(Z+\frac{Y_2}{\mu}\right)\right\|_F^2$$

（2）固定其他变量，通过下式更新 Z：

$$Z=\operatorname{argmintr}\left(Y_1^{\mathrm{T}}(X-XZ-E)+Y_2^{\mathrm{T}}(Z-J)\right)+\frac{\mu}{2}\left(\|X-XZ-E\|_F^2+\|Z-J\|_F^2\right)$$

（3）固定其他变量，通过下式更新 E：

$$E = \operatorname{argmin} \frac{\lambda}{\mu}\|E\|_{2,1} + \operatorname{tr}\left(Y_1^T\left(X - XZ - E\right)\right) + \frac{\mu}{2}\|X - XZ - E\|_F^2$$

（4）更新拉格朗日乘子：

$$Y_1 = Y_1 + \mu(X - XZ - E)$$
$$Y_2 = Y_2 + \mu(Z - J)$$

（5）更新超参数 μ：

$$\mu = \min\left(\rho\mu, \mu_{\max}\right)$$

（6）检查是否满足收敛条件：

$$\|X - XZ - E\|_\infty < \varepsilon,\ \|Z - J\|_\infty < \varepsilon$$

步骤 1：更新矩阵 J。根据文献[59]的推导，对于矩阵 J 的更新可使用矩阵收缩算子求得闭式解。令 $G = Z + \frac{1}{\mu}Y_2$，对于 $\mu > 0$ 且特征矩阵 X 的秩为 r 时，最优解可以表示为

$$J = \frac{1}{\mu}(G) = U\operatorname{diag}\left[\left(\sigma_i - \frac{1}{\mu}\right)_+\right]V^{\mathrm{T}} \tag{5-31}$$

式中，$t_+ = \max(0,t)$；$U\Sigma V^{\mathrm{T}}$ 表示矩阵 G 的奇异值分解（singular value decomposition，SVD），其中对角矩阵记为 $\Sigma = \operatorname{diag}\left(\{\sigma_i\}_{1\leqslant i\leqslant r}\right)$。

步骤 2：更新矩阵 Z。对该子问题而言，每一部分都是二次方程式。因此，可以通过直接对矩阵 Z 进行求导并设置导数为 0 实现矩阵 Z 的更新，即

$$Z = \left(X^{\mathrm{T}}X + I_N\right)^{-1}\left(X^{\mathrm{T}}(X - E) + J + \frac{1}{\mu}\left(X^{\mathrm{T}}Y_1 + Y_2\right)\right) \tag{5-32}$$

式中，I_N 表示单位矩阵。

步骤 3：更新矩阵 E。由于 $l_{2,1}$ 范数的存在，矩阵 E 难以直接更新。因此，该步骤先等价地将矩阵 E 的求解问题重写为

$$E = \operatorname{argmin}\lambda\|H\|_{2,1} + \operatorname{tr}\left(Y_1^{\mathrm{T}}\left(X - XZ - E\right)\right) + \frac{\mu}{2}\|X - XZ - E\|_F^2 \tag{5-33}$$

式中，$H = EW$。通过对矩阵 E 进行求导并设置导数为 0，可以将式（5-33）进一步简化为

$$\frac{\lambda}{\mu}QEW^{\mathrm{T}}W + E = P \tag{5-34}$$

式中，$P = X - XZ + \frac{1}{\mu}Y_1$；$Q = \operatorname{diag}(q_1, q_2, \cdots, q_N)$ 为对角矩阵，且第 i 个对角元素为

$$q_i = \frac{1}{\|h_i\|_2} \tag{5-35}$$

式中，h_i 表示矩阵 H 的第 i 列。类似地，将矩阵 E 和矩阵 P 中的第 i 列分别记作 e_i 和 p_i。基于文献[60]中的证明，矩阵 E 中的第 i 列可以通过下式计算得到：

$$
\boldsymbol{e}_i=\begin{cases}\left(1-\dfrac{\lambda w_i}{\mu\|\boldsymbol{p}_i\|_2}\right)\boldsymbol{p}_i, & \|\boldsymbol{p}_i\|_2>\dfrac{\lambda w_i}{\mu}\\ 0, & \text{其他情况}\end{cases} \tag{5-36}
$$

上述计算过程表明，ESP 模型可以通过逐列更新的方式对矩阵 $\boldsymbol{E}$ 进行迭代求解。

6. 图像后处理

为了度量超像素 sp_i 对应的伤损级别，只需对矩阵求得的最优列稀疏矩阵 $\boldsymbol{E}^*$ 中的第 i 列进行向量化。该过程可以形式化为

$$
s_i=\left\|\boldsymbol{E}^*(:,i)\right\|_2=\sqrt{\sum_j\left(\boldsymbol{E}^*(:,i)\right)^2} \tag{5-37}
$$

很显然，s_i 值越大，则意味着超像素 sp_i 越有可能是伤损超像素，反之亦然。至此，实际上获得了一个由所有超像素响应构成的伤损图。但是，对于个别包含大尺度伤损的图像而言，通过本模型获得的伤损图仍然有可能是散乱的，即有些背景超像素有可能有着较大的伤损响应，而有些伤损超像素的伤损响应值反而较低。为了提高此类伤损检测的准确性，可以使用文献[61]中提到的近邻策略对伤损图进行修正，即

$$
s_i'=s_i+\alpha\sum_{j\in\mathcal{N}_{\mathrm{SP}_i}}s_j\cdot \mathrm{e}^{-\|x_i-x_j\|_2^2} \tag{5-38}
$$

式中，s_i' 为修正后的响应值；α 为权重系数，用于控制近邻超像素对当前超像素的影响。在本节的实验中设置 $\alpha=0.5$。在获得新的伤损图后，利用 OTSU 算法[62]对其进行二值分割并结合必要的形态学操作获得最终的伤损检测结果。

5.4.3 实验结果与分析

1. 数据集

在钢轨表面离散伤损测试集[52]上验证了 ESP 模型的有效性。该测试集包含两种类型的钢轨表面离散伤损图像，均附带有像素级的真值标注。具体地，I 型钢轨图像采集自高速铁路，共包含 67 张测试图像；II 型钢轨图像采集自重载铁路，共包含 128 张测试图像。需要说明的是，II 型图像较 I 型更窄，背景一致性更强。所有的图像中至少包含 1 个伤损目标。

为了进一步验证 ESP 模型的泛化能力，还在自然场景工业异常检测的磁瓦表面空洞伤损数据集[63]上验证了 ESP 模型的有效性。该数据集提供了 115 张带有空洞伤损的磁瓦图像，并配有像素级的真值标注。数据集中的图像是在不同的光照条件下采集的，尺寸不一。与此同时，多数图像中包含一种类似雨线的噪声，甚至一些图像的边角处存在严重的晕影现象。

2. 评价指标

参考当前主流方法的实验评估体系，ESP 模型采用假正率（false positive rate，FPR）和假负率（false negative rate，FNR）用于模型性能的评估。FPR、FNR 的计算方法如下：

$$\mathrm{FPR} = \frac{\mathrm{FP}}{\mathrm{FP} + \mathrm{TN}}, \quad \mathrm{FNR} = \frac{\mathrm{FN}}{\mathrm{FN} + \mathrm{TP}} \tag{5-39}$$

式中，FP 表示被错误地标记为伤损像素的数量；TN 表示真正背景像素的数量；FN 表示未被检测出的伤损像素的数量；TP 表示正确检测为伤损像素的数量。可以看出，FPR 度量的是被错误检测为伤损像素的背景像素占实际背景像素总量的比例，FNR 度量的是漏检为背景像素的伤损像素占实际伤损像素总量的比例。

除了以上两个指标之外，本章还计算平均绝对误差（mean absolute error，MAE）用于度量检测结果（detection result，DR）与真值标注（ground truth，GT）之间的差异，其定义为

$$\mathrm{MAE} = \frac{1}{\mathrm{RN} \times \mathrm{CN}} \sum_{i=1}^{\mathrm{RN}} \sum_{j=1}^{\mathrm{CN}} \left| \mathrm{DR}(i, j) - \mathrm{GT}(i, j) \right| \tag{5-40}$$

式中， RN 和 CN 分别表示输入图像的行数和列数。

FPR、FNR 和 MAE 这 3 个指标的值越小，表示模型性能越好，分割结果越接近真实标注。

3. 参数敏感性分析

在提出的 ESP 模型中，超参数 λ 直接影响残差矩阵的列稀疏程度，因此对最终的检测结果有着显著的影响。图 5.9 在磁瓦表面空洞伤损数据集上验证了超参数 λ 变化对 ESP 检测性能的影响。实验结果表明，当 λ 从 0.1 变化到 0.9 时，对应的 FPR、FNR 和 MAE 的曲线只有轻微的起伏波动，这说明 ESP 模型对参数的变化不敏感。不同于传统的低秩表示模型，由于 ESP 模型充分利用伤损图像的固有先验知识来指导低秩稀疏模型的求解过程，从而控制着残差矩阵每一列的伤损响应。因此，ESP 模型对超参数 λ 的变化有着更好的鲁棒性，在一定区间内均有着稳定的性能表现。为确保实验对比的可靠性，本节所有实验设置 $\lambda = 0.3$ 。

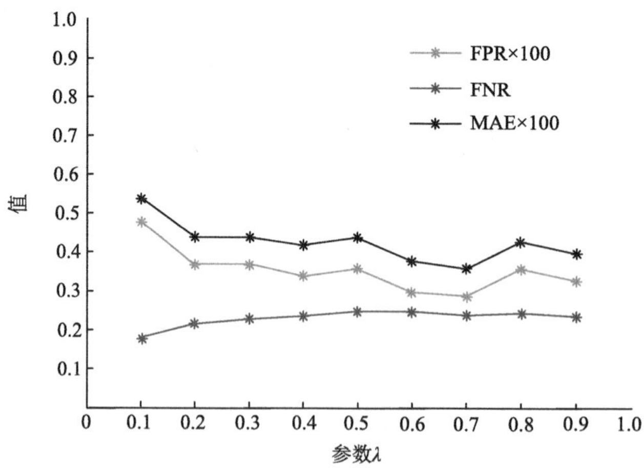

图 5.9 ESP 模型随超参数λ变化在磁瓦表面空洞伤损数据集上的性能表现

4. 对比实验

在实验中，本节将所提出的基于实体稀疏追踪的模型与 3 种领先的伤损目标分割方法进行对比，包括对比度自适应阈值（contrast adjustment thresholding，CAT）[64]、基于显著性检测（saliency based detection，SBD）[65]和平滑稀疏分解（smooth-sparse decomposition，SSD）[66]。需要说明的是，以上这三种方法没有指定冗余的约束，几乎是通用的。除了一些必要的后处理操作，实验中所有的检测结果都是使用其默认参数设置获得的。

1）钢轨表面离散伤损数据集的对比实验结果

对于 I 型钢轨图像，本章经验性地设置其超像素分割数量为 160，即 $N = 160$。尽管 II 型钢轨图像更窄，但其中的伤损形态更为复杂，因此本章同样对其设置 $N = 160$ 以实现小尺度的超像素分割。ESP 及对比方法在钢轨表面离散伤损数据集上的分割结果样例示意图如图 5.10 所示，量化结果如表 5.2 所示。

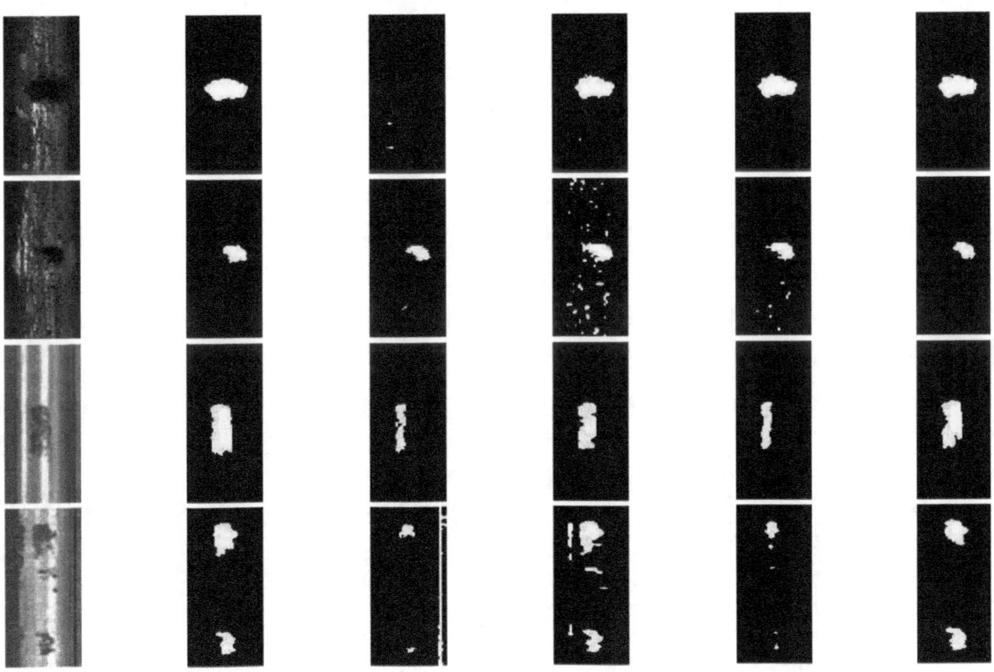

（a）输入图像　（b）真值标注　（c）CAT 检测结果　（d）SBD 检测结果　（e）SSD 检测结果　（f）ESP 检测结果

图 5.10　ESP 及对比方法在钢轨表面离散伤损数据集上的定性实验结果

表 5.2　ESP 及对比方法在钢轨表面离散伤损数据集上的定量实验结果

数据集	方法	FPR	FNR	MAE
I 型钢轨表面离散伤损数据集	CAT	0.010	0.379	0.012
	SBD	0.004	0.312	0.007
	SSD	0.016	0.200	0.017
	ESP	0.006	0.283	0.008

续表

数据集	方法	FPR	FNR	MAE
II 型钢轨表面离散伤损数据集	CAT	0.006	0.470	0.010
	SBD	0.003	0.444	0.008
	SSD	0.005	0.266	0.007
	ESP	0.004	0.218	0.006

从图 5.10 中可以发现，对于钢轨表面离散伤损，SBD、SSD 和本章所提出的 ESP 在多数情况下都能够较好地定位伤损。对于 CAT 而言，由于其致力于建立一个灰度映射以增强图像的对比度，当图像背景与伤损目标灰度较相似时，该方法很容易发生漏检。相反，SBD 的检测则较为激进，其直接在频谱中滤除非局部模式，因此对剧烈变化的区域比较敏感。从数值上看，SSD 在 I 型钢轨表面离散伤损数据集上有着最小的假负率。但从整体上看，ESP 在 I 型和 II 型钢轨表面离散伤损数据集上有着相对平衡的表现。

2）磁瓦表面空洞伤损数据集的对比实验结果

考虑磁瓦表面图像中存在众多的小尺度伤损，且磁瓦图像尺寸不一，本节通过实验确定一个相对较大的超像素分割数量，设置超像素分割数量 $N=260$。

图 5.11 可视化 ESD 及对比方法在磁瓦表面空洞伤损数据集上的定性实验结果。可以看到，尽管 CAT 和 SSD 能较好地定位伤损，但这两个方法容易产生一些假正例。在频率域中，图像的幅度谱容易在高频处衰减。因此，使用相应的幅值对图像的傅里叶变换进行归一化之后，SBD 能够移除图像中的规则分量。如图 5.11 第 4 列所示，SBD 对小尺度表面伤损有着较好的检测能力，但是容易在图像的边界处产生误判。与上述方法不同的是，ESP 以超像素为基本处理单元，因此能够限制噪声因素的影响，从而产生让人满意的检测结果。具体的量化结果如表 5.3 所示。由表可知，ESP 在磁瓦空洞伤损数据集上取得了整体最优的检测结果。

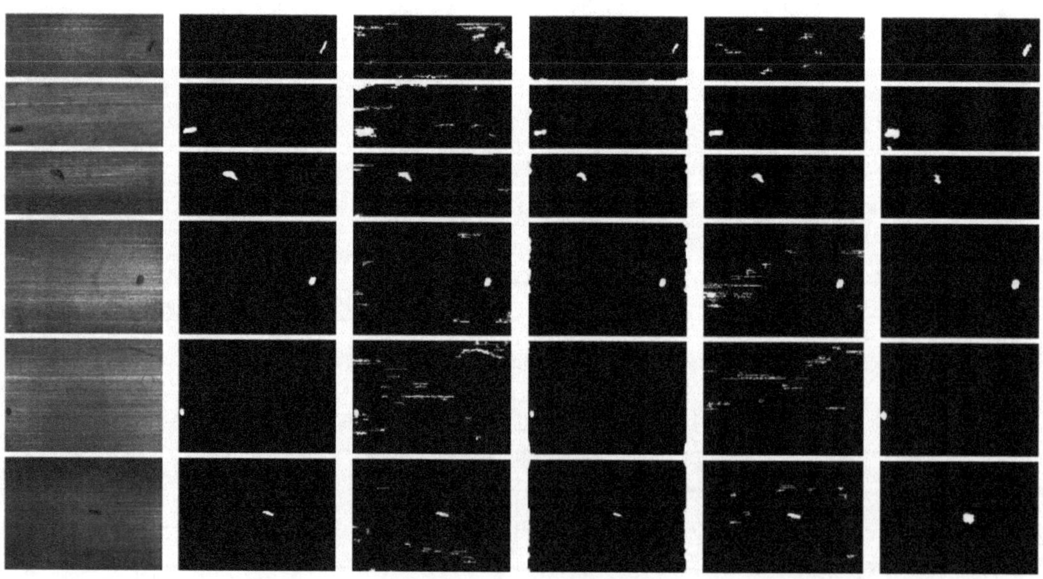

（a）输入图像 （b）真值标注 （c）CAT 检测结果（d）SBD 检测结果（e）SSD 检测结果（f）ESP 检测结果

图 5.11 ESP 及对比方法在磁瓦表面空洞伤损数据集上的定性实验结果

表 5.3　ESP 模型及对比方法在磁瓦表面空洞伤损数据集上的定量实验结果

数据集	方法	FPR	FNR	MAE
磁瓦表面空洞伤损数据集	CAT	0.022	0.304	0.023
	SBD	0.007	0.487	0.009
	SSD	0.017	0.445	0.018
	ESP	0.004	0.229	0.004

5. 复杂度分析

从算法 5.2 中可以看到，ESP 模型的主要计算量源自第一步对 $N\times N$ 的矩阵计算 SVD。如果超像素的个数 N 数值较大，则该步骤计算复杂度较高。但需要注意的是，ESP 模型中的特征矩阵自身被用作低秩表示的字典。在特征维度低于基元个数的前提下，计算复杂度最高为 $O\left(d^2N+d^3\right)$。很显然，在本节的实验设置中，特征向量 d 的维度始终低于超像素的个数，即满足 $d\leqslant N$。这意味着 ESP 模型从理论上关于超像素个数 N 具有线性复杂度。

具体地，设置 N 从 40 变化到 180，执行未优化版本的 ESP 模型 100 次，其平均执行时间如表 5.4 所示。可以看到，当 $N\leqslant 150$ 时，ESP 模型的运行时间小于 1 s。整体上看，当特征维度不高时，ESP 模型的计算效率可以接受。但即便如此，随着图像尺寸增大、超像素个数的增加，不可避免地会延长 ESP 模型的计算时间。对此，实验中可以将图像分割为若干个小尺度图像块，在每个图像块上并行地运行 ESP 模型以提高计算效率。除此之外，也可以利用随机 SVD 模型或者其他高性能计算架构来提升 ESP 模型的计算效率。

表 5.4　不同超像素数量下 ESP 模型的平均执行时间

N	40	60	80	100	120	140	150	160	180
平均执行时间/s	0.119	0.248	0.354	0.510	0.680	0.938	0.945	1.319	1.311

5.5 本 章 小 结

本章简要介绍了稀疏表示模型和低秩表示模型的基础理论。考虑稀疏低秩模型符合轨道检测问题的本质属性，分别给出了基于稀疏表示模型和低秩表示模型的钢轨表面伤损检测方法。基于稀疏表示的伤损检测模型将伤损图像分解为图像背景、伤损目标和噪声的叠加，并且分别由对应的冗余字典稀疏表示；借鉴盲源分离原理和块协调松弛方法，实现伤损目标成分的有效分解。不同于传统像素级建模，ESP 模型以超像素为基本处理单元，建立了伤损实体级别的低秩稀疏模型，摒弃了传统方法经常采用的正则项，转而利用伤损图像固有的先验知识来指导特征矩阵的分解过程。总体而言，稀疏低秩模型强调图像整体的本质描述，但在细节刻画上逊于定制化的数字图像处理方法。因此，如何充分整合伤损检测任务的先验知识以提高稀疏低秩模型表征能力，使之适用于复杂的图像场景也是未来研究的一个方向。

参考文献

[1] Hubel D H, Wiesel T N. Receptive fields of single neurones in the cat's striate cortex[J]. The Journal of Physiology, 1959, 148 (3): 574-591.

[2] Olshausen B A, Field D J. Emergence of simple-cell receptive field properties by learning a sparse code for natural images[J]. Nature, 1996, 381 (6583): 607-609.

[3] Ganguli S, Sompolinsky H. Compressed sensing, sparsity, and dimensionality in neuronal information processing and data analysis[J]. Annual Review of Neuroscience, 2012, 35 (1): 485-508.

[4] Donoho D L, Huo X M. Uncertainty principles and ideal atomic decomposition[J]. IEEE Transactions on Information Theory, 2001, 47 (7): 2845-2862.

[5] Donoho D L, Elad M. Optimally sparse representation in general (nonorthogonal) dictionaries via $\ell 1$ minimization[J]. Proceedings of the National Academy of Sciences, 2003, 100 (5): 2197-2202.

[6] Candes E J, Romberg J, Tao T. Robust uncertainty principles: Exact signal reconstruction from highly incomplete frequency information[J]. IEEE Transactions on Information Theory, 2006, 52 (2): 489-509.

[7] Mallat S G, Zhang Z F. Matching pursuits with time-frequency dictionaries[J]. IEEE Transactions on Signal Processing, 1993, 41 (12): 3397-3415.

[8] Dai W, Milenkovic O. Subspace pursuit for compressive sensing signal reconstruction[J]. IEEE Transactions on Information Theory, 2009, 55 (5): 2230-2249.

[9] Chen S B, Donoho D. Basis pursuit[C]// Proceedings of 1994 28th Asilomar Conference on Signals, Systems and Computers. Pacific Grove, IEEE, 1994: 41- 44.

[10] Candes E, Tao T. The Dantzig selector: Statistical estimation when P is much larger than N[J]. Annals of Statistics, 2007, 35 (6): 2313-2351.

[11] Aharon M, Elad M, Bruckstein A. K-SVD: An algorithm for designing overcomplete dictionaries for sparse representation[J]. IEEE Transactions on Image Processing, 2006, 54 (11): 4311-4322.

[12] 练秋生, 石保顺, 陈书贞. 字典学习模型、算法及其应用研究进展[J]. 自动化学报, 2015, 41 (2): 240-260.

[13] Zhang Q, Li B X. Discriminative K-SVD for dictionary learning in face recognition[C]//Proceedings of the IEEE Conference on Computer Vision and Pattern Recognition. San Francisco, IEEE, 2010: 2691-2698.

[14] Jiang Z L, Lin Z, Davis L S. Learning a discriminative dictionary for sparse coding via label consistent K-SVD[C]// Proceedings of the IEEE Conference on Computer Vision and Pattern Recognition. Colorado Springs, IEEE, 2011: 1697-1704.

[15] Yang M, Zhang L, Feng X C, et al. Fisher discrimination dictionary learning for sparse representation[C]// Proceedings of the IEEE International Conference on Computer Vision. Barcelona, IEEE, 2011: 543-550.

[16] Ramirez I, Sprechmann P, Sapiro G. Classification and clustering via dictionary learning with structured incoherence and shared features[C]// Proceedings of the IEEE Conference on Computer Vision and Pattern Recognition. San Francisco, IEEE, 2010: 3501-3508.

[17] Elad M, Aharon M. Image denoising via learned dictionaries and sparse representation[J]. Proceedings of the IEEE Conference on Computer Vision and Pattern Recognition. New York, IEEE, 2006: 895-900.

[18] Wright J, Yang A Y, Ganesh A, et al. Robust face recognition via sparse representation[J]. IEEE Transactions on Pattern Analysis and Machine Intelligence, 2009, 31 (2): 210-227.

[19] Yan J J, Yu Y N, Zhu X Y, et al. Object detection by labeling superpixels[C]// Proceedings of the IEEE Conference on Computer Vision and Pattern Recognition. Bosto, IEEE, 2015: 5107-5116.

[20] Zhang T Z, Liu S, Xu C S, et al. Structural sparse tracking[C]// Proceedings of the IEEE Conference on Computer Vision

and Pattern Recognition. Boston, IEEE, 2015: 150-158.

[21] Li P H, Lu X X, Wang Q L. From dictionary of visual words to subspaces: Locality-constrained affine subspace coding[C]// Proceedings of the IEEE Conference on Computer Vision and Pattern Recognition. Boston, IEEE, 2015: 2348-2357.

[22] Liu Q F, Liu C J. A novel locally linear KNN model for visual recognition[C]//Proceedings of the IEEE Conference on Computer Vision and Pattern Recognition. Boston, IEEE, 2015: 1329-1337.

[23] Li N Y, Sun B L, Yu J Y. A weighted sparse coding framework for saliency detection[C]//Proceedings of the IEEE Conference on Computer Vision and Pattern Recognition. Boston, IEEE, 2015: 5216-5223.

[24] Elad M, Starck J L, Querre P, et al. Simultaneous cartoon and texture image inpainting using morphological component analysis (MCA)[J]. Applied and Computational Harmonic Analysis, 2005, 19 (3): 340-358.

[25] Starck J L, Elad M, Donoho D L. Image decomposition via the combination of sparse representations and a variational approach[J]. IEEE Transactions on Image Processing, 2005, 14 (10): 1570-1582.

[26] Xue Z H, Li J, Cheng L, et al. Spectral-spatial classification of hyperspectral data via morphological component analysis-based image separation[J]. IEEE Transactions on Geoscience and Remote Sensing, 2015, 53 (1): 70-84.

[27] Afonso M V, Sanches J M R. Blind inpainting using and total variation regularization[J]. IEEE Transactions on Image Processing, 2015, 24 (7): 2239-2253.

[28] Jung M, Kang M. Simultaneous cartoon and texture image restoration with higher-order regularization[J]. SIAM Journal on Imaging Sciences, 2015, 8 (1): 721-756.

[29] Candes E J, Li X D, Ma Y, et al. Robust principal component analysis?[J]. Journal of the ACM, 2011, 58 (3): 1-37.

[30] Witten R, Candès E. Randomized algorithms for low-rank matrix factorizations: Sharp performance bounds[J]. Algorithmica, 2015, 72 (1): 264-281.

[31] Wright J, Ganesh A, Rao S, et al. Robust principal component analysis: Exact recovery of corrupted low-rank matrices via convex optimization[J]. AMC, 2009, 58 (3): 289-298.

[32] Ganesh A, Lin Z, Wright J, et al. Fast algorithms for recovering a corrupted low-rank matrix[C]// IEEE International Workshop on Computational Advances in Multi-Sensor Adaptive Processing. Aruba, IEEE, 2009: 213-216.

[33] Lin Z C, Chen M M, Ma Y. The augmented lagrange multiplier method for exact recovery of corrupted low-rank matrices[J]. Journal of Structural Biology, 2010, 181 (2): 116-127.

[34] 戴琼海. 多维信号处理:快速变换、稀疏表示与低秩分析[M]. 北京: 清华大学出版社, 2016.

[35] Lu C Y, Lin Z C, Yan S C. Smoothed low rank and sparse matrix recovery by iteratively reweighted least squares minimization[J]. IEEE Transaction on Image Processing, 2015, 24 (2): 646-654.

[36] Liu G C, Lin Z C, Yan S C, et al. Robust recovery of subspace structures by low-rank representation[J]. IEEE Transactions on Pattern Analysis and Machine Intelligence, 2013, 35 (1): 171-184.

[37] Beghdadi A, Négrate A L. Contrast enhancement technique based on local detection of edges[J]. Computer Vision, Graphics, and Image Processing, 1989, 45 (3): 399.

[38] Chen S S B, Donoho D L, Saunders M A. Atomic decomposition by basis pursuit[J]. Siam Journal on Scientific Computing, 1998, 20 (1): 33-61.

[39] Starck J L, Elad M, Donoho D. Redundant multiscale transforms and their application for morphological component separation[J]. Advances in Imaging & Electron Physics, 2004, 132 (4): 287-348.

[40] Starck J L, Elad M, Donoho D L. Image decomposition via the combination of sparse representations and a variational approach[J]. IEEE Transactions on Image Processing, 2005, 14 (10): 1570-1582.

[41] Fadili M J, Starck J L, Bobin J, et al. Image decomposition and separation using sparse representations: An overview[J]. Proceedings of the IEEE, 2010, 98 (6): 983-994.

[42] Candès E, Demanet L, Donoho D, et al. Fast discrete curvelet transforms[J]. Multiscale Modeling & Simulation, 2006, 5 (3):

861-899.

[43] Bobin J, Starck J L, Fadili J M, et al. Morphological component analysis: An adaptive thresholding strategy[J]. IEEE Transactions on Image Processing, 2007, 16 (11): 2675-2681.

[44] Li Q Y, Huang Y P, Liang Z P, et al. Thresholding based on maximum weighted object correlation for rail defect detection[J]. IEICE Transactions on Information and Systems, 2012, 95 (7): 1819-1822.

[45] Peng H W, Li B, Ling H B, et al. Salient object detection via structured matrix decomposition[J]. IEEE Transactions on Pattern Analysis and Machine Intelligence, 2017, 39 (4): 818-832.

[46] Zhou X W, Yang C, Yu W C. Moving object detection by detecting contiguous outliers in the low-rank representation[J]. IEEE Transactions on Pattern Analysis and Machine Intelligence, 2013, 35 (3): 597-610.

[47] Stan Z L. Markov random field modeling in image analysis[M]. Berlin: Springer Science&Business Media, 2009.

[48] Geman S, Geman D. Stochastic relaxation, Gibbs distributions, and the Bayesian restoration of images[J]. IEEE Transactions on Pattern Analysis and Machine Intelligence, 1984, 6 (6): 721-741.

[49] Boykov Y, Veksler O, Zabih R. Fast approximate energy minimization via graph cuts[J]. IEEE Transactions on Pattern Analysis and Machine Intelligence, 2001, 23 (11): 1222-1239.

[50] Kolmogorov V, Zabin R. What energy functions can be minimizedvia graph cuts?[J]. IEEE Transactions on Pattern Analysis and Machine Intelligence, 2004, 26 (2): 147-159.

[51] Shen X H, Wu Y. A unified approach to salient object detection via low rank matrix recovery[C]// Proceedings of the IEEE Conference on Computer Vision and Pattern Recognition. Providence, IEEE, 2012: 853-860.

[52] Gan J R, Li Q Y, Wang J Z, et al. A hierarchical extractor-based visual rail surface inspection system[J]. IEEE Sensors Journal, 2017, 17 (23): 7935-7944.

[53] Shotton J, Winn J, Rother C, et al. Textonboost for image understanding: Multi-class object recognition and segmentation by jointly modeling texture, layout, and context[J]. International Journal of Computer Vision, 2009, 81 (1): 2-23.

[54] Varma M, Zisserman A. A statistical approach to texture classification from single images[J]. International Journal of Computer Vision, 2005, 62 (1): 61-81.

[55] Achanta R, Shaji A , Smith K, et al. SLIC superpixels compared to state-of-the-art superpixel methods[J]. IEEE Transactions on Pattern Analysis and Machine Intelligence, 2012, 34 (11): 2274-2281.

[56] Peng H W, Li B, Ji R R, et al. Salient object detection via low-rank and structured sparse matrix decomposition[C]// The Twenty-Seventh AAAI Conference on Artificial Intelligence. Bellevue, AAAI, 2013: 796-802.

[57] Zhou S Y, Wu S Q, Liu H G, et al. Double low-rank and sparse decomposition for surface defect segmentation of steel sheet[J]. Applied Sciences, 2018, 8 (9): 1628.

[58] Lin Z C, Liu R S, Su Z X. Linearized alternating direction method with adaptive penalty for low-rank representation[C]// Annual Conference on Neural Information Processing Systems 2011. Granada, NeurIPS, 2011, 24: 612-620.

[59] Cai J F, Candès E J, Shen Z. A singular value thresholding algorithm for matrix completion[J]. SIAM Journal on Optimization, 2010, 20 (4): 1956-1982.

[60] Yang J F, Yin W T, Zhang Y, et al. A fast algorithm for edge-preserving variational multichannel image restoration[J]. SIAM Journal on Imaging Sciences, 2009, 2 (2): 569-592.

[61] Zou W B, Kpalma K, Liu Z, et al. Segmentation driven low-rank matrix recovery for saliency detection[C]// Proceedings of the 24th British Machine Vision Conference. Bristol, BMVA, 2013: 1-13.

[62] Otsu N. Threshold selection method from gray-level histograms[J]. IEEE Transactions on Systems Man & Cybernetics, 1979, 9 (1):62-66.

[63] Huang Y B, Qiu C Y, Yuan K. Surface defect saliency of magnetic tile[J]. The Visual Computer, 2020, 36 (1): 85-96.

[64] Win M, Bushroa A R, Hassan M A, et al. A contrast adjustment thresholding method for surface defect detection based on

mesoscopy[J]. IEEE Transactions on Industrial Informatics, 2015, 11 (3): 642-649.

[65] Bai X L, Fang Y M, Lin W S, et al. Saliency-based defect detection in industrial images by using phase spectrum[J]. IEEE Transactions on Industrial Informatics, 2014, 10 (4): 2135-2145.

[66] Yan H, Paynabar K, Shi J J. Anomaly detection in images with smooth background via smooth-sparse decomposition[J]. Technometrics, 2017, 59 (1): 102-114.

第 6 章　基于深度学习的伤损检测算法

深度学习为伤损检测带来了新技术手段，卷积神经网络（CNN）与迁移学习等技术的应用显著提升了检测系统的性能，特别是通过数字孪生技术生成模拟数据，有效缓解了实际训练数据匮乏的问题。伤损钢轨三维模型的构建及其表面伤损图像的采集，为钢轨的质量检测提供了大量高质量的训练样本。此外，域对齐与域适应算法的应用克服了实际场景与模拟环境间的差异，实现了从虚拟伤损到实际伤损的精确检测。基于语义一致性原则的检测算法增强了模型在复杂条件下的鲁棒性。这些技术创新为实现更高精度、更高效能的自动化钢轨表面伤损检测提供了有力支持。

6.1　引　　言

伤损检测作为图像处理领域的应用课题，也可以通过近年来流行的基于深度学习的算法来解决。传统的机器学习模型在提取目标特征的时候只能提取到预先设计好的特征，虽然这样的特征可解释性高且具有一定的效果，但是其对复杂对象的表示能力有限，泛化能力不足。深度学习因为其强大的复杂函数表示能力和高层特征的自动提取，在数据量大幅增加、计算能力大幅提高的条件下，表现出强大的学习能力。基于深度学习的算法可以提取图像中更加鲁棒的特征，使得基于深度学习的钢轨表面伤损检测模型比基于人工设计特征及传统图像处理的伤损检测模型更具鲁棒性，在检测任务上可以取得更加优异的结果。

6.2　预 备 知 识

深度学习是机器学习的一个子领域，通过模拟人脑的神经网络结构来学习和提取输入特征。自 1998 年 Lecun 等[1]将 CNN 模型 LeNet 应用于手写数字识别并取得较好的成绩之后，越来越多的神经网络模型开始出现。2012 年，Krizhevsky 等[2]首次参加 ImageNet 的图像识别比赛，其构建的 CNN 模型 AlexNet 一举取得冠军，其表现远超第二名，开启了深度学习的研究热潮。这之后，牛津大学提出的稳定的 VGG [3]网络、Google 公司的 GoogLeNet [4]系列网络、微软的 ResNet [5]等经典网络不断出现，神经网络层数不断增加，深度学习模型的学习能力和泛化能力不断提高。经典深度神经网络性能的优异性不仅得益于不断改进的网络结构，更得益于不断出现并发展的深度学习算法。

现有的深度学习模型主要包括卷积神经网络（CNN）、循环神经网络（RNN）、长短期记忆网络（LSTM）等，其中 CNN 模型在图像处理和伤损检测中尤为常用。下面将对基于深度学习的伤损检测算法的基本知识进行简要介绍。

6.2.1 卷积神经网络

CNN 模型[1-5]是一种深度学习模型，擅长捕捉局部特征和空间不变性，非常适合图像识别任务。其核心优势在于其具备自动特征提取能力，能够从原始数据中学习到复杂的模式和结构。在伤损检测中，它可以学习到不同层级的特征，从边缘、纹理到更复杂的形状。

CNN 的结构通常由输入层、卷积层、激活函数、池化层、全连接层和输出层组成，如图 6.1 所示。

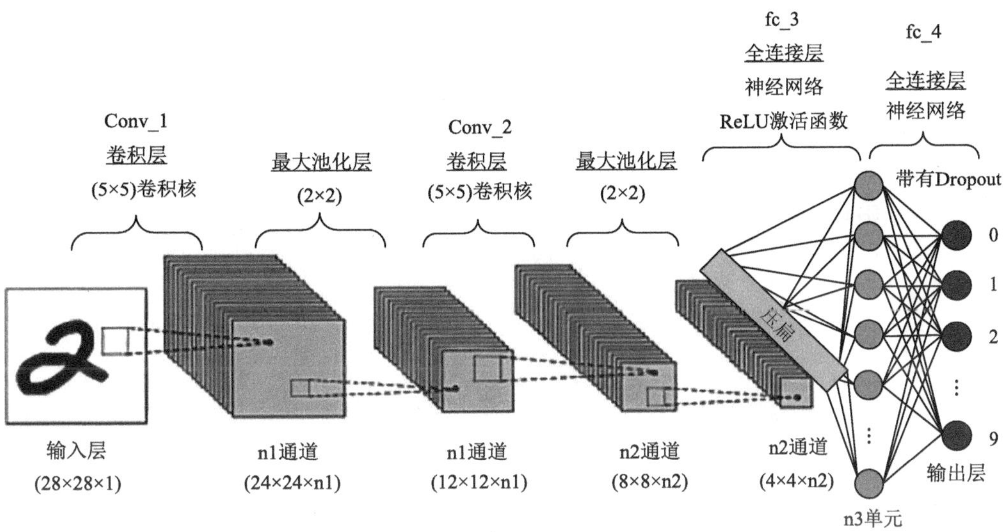

图 6.1 卷积神经网络结构

图 6.1 中，conv_1、conv_2 为层名，用卷积层 convolution 英文缩写 conv 指代，1、2 表示不同的层，fc_3、fc_4 类似，fc 是全连接层 fully-connected 的英文缩写；28×28×1 表示一张输入图像，用一个三维矩阵指代，其中，前两个数字代表图像长宽均为 28 像素，所以该矩阵表示 1 张 28 像素的方形图像；n1 通道表示通道数是 n1 个，24×24×n1 表示 n1 张 24 像素的方形图像；5×5、2×2 表示卷积核与池化层的大小分别是长宽分别是 5 像素、2 像素的矩阵，28×28 大小的图像经过 5×5 卷积核的卷积操作得到 24×24 大小的图像，再经过 2×2 池化层的最大池化操作得到 12×12 大小的图像。

输入层用于接收原始数据，每个节点均对应原始输入数据，输入数据的维度则对应卷积网络的维度。其中，一维卷积常用于序列模型，二维卷积常用于图像处理，三维卷积常用于 CT 影像、视频处理。卷积层用于提取特征，它包含一组卷积核（可看作滤波器），通过卷积核在输入数据上滑动并执行卷积操作；激活函数引入通常是非线性的，使得网络能够学习更复杂的模式；池化层用于降低数据的空间维度，减少计算量，同时保持关键特征，放置在连续卷积层之间，可防止过拟合、减少数据量和参数；全连接层常位于网络末端，用于对前面提取的特征进行整合，连接全部神经元的结果并进行计算，以便将特征映射到类别标签；输出层则根据任务需求输出分类任务中的各个类别概率分布或回归任务中的线性函数值。

CNN 模型的学习过程主要包括前向传播和反向传播两个步骤，通过梯度下降或其他优化算法调整网络权重以最小化损失函数（如交叉熵损失）。其中，反向传播不仅更新全连接层的权重，也更新卷积层和池化层的参数。本节将对 CNN 的这些重要操作步骤和结构进行概述。

1. 激活函数

激活函数通常加在一层神经网络之后，神经网络层的神经元经过计算之后的结果通过激活函数得到相应的激活值。激活函数通常是非线性的，加入激活函数的目的就是依靠激活函数的非线性，使整个网络能够逼近任何特征函数。如果不加激活函数，最后的结果只是输入输出的线性组合，无法拟合非线性函数。CNN 中常用的激活函数主要有以下几种。

1）Sigmoid 函数

Sigmoid 函数的公式为

$$\text{Sigmoid}(x)=\frac{1}{1+\mathrm{e}^{-x}} \tag{6-1}$$

Sigmoid 函数曲线如图 6.2 所示。

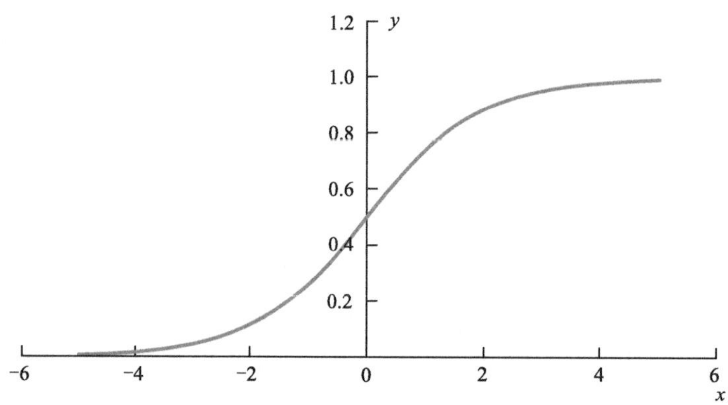

图 6.2 Sigmoid 函数曲线

Sigmoid 函数是传统神经网络中经常使用的激活函数，可以从其曲线中清楚地看到它的一些性质。例如，它能将输入统一到[0,1]输出，对中间的数据比较“敏感”，梯度较大，对两侧的数据比较“迟钝”，梯度较小。

Sigmoid 函数的性质也让它具有一个致命的缺陷：梯度消失问题。神经网络的训练多依赖反向传播，在得到最后的结果后计算损失，然后通过反向传播将损失传递到前面的网络神经元，Sigmoid 两侧梯度较小的性质容易导致损失传递到神经元不能进行有效的学习，尤其是对于那些层数较深的网络。

2）Tanh 函数

Tanh 函数的表达式为

$$\tanh(x)=2\text{Sigmoid}(2x)-1 \tag{6-2}$$

Tanh 函数曲线如图 6.3 所示。

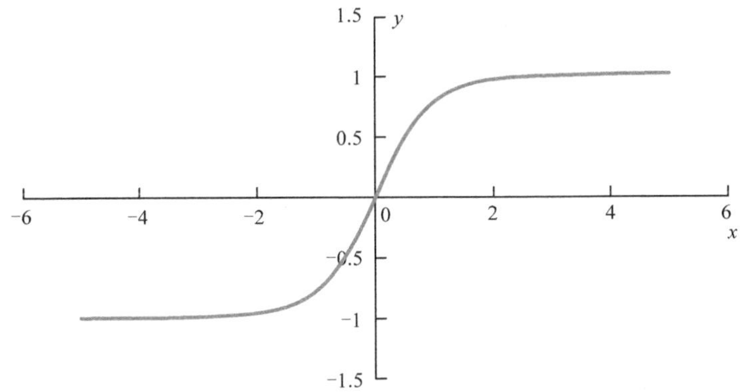

图 6.3　Tanh 函数曲线

从表达式和函数曲线可以看出，Tanh 与 Sigmoid 函数十分类似，不过 Tanh 函数将输出值域从[0,1]调整到了[−1,1]，敏感区间也相较于 Sigmoid 函数缩短了一半。

3）ReLU 函数

ReLU 函数的表达式为

$$f(x)=\max(0,x) \tag{6-3}$$

ReLU 函数曲线如图 6.4 所示。

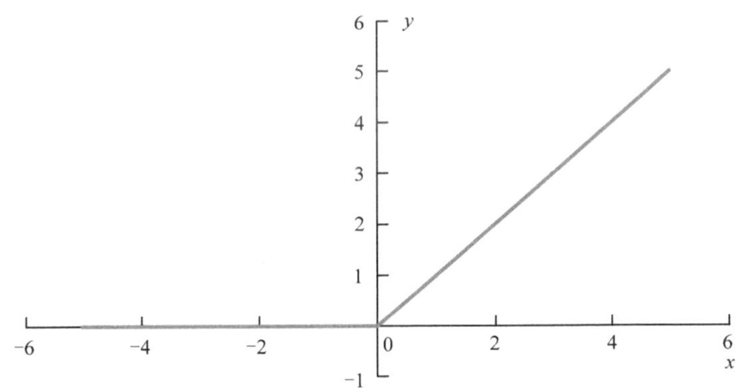

图 6.4　ReLU 函数曲线

ReLU 函数与 Sigmoid 函数、Tanh 函数差别较大，当输入值小于 0 时，激活值为 0；当输入值大于 0 时，激活值为输入值。这样，当输入值大于 0 时，梯度恒为 1。Krizhevsky[2] 在 AlexNet 中就使用了 ReLU 函数，因为他经过大量的实验发现，使用 ReLU 作为激活函数要比使用 Tanh 函数作为激活函数模型收敛得更快。

同时，因为 ReLU 函数的特点，训练过程中的神经元会变的十分脆弱，当一个非常大的损失传递到 ReLU 神经元的时候，因为梯度为 1，非常大的损失会直接作用于权重，可能会导致这个神经元直接“死掉”，这样再使用该神经元进行计算，梯度就会永远变为 0。

2. 池化层

池化层，也称为下采样层（down-sampling），神经网络中的池化层是经典卷积神经网络的重要组成部分。通常在两到三个卷积层之后就会有一个池化层，池化层的主要作用有两个：一个是极大地降低卷积层生成的特征图的尺寸，减少后续运算量；另一个是在减少运算量的基础上进行特征压缩，提取卷积层特征中的主要特征。

池化层主要有以下两种。

（1）平均池化层（average pooling）。平均池化层的操作就是对池化层感受野内的值取平均值，如图 6.5 所示。

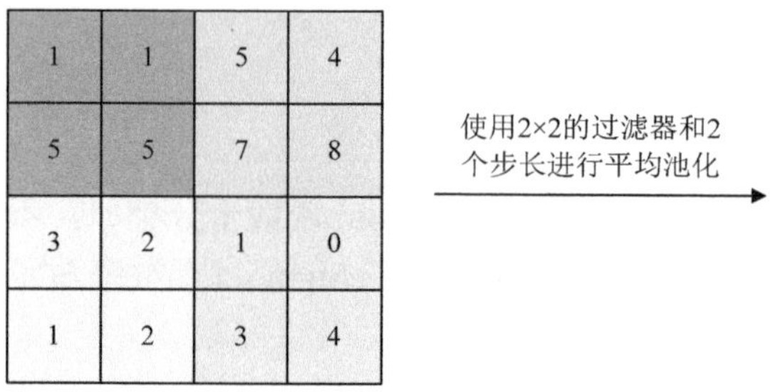

图 6.5（彩图）

图 6.5 平均池化层操作示例图

（2）最大值池化层（max pooling）。最大值池化层的操作就是取感受野内最大的值并保留下来，如图 6.6 所示。

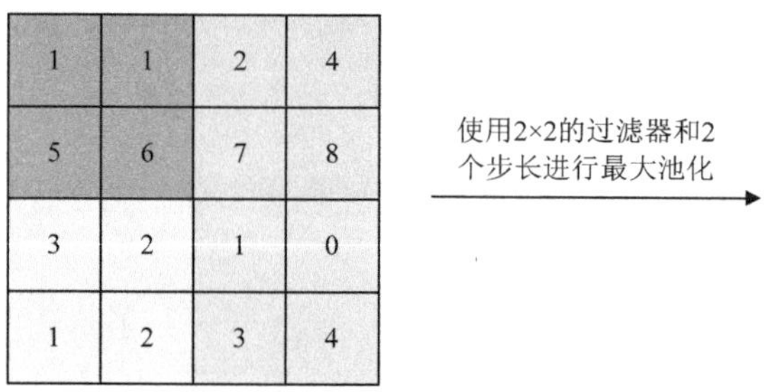

图 6.6（彩图）

图 6.6 最大池化层操作示例图

很多神经网络中的池化层滤波器大小为 2×2，步长（stride）为 2。经过这样一个池化层，特征图的尺寸大小会变为原来的 1/2，参数量降为原来的半数，同样特征图尺寸的减少，可以理解为丢弃了次要特征，保留了主要特征，很多实验也证明了池化层对图像特征提取具有重要影响。当然，次要特征的丢弃也有坏处，在目标检测或者图像分割这类需要精细边界空间信息的任务中，这会影响最后的效果。

3. 反向传播算法

反向传播（BP）算法，又称为误差反向传播算法，是迄今最成功的神经网络学习算法。BP 算法是神经网络进行参数训练的主要途径。概括来说，在神经网络最后得到本次计算的损失值后，损失通过链式法则从最后一层反向传播到前面神经网络层的神经元，以此完成对神经元参数的修改。

以图 6.7 所示的简单神经网络为例，该网络共有三层，第一层为输入层，x_1、x_2 为输入变量，b_1 为第一层的偏置；第二层为隐藏层，h_1、h_2 为隐藏层神经元，b_2 为第二层的偏置；第三层为输出层，包括 o_1 和 o_2 两个输出，默认激活函数为 Sigmoid，其中 ω_{i1}、$\omega_{i2}(i=1,2,3,4)$ 为权重参数。

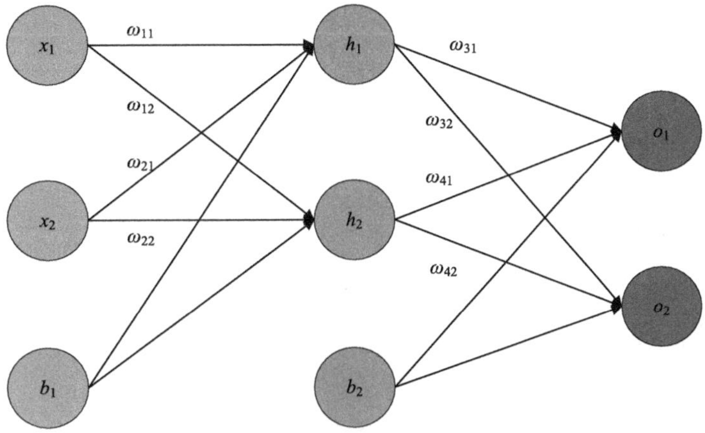

图 6.7 简单神经网络

神经网络在运行时首先要进行前向传播过程，当获得输入 x_1 和 x_2 时，隐藏层单元 h_1 的计算公式为

$$h_{1_{in}} = \omega_{11} * x_1 + \omega_{21} * x_2 + b_1 * 1 \tag{6-4}$$

同理也能获得 h_2 神经元的输入值，当隐藏层神经元获得输入值时，输入值会通过激活函数得到这个神经元的输出值，即

$$h_{1_{out}} = \mathrm{Sigmoid}(h_{1_{in}}) \tag{6-5}$$

从隐藏层到输出层的计算过程与从输入层到隐藏层的计算过程基本一致，输出层 o_1 的输入值为

$$o_{1_{in}} = \omega_{31} * h_{1_{out}} + \omega_{41} * h_{2_{out}} + b_2 * 1 \tag{6-6}$$

输出单元 o_1 最后的输出值为

$$o_{1_{out}} = \mathrm{Sigmoid}\left(o_{1_{in}}\right) \tag{6-7}$$

同理，输出单元 o_2 也通过这种计算获得结果。至此，神经网络的前向传播过程完成，获得了两个输出值，之后开始进行反向传播。

在开始反向传播之前，需要根据损失函数计算整个神经网络本次计算的损失值，假设损失函数为平方差函数：

$$E_{\text{total}} = \sum \frac{1}{2}\left(\text{target} - \text{output}\right)^2 \tag{6-8}$$

式中，target 为正确值；output 为式（6-7）计算的输出值。损失函数值的大小表示神经网络的计算结果与正确结果的差距。得到这次损失值后，就要根据 BP 算法计算每一个权值参数对整体误差的影响。以 ω_{31} 为例，使用链式法则得到以下求导公式：

$$\frac{\partial E_{\text{total}}}{\partial \omega_{31}}=\frac{\partial E_{\text{total}}}{\partial o_{1_{\text{out}}}}*\frac{\partial o_{1_{\text{out}}}}{\partial o_{1_{\text{in}}}}*\frac{\partial o_{1_{\text{in}}}}{\partial \omega_{31}} \tag{6-9}$$

通过计算损失函数对权值参数的偏导数，将损失函数值对权值参数的影响转化为几个简单导数的乘积。然后，根据梯度的值，通过梯度下降法对权值参数进行调整，以最小化损失函数。经过一次反向传播之后的参数 ω_{31} 的值为

$$\omega_{31}{}^{*}=\omega_{31}-\eta^{*}\frac{\partial E_{\text{total}}}{\partial \omega_{31}} \tag{6-10}$$

上述描述是反向传播的整个过程，当然实际的深度神经网络更加复杂，但是原理是一样的。深度神经网络的参数调整都是通过反向传播进行的。

4. 梯度下降

梯度下降是深度学习网络模型训练的一种策略。梯度下降是最常用的一种参数学习方式，顾名思义就是使损失按照变量梯度方向进行变化，这样的变化是最快速的。

以下面的线性模型函数为例：

$$h_\theta x=\boldsymbol{\theta}^{\mathrm{T}}\boldsymbol{X} \tag{6-11}$$

式中，$\boldsymbol{\theta}^{\mathrm{T}}$ 为权重矩阵；$\boldsymbol{X}$ 为输入向量；$h_\theta x$ 为输出值。最后的模型损失为

$$J(\theta)=\frac{1}{2}\sum_{i=1}^{n}\left(h_\theta\left(x^{(i)}\right)-y^{(i)}\right)^2 \tag{6-12}$$

式中，n 为样本个数；$y^{(i)}$ 为第 i 个样本的真值；$J(\theta)$ 为整个模型的平方差损失函数。在得到最后的损失值后，模型为了使损失值 $J(\theta)$ 最小，正常的做法是求 $J(\theta)$ 对变量 $\boldsymbol{\theta}^{\mathrm{T}}$ 的导数，然后按照一定的学习率进行调整。

在深度学习中，因为样本数量巨大，再使用全体样本进行梯度下降几乎不可能实现，因此就出现了不使用全体样本而只使用其中一个样本或一部分样本的梯度下降算法。

使用一个样本来进行梯度下降训练的算法，称为随机梯度下降算法。该算法训练速度很快，但是因为只用一个样本，不具有整体性，一次训练可能并不是朝着整体样本最优的方向进行变化。

使用一部分样本的算法通常称为小批量梯度下降算法，是批量梯度下降算法和随机梯度下降算法的折中，在每次计算时使用较少样本进行梯度下降。

5. 学习率衰减

学习率衰减是指神经网络训练过程中的学习率随着迭代次数增加而减小，目的是使参数学习成功达到最优值。假如学习率在训练过程中不改变，那么当学习率过小时，学习过程会极为缓慢，神经网络到达最优点的时间会非常长；当学习率很大时，学习过程中的参数可能又会因此变化很大而错过最优值，无法找到最优点，如图 6.8 所示。

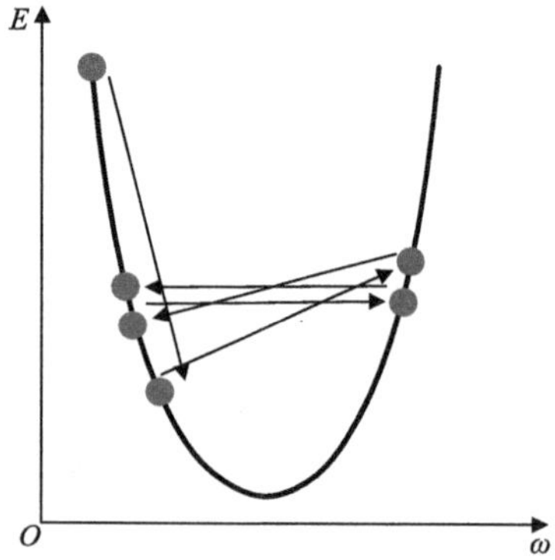

图 6.8 学习率过大时的学习曲线

6. 随机失活（Dropout）

深度学习的神经网络因为其强大的函数拟合能力容易导致过拟合问题。研究者们为了解决过拟合问题提出了很多方法，Dropout[6-7]就是其中之一。

Dropout 的做法是在每个神经元参与作用时以一个恒定的概率“死掉”，不参与其他神经元的作用过程。如图 6.9（a）所示，在不使用 Dropout 的标准神经网络中，中间一层的每个神经元都需要接收上一层每一个神经元的信息，神经元之间的联系紧密复杂。如图 6.9（b）所示，使用 Dropout 后，神经元只能与经过概率筛选后的特定神经元进行联系，哪个神经元处于激活状态每一次迭代都是完全随机的，相当于弱化了神经元节点间的联合适应性，既减少了运算量，又提高了模型的泛化能力。

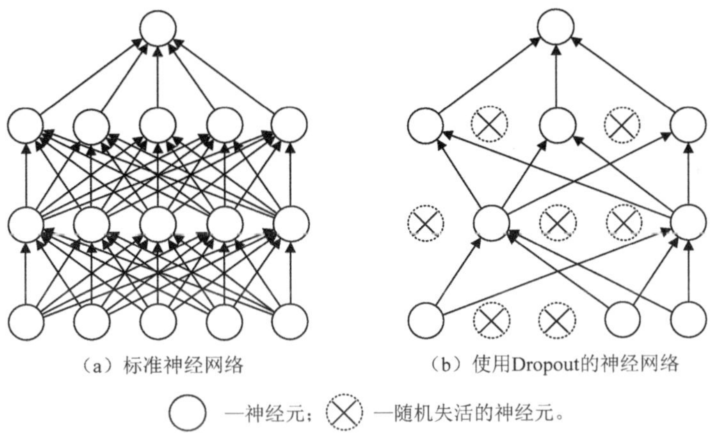

图 6.9　不使用 Dropout 与使用 Dropout 的标准神经网络节点示意图[7]

6.2.2　伤损检测

当前表面伤损视觉检测技术主要分为两大类：基于传统方法的视觉检测技术与基于深度学习方法的视觉检测技术，如图 6.10 所示。基于传统算法的视觉检测技术虽有一定成效，但在复杂多变的工业环境中，其局限性日益突显。深度学习技术的兴起则为表面伤损检测带来了革命性的进步，不仅显著提高了检测的准确率与鲁棒性，还极大地扩展了应用范围。

基于传统方法的视觉检测技术建立在计算机视觉与图像处理技术的基础之上，核心是特征提取与匹配。它依赖学习一个正常图像的模型，并在检测阶段通过对比待检图像与已学习模型之间的相似度来进行伤损检测。这类算法通常包含以下几个步骤：预处理（如去噪、灰度化）、特征提取（如边缘检测、纹理分析）、分类或分割及决策制定。它需要通过人工设计伤损的特征描述，因此适用于简单规则的工业场景，但它难以准确地描述伤损。同时，这类算法还需要设计多组伤损模板，只能描述种类有限的伤损，无法探测新型伤损。因此，当面对复杂无规则的数据时，基于传统方法的视觉检测技术面临挑战，需要复杂的后处理过程。该类方法的主要优势在于计算资源需求较低，易于理解和实现，尤其适用于规则性强、伤损类型明确的场景。

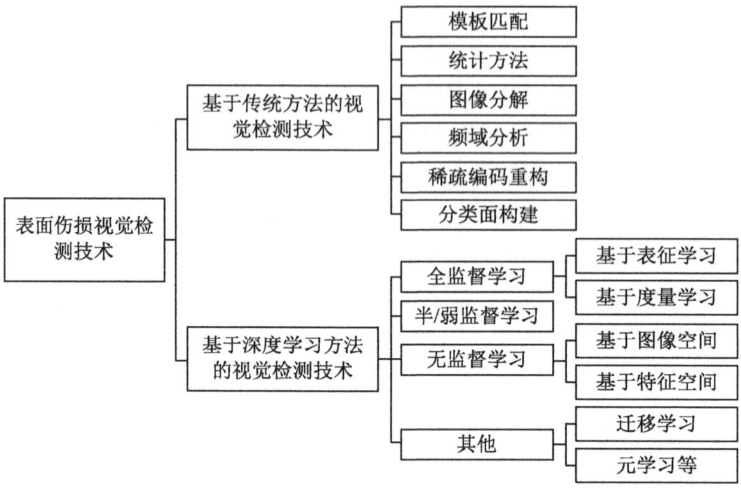

图 6.10 表面伤损视觉检测技术总览[8-9]

相比之下，基于深度学习的视觉检测技术以其自动特征学习、强大的数据建模能力和优异的泛化性能，在表面伤损检测领域展现出巨大潜力。以下是几种主要的基于深度学习方法的视觉检测技术。

1）全监督学习

全监督学习通常将伤损检测问题看作计算机视觉中的分类任务，主要分为基于表征学习和基于度量学习两种。

基于表征学习：利用深度神经网络（如 CNN）学习从原始图像到高级特征的映射，进而进行分类或分割。具体应用包括图像级别的多分类、对象检测及语义分割。基于分类网络如 VGG [3]、ResNet [5]可直接对整个图像进行分类；基于检测网络如 Faster R-CNN [10]、YOLO [11]可定位并分类图像中的伤损区域；基于分割网络如 U-Net [12]、DeepLab [13]则可更精细地划分像素级伤损区域。这类方法虽然精度高，但是对大量高质量标注数据的需求成为其主要瓶颈。

基于度量学习：通过 Siamese [14]网络或 Triplet [15]网络学习输入数据的相似度度量，适用于伤损分类。这类方法能够直接比较图像之间的相似性，减少对标签的依赖，但在复杂场景下易受噪声干扰，且训练成本较高。

2）半/弱监督学习

半/弱监督学习主要利用少量的标记（或图像级标记）数据和大量的无标记数据进行训练，以提高模型的检测性能和泛化能力。

面对标注数据稀缺的现实挑战，半监督和弱监督学习方法利用未标注或部分标注数据进行训练，通过一致性正则化、聚类等策略提升模型的泛化能力。例如，利用均值教师（mean-teacher）[16]、伪标签（pseudo-labeling）[17]等技巧，可在仅有少量标签的情况下训练出高性能模型。然而，这些方法的性能高度依赖无监督部分数据的质量与模型初始化，且在伤损定位与分割任务上的探索尚不充分。

3）无监督学习

无监督学习通常只使用正常样本进行训练，使其具备强大的正常样本分布的重建和判别能力。它应用自编码器（autoencoder，AE）[18-19]、变分自编码器（variational autoencoder，VAE）[20]和生成对抗网络（GAN）[21]等模型，基于正常样本进行训练，学习正常数据的分布。依据其处理空间的不同，可分为基于图像空间和基于特征空间两种。

基于图像空间的方法常利用网络实现样本重构，通过对输入的正常图像进行编解码，并以重构输入为目标训练神经网络来学习正常图像的分布模式，然后在检测阶段通过分析重构前后图像之间的差异进行伤损检测。基于特征空间的方法则通过在特征空间中对比正常样本与伤损样本特征分布之间的差异来进行伤损检测，当特征之间的差异高于某个值时，判定为伤损。

在 AE 框架中，输入图像经过编码器压缩后，再由解码器重构，通过比较重构误差来识别异常。GAN 则通过生成与真实数据难以区分的样本，辅助学习正常与异常模式的边界。尽管无监督学习减轻了对标注数据的依赖，但是其在复杂、多变的工业环境中的表现仍面临挑战，尤其是在如何有效区分细微或新颖的伤损等方面。

4）其他方法

迁移学习利用预训练模型在新任务上的微调，加速模型收敛并提升检测性能，适用于解决小样本问题。

元学习通过学习如何快速学习，使模型能在有限的几轮迭代内适应新任务，特别适用于快速适应新的生产线或产品类型。

伤损检测任务在实际场景中常存在负样本量缺乏、样本不平衡等问题，而深度学习网络由于参数较多，直接采用小样本数据训练网络很容易导致过拟合，因此，常使用数据增强或迁移学习等解决样本匮乏的问题。数据增强包括数据增广、数据合成和数据生成等，用于扩充样本数量。迁移学习则是将其从相近领域中学到的知识用于目标领域的问题求解，以解决目标领域标记样本少的问题，其理论基础在于不同任务间存在某种程度相似性的假设，使得已学习到的知识能够在新任务中得到重用，进而提高新任务的训练效果。

6.2.3　迁移学习

迁移学习（transfer learning）[22-23]作为一种促进机器学习模型跨领域应用的核心技术，近年来在人工智能领域内引起了广泛的关注与研究热潮。它不仅极大地拓宽了机器学习的应用边界，还为解决数据稀缺、标注成本高昂等问题提供了创新路径。

自 2013 年起，国内外研究学者逐渐使用深度神经网络进行迁移学习，从而自动提取特征，同时满足端到端（end-to-end）的应用需求。2018 年起，迁移学习开始在表面伤损检测领域受到研究人员的关注，相关研究者采用 ImageNet 作为预训练模型，通过迁移预训练模型中的知识到检测任务，降低模型对大规模训练数据的依赖。

迁移学习的核心在于知识的迁移与复用，即如何将从某一任务或领域（源域）学到的知识有效地应用于另一相关但不同的任务或领域（目标域）。这一过程不仅限于模型参数的直接复用，更涵盖了特征表示、学习策略等多维度的知识转移。其基本理念在于，尽管具体任务可能千差万别，但是底层的抽象知识和特征往往具有跨领域的通用性。当目标域的数据稀缺或难以获取时，迁移学习能显著降低对大量标注数据的依赖，加速模型训练，提升模型在新任务上的性能和泛化能力。

在迁移学习中，“领域”指的是数据的来源环境，包括数据的特征分布、采集条件等，其中源域富含可供迁移的知识与充足的标注数据，而目标域旨在引入此先验知识以克服自身数据限制；“任务”则是指学习的具体目标，如分类、回归等。领域适应性和任务的相关性是迁移成功与否的关键。源域与目标域之间的差异性，即领域偏移，是迁移学习首先要解决的问题。

迁移学习按照目标域数据的标注情况可分为全监督迁移学习、半监督迁移学习和无监督迁移学习。全监督迁移学习假设目标域有一定量的标注数据；半监督迁移学习利用少量目标域的标注数据结合大量无标注数据进行学习；无监督迁移学习则完全依赖于无标注数据，挑战更大。根据学习策略的不同，迁移学习又可细分为基于样本的迁移、基于特征的迁移、基于参数的迁移和基于关系的迁移。这些算法各有侧重，分别通过调整样本权重、转换特征空间、共享模型参数或利用源域的逻辑关系来实现知识的迁移。

迁移学习的三个研究方向如下。

领域适应（domain adaptation，DA）是迁移学习中最活跃的研究方向之一，属于基于特征的迁移学习算法，旨在减小源域与目标域之间的数据分布差异，从而使在源域学习到的模型能够更好地服务于目标域。这一过程通常涉及特征空间的变换，以使源域和目标域的数据在新的特征空间中表现出相似的分布特性。无监督领域适应因其在实际应用中面临的挑战而尤为引人注目，通过将数据映射到域不变特征空间，进而直接应用源域的分类器到无标签的目标域数据上，成为当前研究的前沿热点。

领域泛化（domain generalization，DG）的目标更为宏大，它追求从有限的、分布各异的训练领域中学习到一种模型，该模型能泛化到任何未见过的领域。这是对模型泛化能力的极限挑战，也是实现真正意义上的人工智能所必需的一步。DG 的策略多样，包括数据操作（如数据增强）、表征学习（域不变特征学习、特征解耦）及学习策略（元学习）等。

领域对齐（domain alignment）是实现有效迁移学习的基石，通过各种技术手段减少源域与目标域之间的分布差异，确保知识迁移的可行性与效率。无论是通过特征映射、统计匹配还是对抗学习等策略，领域对齐的核心目的都是在特征层面上实现源域与目标域的“语言”统一，以使模型能够跨越领域障碍，准确理解和应对新环境下的任务挑战。该技术的主要实现算法包括以下几种。

（1）最大均值差异（maximum mean discrepancy，MMD）减少。通过最小化源域与目标域特征表示的 MMD 的距离，促使两个域的特征分布趋近，是衡量和减少领域差异的经典算法。

（2）对抗性领域适应（adversarial domain adaptation）。利用生成对抗网络的思想，通过一个判别器尝试区分源域和目标域的特征，同时训练一个生成器或特征提取器欺骗判别器，使两者的特征无法被区分，以此实现特征空间的对齐。

（3）相关性对齐（correlation alignment）。通过匹配源域与目标域特征的协方差矩阵，实现二阶统计特征的对齐，减少领域间差异。

（4）子空间对齐（subspace alignment）。在低维子空间中对齐特征分布，通过线性变换最小化两域数据在子空间投影的均值向量或协方差矩阵的差异。

迁移学习通过有效复用现有知识，极大地拓展了人工智能的应用范围。领域适应、领域泛化和领域对齐等关键技术，不仅为解决数据稀缺性问题提供了有效途径，也为模型的跨领域应用奠定了理论与实践基础。

6.2.4　图像生成

图像生成式模型旨在根据给定输入生成对应图像，其中给定的输入可以是噪声、图像或者文本等信号。下面对“根据噪声生成图像”领域的对抗生成模型，以及“根据图像生成图像”领域中的风格迁移模型进行介绍。

1. 生成对抗网络

2014 年，Goodfellow[22]提出了生成对抗网络（GAN）。生成对抗网络一经提出便获得了极大的关注度。后续基于生成对抗网络的研究及应用层出不穷，是计算机视觉领域的热点。

如图 6.11 所示，生成对抗网络由一个生成器和一个判别器组成。生成器将隐空间中随机采样的向量映射到图像空间，生成对应图像数据。判别器则试图判别输入图像是否为真实图像。生成器的目标是生成让判别器难辨真伪的逼真数据，而判别器的目标是识别图像的真伪，两者互作对抗博弈，相互迭代优化，最终优化出能够生成高质量图像的生成式模型。

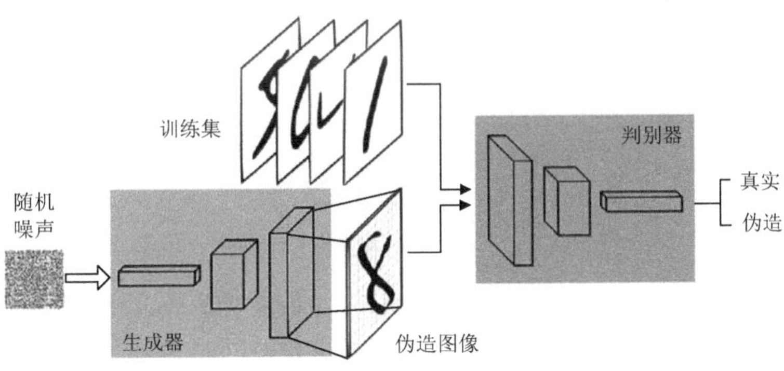

图 6.11　生成对抗网络[22]

具体而言，给定一个随机噪声向量 z、一个生成器 G 和一个目标图像数据集 X，生成器的输出为 $G(z)$。如何约束输出，评估输出是否相似于 X 是生成器的一个问题，即计算 $P(G(z))$，$z \in \mathbb{R}^N$。生成对抗网络直接使用另一个神经网络 D 作为判别器，度量生成图像的逼真程度 $D(G(z))$。生成对抗网络的优化目标函数如下：

$$\min_G \max_D L(G,D) = \mathbb{E}_{x\sim P_{\text{data}}(x)}\left[\log D(x)\right] + \mathbb{E}_{z\sim P_z(z)}\left[\log\left(1-D\left(G(z)\right)\right)\right] \tag{6-13}$$

式中，$P_{\text{data}}(x)$表示真实数据分布；$P_z(z)$表示噪声分布。

判别器 D 的目标是将生成图像和真实图像区分开，即优化函数 $\max_D L(G,D)$。生成

器 G 生成更不容易被判别器区分的图像，优化函数 $\max\limits_{G} L(G,D)$。判别器和生成器如此交替迭代，最终实现高质量的图像生成。

生成对抗网络的出现引发了巨大关注，许多工作紧跟其后[24-26]，极大地推动了图像生成式模型的发展。同时，这种对抗的博弈思想也给其他研究者带来了启发，生成对抗网络被应用于许多其他领域，如图像超分辨率[27]、异常检测[28]、域适应任务[29]等。

2. 风格迁移模型

风格迁移指的是两个不同风格域中图像的转化，在保留原始图像内容的同时，将图像转化为指定的图像风格。

经典的风格迁移算法[30-31]将风格当作图像特征之间的关系。如图 6.12 所示，自适应实例标准化（adaptive instance normalization，AdaIN）算法通过预训练好的编码器 VGG 网络进行图像特征的提取，基于风格图像特征统计量（均值、方差）指导生成图像特征分布进行变换，以此实现风格的改变，对应的 AdaIN 公式为

$$\mathrm{AdaIN}(x,y)=\sigma(y)\left(\frac{x-\mu(x)}{\sigma(x)}\right)+\mu(y) \tag{6-14}$$

式中，x 表示内容图像的特征；y 表示风格图像的特征；σ 表示均值；μ 表示标准差。

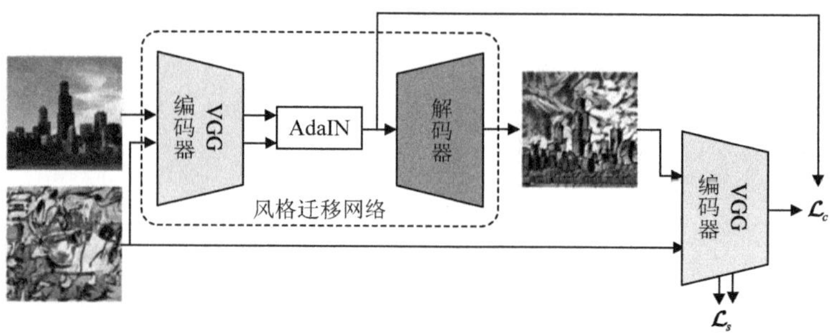

$\mathcal{L}_c$：内容损失函数，确保生成图像保留内容图像的主要结构；$\mathcal{L}_s$：风格损失函数，确保生成图像具有风格图像的风格特征。

图 6.12 AdaIN 风格迁移示意图[30]

如图 6.13 所示，CycleGAN 模型基于生成对抗网络的思路，使用判别器对生成结果进行评估，鼓励模型生成更加符合目标域风格的图像。同时为了保障生成图像内容与原

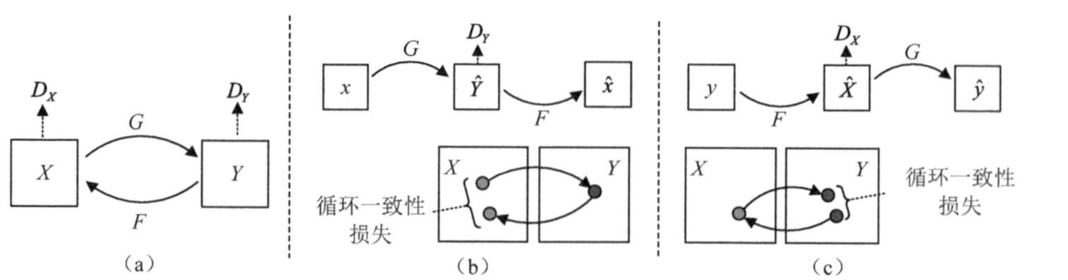

X：源域；Y：目标域；F、G：两个生成器；D_X、D_Y：两个判别器；$\hat{x}$：表示内容图像的特征提取；$\hat{y}$：表示风格图像的特征提取；$\hat{X}$、$\hat{Y}$：表示生成器生成的图像。

图 6.13 CycleGAN 模型结构[32]

图像的一致性，对生成图像进行了重构，将其映射回原本的图像风格。借助生成对抗网络，此类无监督风格迁移算法可以实现更好的效果。

6.2.5　三维建模

三维模型指的是物体三维多边形表示，通常按照虚拟的电子数据方式存储在计算机中，用于展示物体的几何特征及视觉表征。三维模型通常使用专门的三维建模软件生成，当前常见的三维建模软件有 Solidworks、3ds Max、Blender 等，分别适应不同领域的需求，各有优劣。三维模型的几何构成依赖点、线、面等基础元素，必要时也可使用纹理材质信息对模型表面进行覆盖，使得模型看起来更加细致及真实。

三维模型更加有利于物理形态及视觉表征的重现，如今三维模型已广泛应用于各行各业。在医疗领域，三维模型用来制作各种精准的器官模型；在电影行业，它被用于制作人物和场景等；在电子游戏行业，它被用来建模虚拟世界中的各种角色人物；在建筑行业，它常用来构建建筑物等目标；工程行业则用其来进行工程结构设计。三维模型作为数字模型，人们能以较低的成本修改，以仿真观察其物理形态及视觉表征的变化情况，为实际物理世界的决策提供指导。在深度学习领域，Sankaranarayanan 等[33]使用了 SYNTHIA 模拟数据集辅助现实世界的分割模型训练，Ho 等[34]使用虚拟仿真环境进行了机器人视觉检测模型的训练。

6.3　基于数字孪生的模拟数据生成

在实际场景中，钢轨表面伤损数据的获取并不是一件容易的事。对于稳定运行的铁路系统而言，异常数据的产生是小概率事件，数量极少。钢轨伤损的发生更是在时空上具有稀疏性，呈现不规律、不连续分布。在时间上，系统可能要经过一定的运营时间才会产生伤损；在空间上，可能几千米才会出现一处伤损。另外，伤损区域在所采集到的图像信息中仅占极小的一部分。因此，钢轨伤损检测任务存在负样本数量严重不足、正负样本数量不均衡等问题，难以获得足量的实际钢轨伤损图像来训练一个鲁棒的神经网络模型。基于这些原因，本节应用钢轨三维模型生成虚拟伤损数据替代真实伤损图像训练神经网络模型。

根据钢轨表面伤损特点，本节研究了一套钢轨表面伤损模拟数据生成方案[35]。如图 6.14 所示，其包括以下 5 个步骤：钢轨数字孪生 3D 模型建模、伤损钢轨 3D 模型获取、伤损钢轨 3D 模型扩充、伤损钢轨 3D 模型表面图像获取及伤损钢轨 3D 模型伤损位置信息自动提取。通过该方案，可以快速生成批量有标注的虚拟伤损数据，并通过实验验证了该系统所生成的模拟数据在钢轨表面伤损检测任务中的有效性，也证明了使用模拟数据替代真实数据进行模型训练这条思路的可行性。

6.3.1　模拟数据生成系统

为了快速生成批量有标注的虚拟伤损数据，模拟数据生成系统需要满足以下要求。

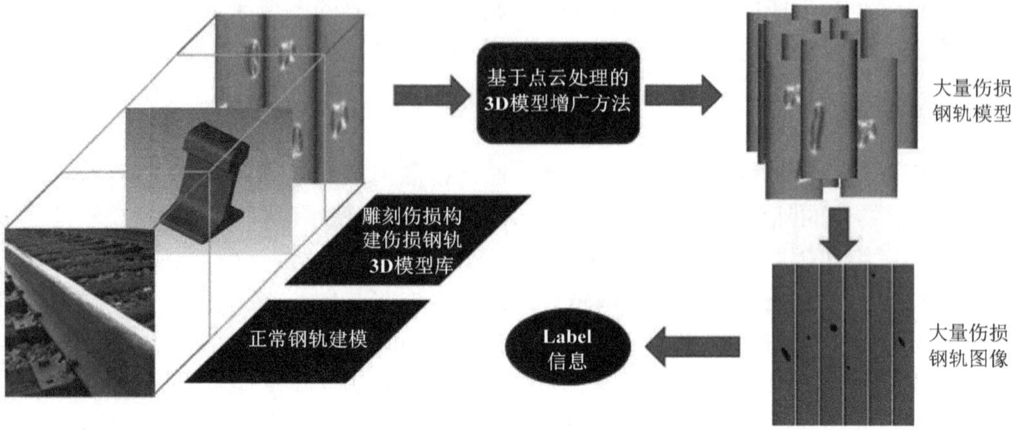

图 6.14　钢轨表面伤损模拟数据生成系统概览

（1）生成数据可控。所生成的钢轨伤损类型固定，避免生成无效负样本影响训练结果。同时，针对固定的伤损类型有一定的随机性，可满足多样性的要求，使得训练的模型有更高的鲁棒性。

（2）自动化程度高。神经网络的训练结果往往与数据的数量呈正相关关系，为保证模拟数据生成系统的实际应用意义，系统需要具有高度自动化生成能力，以在少量人工参与，甚至无须人工参与的情况下生成海量数据。

（3）可自动标注。数据标注是神经网络训练的重要挑战，海量数据需要消耗难以想象的人力资源来进行标注，以获取每个样本对应的标签。目前，有监督学习的效果仍普遍高于无监督学习，而有监督学习的关键就在于海量有标签数据，因此，系统需要具备自动获取数据标签信息的能力，以直接生成带标签的虚拟伤损数据。

为了实现上述功能，本节考虑通过构建不同伤损类型的钢轨 3D 模型来实现不同伤损类型的伤损图像数据生成。钢轨数字孪生 3D 模型的获取主要有两种方式：一种是直接利用 3D 建模工具构造，这种方式复用性差，每一个带伤损的钢轨 3D 模型都需要重新构建；另一种方式是先利用 3D 建模工具根据真实的钢轨特点设计无伤损的正常钢轨模型，然后采用模型雕刻工具在正常钢轨模型上雕刻规定类型的伤损。这种方式相比第一种方式方便快捷，然而想要生成大量带伤损的钢轨 3D 模型仍不够。因此，本节提出基于点云处理的伤损钢轨 3D 模型扩展方案。

更具体地，首先采用第二种方式构造少量伤损钢轨 3D 模型，并将这些 3D 模型作为模型仓库；然后通过点云变换来对模型仓库中的伤损钢轨 3D 模型进行扩增，从而达到可以生成“无限”所需伤损样本的目的。

6.3.2　病害钢轨数字孪生 3D 模型

伤损钢轨 3D 模型库的构建：首先使用三维建模软件 Solidworks 对标准钢轨进行建模，然后导入 3D 扫描分析软件 Wrap，并在正常钢轨 3D 模型上面进行雕刻，模拟生成具有各种类型伤损信息的特殊表面钢轨模型。Wrap 软件可以生成掉块和擦伤等典型伤损。擦伤和掉块的真实图像和 3D 模型展示如图 6.15 和图 6.16 所示。

图 6.15　钢轨擦伤真实图像和 3D 模型

图 6.16　钢轨掉块真实图像和 3D 模型

钢轨表面伤损检测更关注轨头的状态，而对轨腰状态关注较少。因此，为了加快 3D 模型处理的速度，可切除钢轨 3D 模型的轨腰部分。同时，为了实现伤损钢轨 3D 模型的快速扩充，可将 3D 模型点云化，如图 6.17 所示。操作钢轨点云数据就可以获取大量伤损钢轨 3D 模型了。

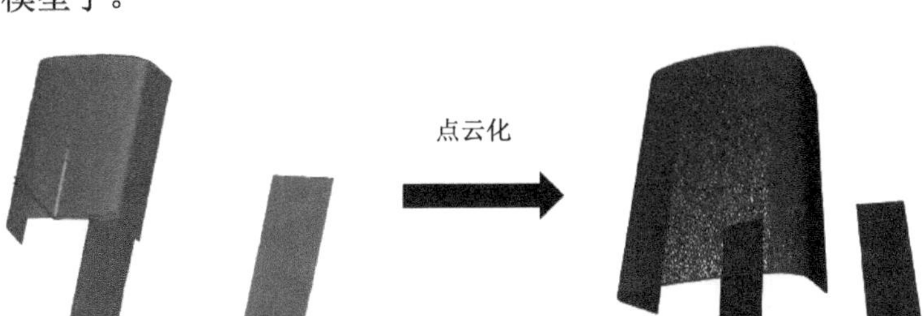

图 6.17　3D 模型点云化示意图

基于点云处理的钢轨 3D 模型增广的思路如图 6.18 所示。

增广方案整体流程如下。

（1）样本抽取。随机从伤损钢轨 3D 模型库中抽取一个样本。

（2）点云转换。通过 Open3D 三维数据处理库将正常钢轨 3D 模型以及所抽取的伤损钢轨 3D 模型转化为点云。

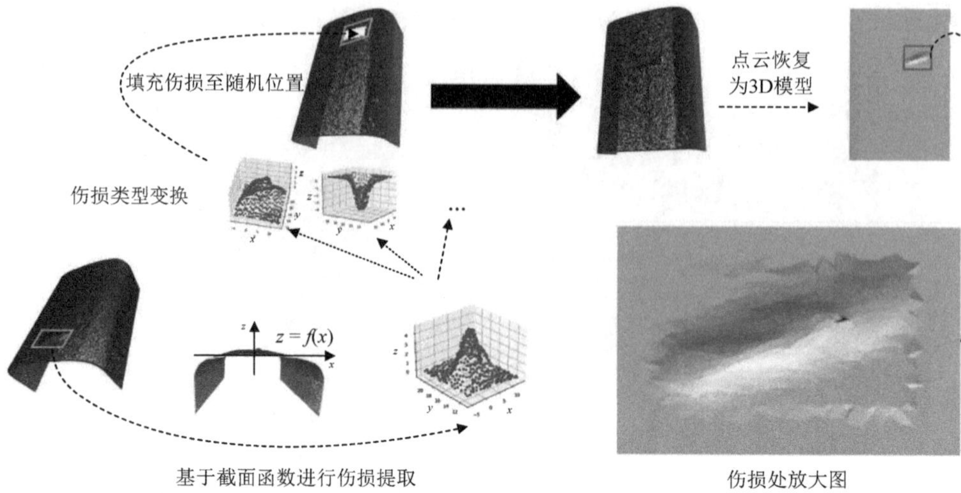

图 6.18 基于点云处理的伤损钢轨 3D 模型增广

（3）伤损点云确定。因为伤损点云不符合正常钢轨 3D 模型截面函数 $z=f(x)$，可以据此来判定伤损点云。

（4）伤损点云提取。计算包围伤损点云的最小方形包围框。为了增强鲁棒性，本节在最小方形框外侧添加了 5 mm，使边框略大于伤损；然后，提取方形框内的点云信息。

（5）伤损类型变换增广。对于方形框内的伤损点云，改变 x 坐标、y 坐标可实现伤损的形态变化；改变 z 坐标可使伤损的深度发生变化；同比例的增大或者缩小三个坐标则可以影响伤损的大小。因此，通过改变点云 x、y、z 坐标即可扩增伤损样本。同时，改变伤损点云偏移位置也可以增广伤损样本。

（6）伤损钢轨点云文件扩充。伤损点云进行变换增广之后，将其填入正常钢轨点云之中，就可得到一个新的伤损钢轨点云文件。

（7）伤损钢轨 3D 模型扩充。通过 Open3D 将新的伤损钢轨点云文件转化为钢轨 3D 模型，以便后续表面图像的采集。

通过实验发现，上述流程生成的伤损钢轨模型仍存在一定不足，即新生成模型的伤损与周边存在严重的过渡不自然问题（称为“锯齿问题”），如图 6.18 右下角伤损处放大图所示。

“锯齿问题”与钢轨曲率关系密切，如图 6.19 所示，图中曲线表示正常钢轨点云，三角形表示伤损部分的点云。由于钢轨表面存在一定的曲率，变换后伤损点云填入钢轨

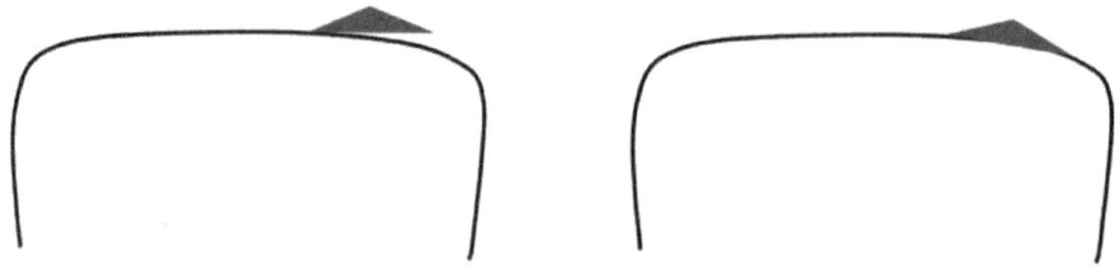

（a）锯齿问题　　（b）曲率操作后的伤损形态

图 6.19 “锯齿问题”及曲率操作后的伤损形态

随机位置时，伤损点云与正常钢轨点云之间并不能完全贴合，两者之间存在一定的间隙。这是引起“锯齿问题”的主要原因。

为了解决这个问题，本节设计反曲率对偶操作。曲率操作是指将提取到的伤损点云添加到填入位置的曲率信息。曲率操作对点进行处理，可以将伤损点云对齐到钢轨表面，如图 6.19 所示。曲率操作后钢轨 3D 模型伤损形态如图 6.19（b）所示，“锯齿问题”得到了一定的改善，但仍有部分区域存在锯齿现象。经过分析发现，提取伤损点云不可能都如图 6.19（a）中所示的那样：底部是平滑的。其本身也拥有提取位置的曲率信息，实际上它的表现形式可能如图 6.20（a）所示。因此，采取反曲率操作，即在将提取的伤损点云填入其他位置之前，消除伤损点云在提取位置的曲率信息，如图 6.20（b）所示。反曲率操作和曲率操作解决了生成钢轨模型时存在的“锯齿问题”，使生成的钢轨模型更加逼真，最终结果如图 6.21 所示。

（a）锯齿　　（b）反曲率操作

图 6.20　反曲率操作示意图

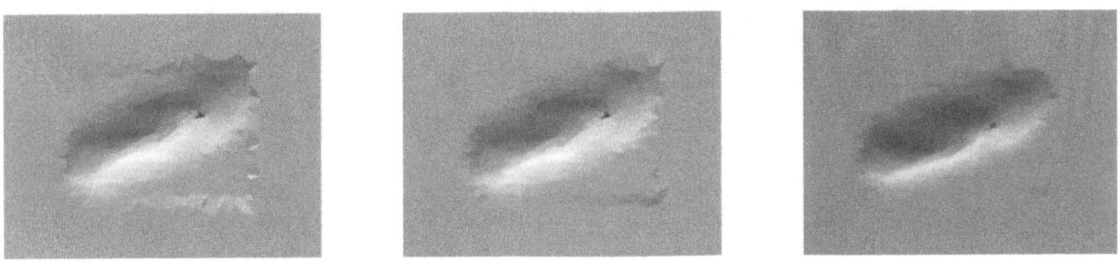

（a）伤损　　（b）曲率操作效果　　（c）反曲率操作效果

图 6.21　曲率和反曲率操作效果示意图

6.3.3　3D 模型表面伤损图像采集

为了实现对 3D 钢轨模型的表面图像采集，本节设计开发可批量对 3D 钢轨模型进行渲染采图的工具，如图 6.22 所示，该工具包括以下功能。

（1）调整输出钢轨图片的大小。可通过设置“输出钢轨图片大小”参数以对不同长短、大小的钢轨 3D 模型进行表面图像采集，避免出现采集不全的情况。

（2）可以选择 3D 模型文件对单个钢轨进行表面图像采集，也可以选择文件夹对整个目录下的钢轨进行表面图像采集。

（3）可以对错误添加的钢轨 3D 模型进行单个移除和批量移除。

（4）采集出现错误的钢轨模型会出现在“3D 钢轨模型格式错误列表”中，以对图像进行后期处理分析。

（5）生成图像的文件名和 3D 钢轨模型文件名须保持一致，以方便后期的标签自动提取操作。

当对同一批模型进行钢轨表面采集时，所设定的虚拟相机的视角、高度和位置都是一致的。因此，在同一批模型所采集的图像中，钢轨的位置和大小相同。

任选一张图像，可通过其确定轨面区域的左上角距图片左上角的绝对距离 d_1 和 d_2，图片的宽、高分别为 w_2 和 h_2，轨面在图片中的绝对宽、高分别为 w_1 和 h_1，如图 6.23 所示。

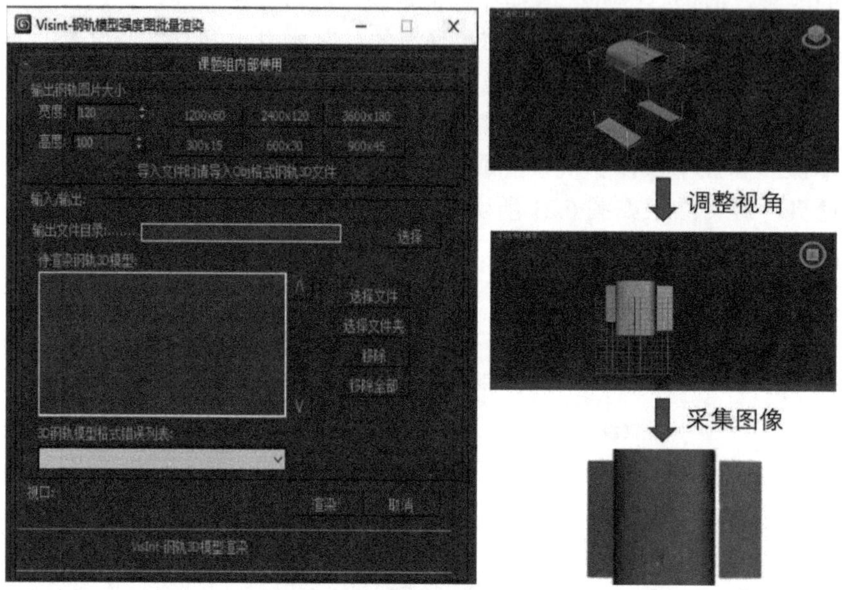

图 6.22　钢轨 3D 模型表面图像采集软件示意图

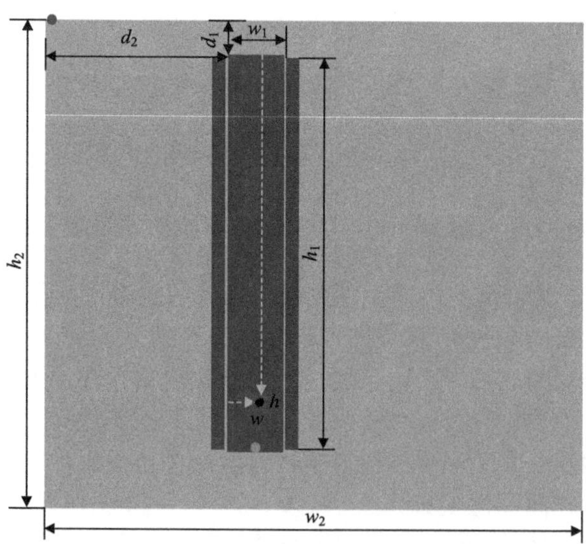

图 6.23　标签自动提取示意图

由于伤损钢轨生成的伤损信息是自定义的，因此，伤损的宽、高所占轨面的比例α、β和伤损中心距轨面左上角的相对位置坐标 w、h 等信息已知（可在点云处理阶段同步

获取）。根据上述条件，伤损在图片中的相对位置 X、Y，伤损相对图片的宽高比例 W、H 分别为

$$X=\frac{\alpha w_1+d_2}{w_2} \tag{6-15}$$

$$Y=\frac{\beta h_1+d_1}{h_2} \tag{6-16}$$

$$W=\frac{ww_1}{w_2} \tag{6-17}$$

$$H=\frac{hh_1}{h_2} \tag{6-18}$$

6.3.4　实验结果与分析

为了验证所提出的基于模拟数据训练神经网络的有效性，本节采用多个神经网络模型基于模拟数据进行足量的训练，并分析实验结果。

1. 数据集

本次实验共使用 883 张线阵相机采集的高精度图像，包含 143 张伤损钢轨表面图像和 740 张正常的钢轨表面图像，其中 143 张伤损钢轨表面图像中共包含离散型伤损 176 个。同时，基于模拟数据生成系统获得 757 张仿真图像。

2. 实验设置

本次实验选择 3 个目标检测网络模型来验证模拟数据的有效性，分别是 YOLOv3[36]、SSD[37]和 YOLOv5[38]。其中，YOLOv3 模型使用 Darknet-53 网络架构标准 YOLOv3 版本，使用 Adam 优化器来进行网络训练，其两个关键参数β_1和β_2分别设置为 0.9 和 0.99，学习率设置为 0.001，BatchSize（每一批训练的图像数）设为 8。SSD 检测网络使用 VGG16，优化器采用 SGD 算法，其中初始学习率设置为 0.00001，Momentum（动量参数）设置为 0.9，梯度衰减参数设置为 5×10^{-4}，BatchSize 设置为 24。YOLOv5 检测模型所使用的参数与文献[38]保持一致。

同时，为了比较基于模拟数据训练的神经网络的效果，本节选用三种传统图像检测算法进行对比：LN+DLBP[39]、MLC+PEME[40]和 CTFM[41]。其中，LN+DLBP 算法的 dp 参数设置为 0.3。在 MLC+PEME 算法中，控制参数γ设置为 3。在 CTFM 算法中，三个参数 w_1、w_2、w_3 分别设置为 0.7、0.6 和 1.7。

3. 实验分析

实验结果如图 6.24 所示。其中，图 6.24（f）和图 6.24（g）是同一张图像分别通过模拟数据训练好的 YOLOv3 网络检测和基础 YOLOv3 网络检测的结果（基础 YOLOv3 网络指预训练的原始网络），显然前者表现更好。从图 6.24（a）～图 6.24（c）可以看出，基于模拟数据训练的模型可以有效检测出钢轨表面伤损的位置，证明了模拟数据是

有效的，基于模拟数据的训练算法也是有效的。但是，在检测过程中也出现了一些其他问题。例如，图 6.24（d）和图 6.24（e）中出现了检测框重叠，未能过滤掉不完美的重叠预测框，在图 6.24（f）中出现了误检的情况。

为了证明模拟数据生成系统的价值，对比其他传统算法的实验结果。实验结果如表 6.1 所示。由表可知，YOLOv5 网络基于模拟数据训练后，其精确率达到 0.833，远远超出三种传统算法。在召回率方面，YOLOv5 网络也超过了 LN+DLBP 算法。考虑综合指标 F1 值（F），YOLOv5 对比 3 种传统算法的优势也很明显。这个结果有力证明了模拟数据生成系统生成的数据可以用于神经网络的训练，并且获得了超过传统算法的检测性能。

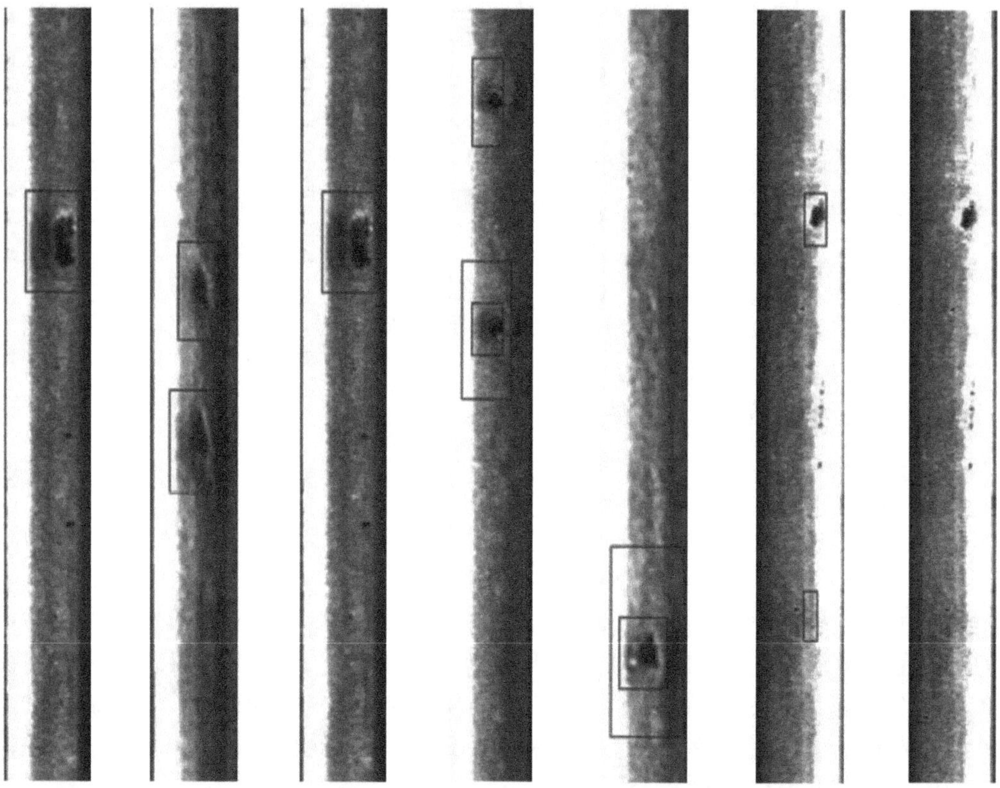

（a）原图　（b）LN+DLBP　（c）MLC+PEME　（d）CTFM　（e）SSD　（f）YOLOv3　（g）YOLOv5

图 6.24　基于模拟数据训练网络的检测结果

表 6.1　基于模拟数据训练网络实验结果与传统算法对比

算法	正确数	误检数	漏检数	Pre	Rec	F
LN+DLBP	124	410	52	0.232	0.705	0.349
MLC+PEME	156	423	20	0.269	0.886	0.413
CTFM	158	118	18	0.572	0.898	0.699
SSD	129	100	47	0.563	0.733	0.637
YOLOv3	91	159	85	0.364	0.517	0.427
YOLOv5	130	26	46	0.833	0.739	0.783

6.4　基于域对齐的伤损检测算法

基于传统算法的视觉检测技术受限于人工设计特征，性能不佳。基于深度学习的视觉检测技术可以通过大量数据的训练获得更好的检测性能，但大多数深度模型依赖充足的数据来进行特征学习和参数优化。另外，视觉检测系统的冷启动问题也是一个不可避免的挑战，即视觉检测系统启动初期或者新增伤损类型检测任务时，通常难以获得足够的伤损样本，甚至没有伤损样本用以训练检测模型。

为了解决上述冷启动问题，根据实际场景需求，围绕视觉检测系统启动初期数据量不足等问题，本节提出由实到虚的钢轨表面伤损检测算法和由虚到实的钢轨表面伤损检测算法，以求在没有实际伤损样本的情况下实现较好的检测性能，突破现有基于深度学习的视觉检测技术在数据规模方面的瓶颈。

6.4.1　由实到虚的钢轨表面伤损检测算法概述

为了简化模型训练的流程，将映射器与检测器的训练进行解耦，同时为铁路系统不同路段不同视觉表征的钢轨提供统一的虚拟数字表示方法，方便可视化管理，本节提出由实到虚的钢轨表面伤损检测（realistic-to-synthetic rail defect detection，简称 R2S）算法[42-43]。

R2S 算法将实际数据映射到虚拟空间域中生成虚拟数字表示，进而使用在模拟数据上训练得到的检测器进行伤损检测。该检测流程将检测模块与映射模块的训练解耦，构建多任务学习，除了无监督风格迁移任务之外，还引入了有监督样本映射任务及伤损图像判别任务，多任务协调优化，提高对模拟数据伤损信息的利用率，提高映射模块的性能及鲁棒性，为实际场景的钢轨提供统一的虚拟数字表示。同时，基于多任务学习的框架可实现端到端的粗粒度伤损图像识别模型的训练，在冷启动情形下取得比其他算法更优异的检测结果。

如图 6.25 所示，R2S 算法包含两个神经网络 M_X和 M_Y作为域映射网络来实现虚拟图像及实际图像之间的相互映射。为了提高模型对于图像映射的能力，R2S 算法构建了一个多任务学习框架，包括全监督图像映射任务、无监督风格迁移任务及伤损图像检测任务。设定虚拟图像为 X，而实际图像为 Y。在冷启动条件下，模型仅能使用模拟数据及没有实际伤损的实际数据进行模型参数的优化。

由于在冷启动条件下缺乏实际场景的伤损样本，R2S 算法基于模拟图像和实际正常图像合成伪伤损图像 PD，以补充实际场景的伤损信息，并与模拟样本构成样本对，实现全监督图像映射任务，直接监督由实域到虚域映射函数 M_X的训练。

为了更好地引入模拟数据的伤损知识，R2S 算法使用无监督风格迁移任务，试图构建虚拟数据 X 与实际数据 Y 之间的映射关系，生成更多样的类实际数据辅助模型的训练。为了便于讨论，本节分别将实际图像 Y 及虚拟图像 X 转换之后的结果称为转换图像 TY 和 TX。为了保障生成图像及实际图像在类别上的一致性，R2S 算法框架在由实到虚映射网络 M_X 中增添了一条支路作为伤损图像识别检测头 H_{DC}，用于判断输入图像是否是伤损图像，对生成的伤损图像及伪伤损图像进行类别对齐。该伤损图像识别任务的引入也使模型具备粗粒度伤损检测能力，实现图像级别伤损检测模型端到端训练。

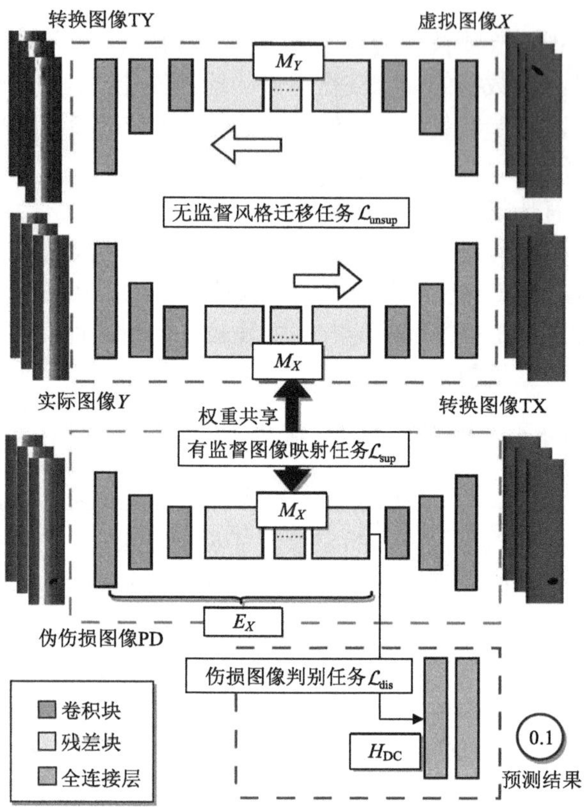

图 6.25（彩图）

图 6.25　由实到虚的钢轨表面伤损检测（R2S）框架

6.4.2　由实际伤损到虚拟伤损的域对齐

R2S 算法使用残差模型结构作为生成模型的骨干网络。如图 6.25 所示，对于由实到虚的映射网络 M_X，在残差模块之后接上两层全连接层和激活层作为伤损图像识别检测头 H_{DC}，为了方便描述，在此将检测头之前的 M_X 模型部分称为特征提取器 E_X。

在风格迁移领域，通常认为风格就是图像各个特征之间的关系[31]，改变特征之间的相关性通常就能改变其风格。样例归一化（instance normalization，IN）[43]试图对每个样例的每个通道特征都进行单独的归一化，保留各个通道像素自身独特的特征信息，在风格迁移任务取得良好的结果。

然而在当前的伤损检测任务中，具有伤损的异常图像及不具伤损的正常图像具备不同的像素分布及特征分布。如果对图像或者特征使用样例归一化，伤损样本的特征和正常样本的特征分布会变得相似，使得模型难以分辨正常和异常，失去对伤损和背景语义信息的分辨能力。伤损的有无将会影响当前样本像素值的均值及方差，同样的背景区域如果使用不同的均值和方差进行正则化，将会被映射成特征空间中的不同特征向量，导致最终推理结果不同，显然这是不合理的。对于 R2S 算法，局部的伤损信息不应该干扰模型对其他背景或者伤损区域信息的感知，而要实现这一点，需要模型将图像映射到统一的特征空间中进行推理。

批量归一化（batch normalization，BN）试图对各个样例的每个通道特征都进行归一化，然后映射到同一个特征空间中，统一语义信息。因此在 R2S 算法中，使用批量归一化来保障模型对图像信息感知的语义一致性。模型的卷积块及残差块如图 6.26 所示。

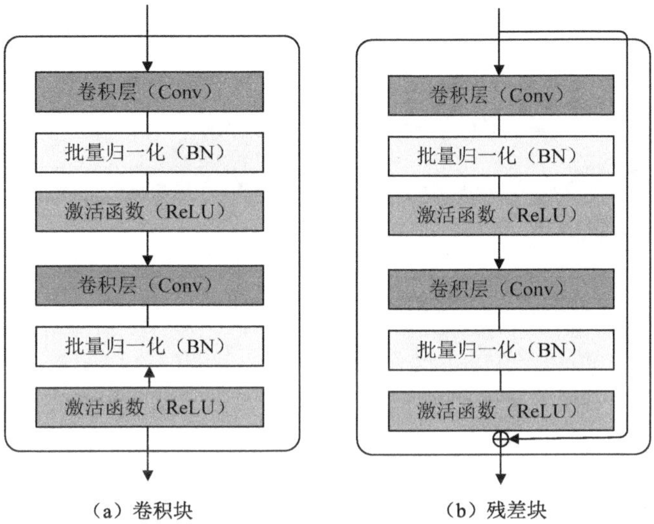

图 6.26 模型的卷积块及残差块的详细结构示意图

如图 6.27 所示，借助前文的研究工作基于数字孪生的模拟数据生成系统[35]，可生成虚拟伤损数据，但此方式生成的虚拟钢轨图像背景单一，生成结果与实际的钢轨图像相差甚远。因为实际钢轨具有复杂多变的纹理，该纹理背景是由锈迹、磨损等机理产生的，对其进行高质量仿真并且渲染的难度大，在此不作过多研究。为了使生成的模拟图像同实际图像一样具备背景纹理变化，使用随机椒盐噪声及随机黑色条纹来模拟背景纹理，提高数据复杂度和纹理随机性。本节将上述过程生成的数据称为模拟数据。

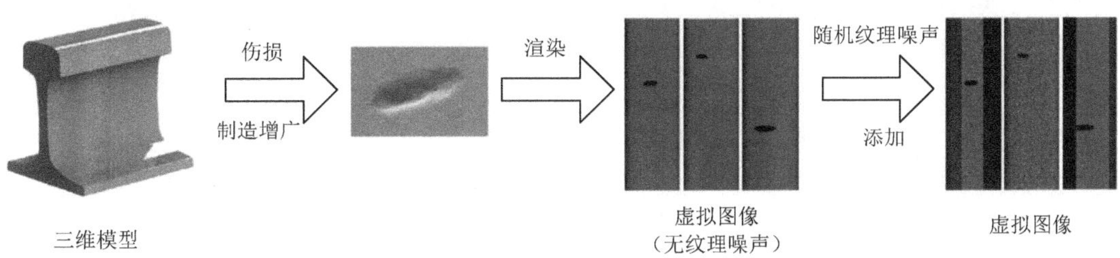

图 6.27 虚拟钢轨图像生成过程示意图

R2S 算法希望将实际图像映射到虚拟空间进行检测，但在训练过程中没有实际的伤损数据可用于模型训练。为了解决该问题，R2S 算法合成伪伤损数据。如图 6.28 所示，伪伤损数据以实际场景的正常数据作为背景，模拟数据的伤损作为形状，而对应伤损纹理来自其他数据集图像纹理（在此称为纹理图像 T，其纹理内容与钢轨测试集无关）。

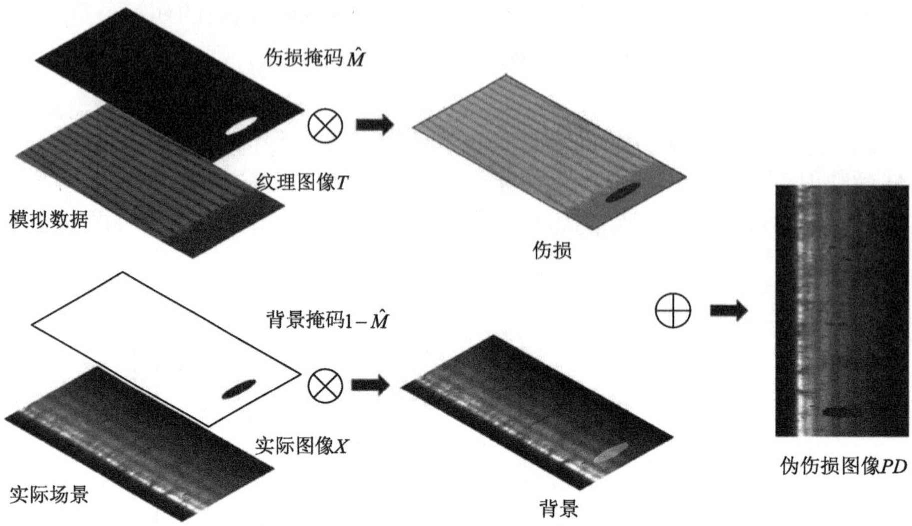

图 6.28 伪伤损样本生成

模拟数据在生成的同时可以生成伤损掩码$\hat{M}$，如图 6.28 所示，伤损掩码$\hat{M}$由 0、1 组成，0 代表背景，1 代表伤损；背景掩码相反，记为$1-\hat{M}$。R2S 算法根据伤损掩码$\hat{M}$、纹理图像 T 和实际图像 X，可合成伪伤损图像集合 PD：

$$I_{\mathrm{PD}} = I_{\mathrm{Tex}} \cdot \hat{M} + I_X \cdot \left(1-\hat{M}\right) \tag{6-19}$$

式中，$I_{\mathrm{PD}} \in \mathrm{PD}$；$I_{\mathrm{Tex}} \in T$；$I_X \in X$。

R2S 算法根据模拟数据生成对应的伪伤损样本，并将其一对一构建成对的训练样本对$\left(I_{\mathrm{PD}i}, I_{Xi}\right)$，用于监督图像映射网络$M_X$训练，将伪伤损数据转化为虚拟伤损数据，其中$I_{\mathrm{PD}i}$为伪伤损样本，$I_{Xi}$为对应的虚拟伤损样本。有监督图像映射任务的损失函数为

$$L_{\mathrm{sup}}\left(M_X, \left(I_{\mathrm{PD}i}, I_{Xi}\right)\right) = E\left[\left\|M_X\left(I_{\mathrm{PD}i}\right) - I_{Xi}\right\|_1\right] \tag{6-20}$$

式中，$I_{Xi} \in X$；$I_{\mathrm{PD}i} \in \mathrm{PD}$。

此外，R2S 算法使用模拟数据和实际数据进行无监督风格迁移任务。R2S 算法在优化映射器映射能力的同时将模拟数据转化成类实际数据，以获得更丰富的数据样本，进行动态数据增广，防止映射器模型过拟合于伪伤损数据。无监督风格迁移任务的损失函数包括两部分：对抗损失和一致性损失。

对抗损失：映射器M_X、M_Y根据与判别器D_X、D_Y的对抗训练生成更加逼真的图像。对抗损失函数L_{adv}表示为

$$L_{\mathrm{adv}}\left(M_X, M_Y, D_X, D_Y\right) = L_{\mathrm{GAN}}\left(M_Y, D_Y, X, Y\right) + L_{\mathrm{GAN}}\left(M_X, D_X, Y, X\right) \tag{6-21}$$

一致性损失：对于模拟数据和实际数据而言，实际数据的背景纹理复杂多样，如果将复杂的实际图像 Y 映射成虚拟空间中的$\hat{Y}$，那么将会使其失去一定的纹理信息，此时映射器M_Y难以将$\hat{Y}$重构回原始图像 Y。因此，R2S 算法使用循环一致性损失，保障模型在$x \to M_Y(x) \to M_X\left(M_Y(x)\right)$过程中映射图像与原始图像的内容一致性，一致性损失函数$L_{\mathrm{cyc-s2r}}$表示为

$$L_{\text{cyc-s2r}}(M_Y, M_X) = \mathbb{E}_{x\sim X}\left[\left\| M_X(M_Y(x)) - x \right\|_1\right] \tag{6-22}$$

综上所述，无监督风格迁移任务的损失函数 L_{unsup} 表示为

$$L_{\text{unsup}}(M_X, M_Y, D_X, D_Y) = L_{\text{adv}}(M_X, M_Y, D_X, D_Y) + \lambda_{\text{cyc-s2r}} L_{\text{cyc-s2r}}(M_Y, M_X) + \lambda_{\text{fcc}} L_{\text{fcc}}(M_Y, M_X) \tag{6-23}$$

式中，$\lambda_{\text{cyc-s2r}}$ 及 λ_{fcc} 为超参数，用于调节各项权重。

6.4.3 基于端到端的粗粒度伤损检测

为了进一步优化模型生成能力和特征提取能力，R2S 算法引入伤损图像识别任务。针对生成图像、实际正常图像及伪伤损图像，R2S 算法在映射网络后面新增加一个伤损图像识别检测头 H_{DC}，预测当前输入图像带伤损的概率，检测是否带伤损，从而使模型具备粗粒度伤损检测能力，实现图像级伤损检测模型端到端训练。映射网络 M_X 模型的特征提取部分称为 E_X，用以提取输入图像的特征，检测头 H_{DC} 根据特征计算样本带伤损的概率，进行图像二分类。在此，M_Y 生成的类实际伤损图像 I_{TD} 和合成的伪伤损图像样本 I_{PD} 都为带伤损图像 I_{D}，对应标签 $y_{\text{D}} = 1$，而生成的正常图像与实际正常图像为 I_{N}，对应标签 $y_{\text{N}} = 0$。识别任务的损失函数为

$$L_{\text{dis}}(I, y) = -y \cdot \log H_{\text{DC}}(E_X(I)) + (1-y) \cdot \log(1 - H_{\text{DC}}(E_X(I))) \tag{6-24}$$

式中，I 为输入图像；y 为对应标签。通过识别任务的约束，根据分类任务类内紧致的原理，促使映射网络 M_Y 生成与实际正常图像更相似的正常样本，而生成的伤损样本则与伪伤损图像更加近似，实现类别上的对齐，并进一步提高映射网络 M_X 中编码部分 E_X 的特征提取能力。

综上所述，R2S 算法的总损失函数为

$$L_{\text{r2s}} = L_{\text{dis}} + \lambda_{\text{unsup}} L_{\text{unsup}} + \lambda_{\text{sup}} L_{\text{sup}} \tag{6-25}$$

式中，参数 λ_{unsup}、λ_{sup} 旨在调节各个任务之间的权重。

6.4.4 实验结果与分析

1. 数据集

为了进行实验验证，基于前文的研究工作模拟数据生成系统，以生成的虚拟钢轨表面图像及实际场景图像构建一个新的数据集——虚拟与现实钢轨表面伤损数据集(SRRSD)，它包括模拟钢轨表面图像及两个实际场景的实际钢轨表面图像。如图 6.29 所示，该数据集中有三种钢轨表面伤损图像，即虚拟钢轨(SR)表面图像、轻载钢轨(CR)表面图像及重载钢轨(HR)表面图像，图像中的伤损均用红色框进行标注。其中，SR 图像由基于数字孪生的模拟数据生成系统生成，CR 图像和 HR 图像均通过线性相机采集自实际场景，CR 图像来自轻载铁路，HR 图像来自重载铁路。SRRSD 包含 2351 张虚拟钢轨图像及 1162 张实际钢轨图像（988 张 CR 图像及 174 张 HR 图像）。与实际数据的分布相似，CR 数据集及 HR 数据集中也都包含正常钢轨图像及伤损钢轨图像。注意，CR 图像和 HR 图像有不一样的视觉外观，后者的伤损与背景之间对比更加明显。

（a）虚拟钢轨图像（无纹理噪声）　（b）轻载钢轨图像　（c）重载钢轨图像

图 6.29　SRRSD 数据集的图像样本

图 6.29（彩图）

2. 实验设置

实验设定了两个冷启动场景，一个场景是使用虚拟图像进行轻载钢轨的伤损检测，另一个场景使用虚拟图像进行重载钢轨的伤损检测。为了便于后文说明，将两个场景分别称为 S-to-C 及 S-to-H。R2S 算法在 S-to-C 及 S-to-H 场景下进行实验，除上述 SRRSD 数据集外，本节还根据数据集合成伪伤损样本作为训练集的一部分进行训练。

为了验证 R2S 算法在伤损目标检测及伤损图像识别任务上的性能，实验设置对比算法来与其进行对比。伤损目标检测任务及伤损图像识别任务的对比实验设置分别如表 6.2 和表 6.3 所示。

表 6.2　伤损目标检测对比实验模型设置

算法	设置
Mixup+YOLOv5	根据虚拟伤损样本与实际正常样本进行 Mixup 后的数据进行训练的 YOLOv5 模型
PD+YOLOv5	使用本节合成的伪伤损图像进行训练的 YOLOv5 模型

表 6.3　伤损图像识别任务对比方法设置

算法	训练集伤损类型	训练集正常类型
SR+分类器	SR 伤损图像	实际正常样本
Mixup+分类器	实际正常样本和 SR 伤损图像 Mixup 结果	实际正常样本
AdaIN+分类器	AdaIN 生成的类实际伤损图像	实际正常样本
PD+分类器	伪伤损样本 I_{PD}	实际正常样本

对于伤损目标检测任务，实验使用在 Mixup 数据集及 PD 数据集上进行训练的 YOLOv5[44]作为伤损目标检测对比算法。对于伤损图像识别任务，实验分别以 SR 伤损图像、Mixup[45]伤损图像、AdaIN[31]生成的类实际伤损图像及人工合成的伪伤损图像 PD 作为伤损图像类型，而以实际正常样本作为正常图像类型进行分类器的训练，并将这些分类器作为 R2S 算法在伤损图像识别任务上的对比算法。

Adam 优化器设置为 $\beta_1 = 0.5$、$\beta_2 = 0.999$、学习率 lr = 0.0002，批量尺寸 bs = 1。参数 λ_{cyc}、λ_{fcc}、λ_{sup} 及 λ_{unsup} 分别设置为 10、5、1、0.2，当训练伤损检测器时，使用的是 YOLOv5s 模型结构，设置训练轮数 epoch = 300，图像尺寸 imagesize = 640 像素。其他

对应参数都设置为与 YOLOv5[46]默认参数一致。对于伤损检测而言，召回率比预测目标框的精确率更加重要。根据崔等[36]的工作，评估时的交并比 IOU 设定为 0.3。

3. 实验分析

为了全面评估模型在伤损检测与识别任务中的性能，从伤损目标检测和伤损图像识别两个方面开展了实验，并针对实验结果进行了详细分析。前者聚焦于模型对伤损目标的定位与识别能力，后者评估模型对伤损图像的分类与识别效果，从而综合验证模型的有效性和鲁棒性。

1）伤损目标检测实验

R2S 算法将实际数据转换为虚拟模式的数据，然后使用在模拟数据集上训练得到的 YOLOv5 检测器对其进行伤损检测、伤损目标框定位。

表 6.4 和表 6.5 分别为两个场景下 R2S 算法及其对比实验的伤损目标检测量化结果。结果显示，R2S+YOLOv5 算法能取得比在增广数据上训练的 YOLOv5 更好的检测性能。在 S-to-C 场景下，R2S+YOLOv5 算法达到了 45.7% F、36.2% AP（平均精度），超过其他算法至少 15.2% F、20.0% AP；在 S-to-H 场景下，R2S+YOLOv5 算法达到了 48.8% F、47.0% AP，超过其他算法至少 1.1% F、7.1% AP。

表 6.4　在 S-to-C 场景下关于伤损目标检测对比实验结果

算法	Pre	Rec	F	AP
Mixup+YOLOv5	0.274	0.174	0.042	0.104
PD+YOLOv5	0.423	0.238	0.305	0.162
R2S+YOLOv5	0.472	0.444	0.457	0.362

表 6.5　在 S-to-H 场景下关于伤损目标检测对比实验结果

算法	Pre	Rec	F	AP
Mixup+YOLOv5	0.413	0.565	0.477	0.399
PD+YOLOv5	0.666	0.370	0.476	0.340
R2S+YOLOv5	0.477	0.500	0.488	0.470

图 6.30 对 R2S 图像映射结果进行可视化，从第 2 行到第 4 行分别为 M_X 仅使用 L_{sup}，M_X 使用 L_{sup} 和 L_{unsup}，M_X 使用 L_{sup}、L_{unsup} 及 L_{dis} 训练之后，对实际图像的映射结果，相当于对三个任务进行消融实验，a、b、c 表示分别使用不同的损失函数训练 M_X，a 是只有全监督图像映射任务损失函数，b 在 a 基础上加入了无监督风格迁移任务损失函数，c 在 b 基础上加入了缺陷图像判别任务损失函数。为了方便下文介绍，将这三个模型分别称为 A-a、A-b、A-c。可以发现，使用无监督风格迁移任务的 A-b 相较 A-a 而言，映射得到的图像噪声更少，同时对于明显伤损的映射更加准确。无监督风格迁移任务使得 M_Y 不断生成类实际伤损的图像，更多的图像能有效提高 M_X 映射网络的性能。A-c 相较 A-a 和 A-b 能更好地将实际伤损图像映射成虚拟伤损图像，在转化后的图像中均能找到与实际伤损相对应的伤损。基于分类任务类内紧凑的原理，伤损图像识别任务使得模型对于 M_Y 生成的图像 TD 和伪伤损图像 PD 等不同伤损数据具有相同的感知能力，在提升模

型泛化性的同时督促 M_Y 生成更像真实数据的样本。

上述结果说明，R2S 模型对于实际伤损图像具有较好的映射能力，同时证明 R2S 算法框架中各个任务的必要性。但也存在一定不足，映射之后的伤损区域在形状大小及数量上会存在偏差。图 6.30 中的第二列显示映射得到的伤损区域会发生形状大小的变化，明显变宽，成横向的条状。图 6.30 中的第七、八列的映射结果除了大小和形状的变化以外，还出现了伤损区域离散化的现象，一个伤损映射成了多个。这些情况都会使预训练好的检测器输出错误的结果，限制了其性能。

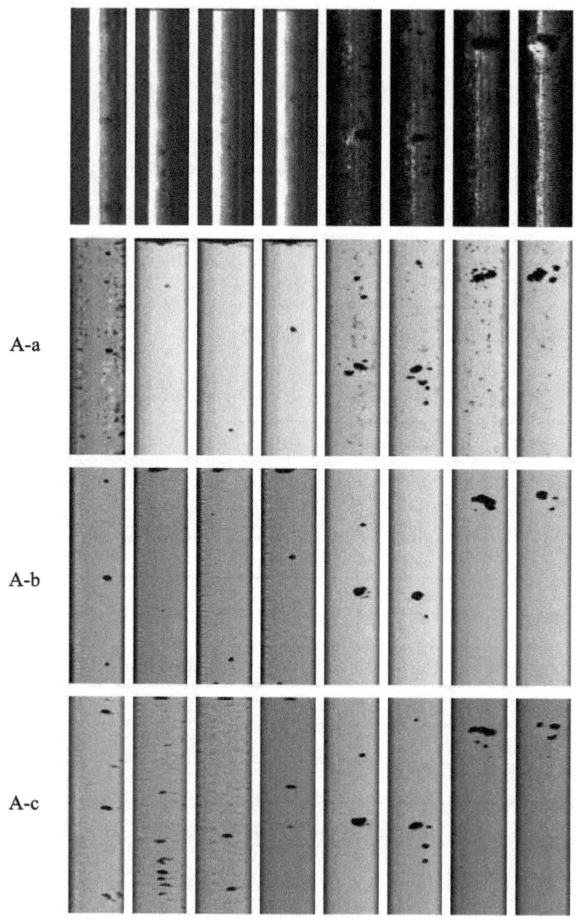

图 6.30　R2S 图像映射结果

图像映射结果是像素级的，如果使用区域级的任务对其性能进行数值度量可能不是十分公平。尽管在伤损目标检测任务上 R2S 算法性能还有些不足，但是从定性的角度看，其具有较好的“由实到虚”图像映射能力。为了更进一步讨论模型效果，认为从全局粗粒度的检测层面，即从伤损图像识别任务的角度分析，可能更为合理。

2）伤损图像识别实验

R2S 算法检测头 H_{DC} 用于完成伤损图像识别任务，输出异常分数，以此判别输入图像是否带有伤损。本节将对 R2S 算法的检测头性能进行具体实验及结果分析。为了进行比较，本节使用在不同数据集上训练的分类器作为 R2S 的对比算法，在此分别使用 SR 伤损数据、Mixup[45]合成伤损数据、AdaIN[30]生成伤损数据及上述 PD 伤损数据作为伤损图像类型，与作为正常类型的实际正常数据一同训练伤损图像分类器。这些分类器根据所使用的伤损图像来源的不同，分别称为“SR+分类器”“Mixup+分类器”“AdaIN+分类器”“PD+分类器”。此处要注意，为了保障公平性，对比实验中提到的伤损图像分类器结构等同于 R2S 模型中特征提取模块 E_X 与伤损图像检测头 H_{DC} 的联合。

表 6.6 和表 6.7 展示了 R2S 算法及其对比算法在伤损图像识别任务上的实验结果。其中，AUROC 即 ROC 曲线下的面积，用于评估分类器区分正负类的整体能力，值越接近 1，表示模型区分正负类的能力越强。借助多任务的协调优化，在冷启动问题的条件下，R2S 在伤损图像识别任务上取得了最佳的成绩。在 S-to-C 场景下，AUROC 为 93.1%，F 为 88.1%，与只使用 SR 伤损数据的分类器相比，取得了 31.9% AUROC 及 21.2% F 的增益；在 S-to-H 场景下，AUROC 为 97.1%，F 为 94.7%，相较使用 SR 伤损数据的分类器，取得了 27.7% AUROC 及 22.4% F 的增益。这证明 R2S 算法相比其他单纯进行数据增广的算法在解决冷启动问题上有着可观的优势。

表 6.6　在 S-to-C 场景下关于异常图像分类对比实验结果

算法	AUROC	F
SR+分类器	0.612	0.669
Mixup+分类器	0.669	0.691
AdaIN+分类器	0.567	0.667
PD+分类器	0.884	0.810
R2S	0.931	0.881

表 6.7　在 S-to-H 场景下关于异常图像分类对比实验结果

算法	AUROC	F
SR+分类器	0.694	0.723
Mixup+分类器	0.671	0.679
AdaIN+分类器	0.756	0.727
PD+分类器	0.946	0.923
R2S	0.971	0.947

为了进一步验证多任务学习范式对伤损图像识别任务的帮助，本章对各个任务模块进行消融实验，探究有监督伪数据生成及无监督风格迁移两个任务对提高检测头伤损图像检测性能的贡献。具体的实验结果如表 6.8 和表 6.9 所示。

表 6.8　从实到虚 R2S 算法检测头在 S-to-C 场景下的伤损图像检测结果与消融实验

方法	有监督图像映射任务	无监督风格迁移任务	AUROC	F
F-a	—	—	0.884	0.810
F-b	√	—	0.913	0.844
F-c	—	√	0.919	0.853
F-d(R2S)	√	√	0.931	0.881

表 6.9 从实到虚 R2S 算法检测头在 S-to-H 场景下的伤损图像检测结果与消融实验

方法	有监督图像映射任务	无监督风格迁移任务	AUROC	F
F-a	—	—	0.946	0.923
F-b	√	—	0.961	0.932
F-c	—	√	0.967	0.942
F-d(R2S)	√	√	0.971	0.947

以下对两个实验数据进行分析。

关于有监督图像映射任务的消融实验：表 6.8 和表 6.9 中的 F-a 及 F-b 对比实验结果表明，在使用伪伤损图像 PD 作为伤损类型的基础上，有监督风格迁移算法能在 S-to-C 场景下带来 2.9% AUROC 和 3.4% F 的增益，在 S-to-H 场景下带来 1.5% AUROC 和 0.9% F 的增益。有监督图像映射任务使模型在注重伪伤损样本及正常样本分类的同时也注意虚拟伤损样本的生成。

为了生成局部的伤损区域，模型需要区分背景及伤损区域，进而提高对背景与伤损的语义感知能力，注重对局部伤损特征的提取，这有助于引导网络提取更加细节丰富的特征信息，提高下游分类任务的性能。

关于无监督风格迁移任务的消融实验：对比表 6.8 和表 6.9 中 F-a 及 F-c 的实验结果，在 F-a 的基础上，使用无监督风格迁移任务的 F-c 在 S-to-C 场景获得 3.5% AUROC 及 4.3%F 的增益，在 S-to-H 场景获得 2.1% AUROC 及 1.9%F 的增益。无监督风格迁移算法的引入有力地提高了分类器的检测性能。

在无监督风格迁移任务中，映射网络 M_Y 将模拟数据转化成伪伤损数据，随着训练的进行，映射网络生成的图像愈发逼真且伤损样式更为多样。图 6.31 所示为虚拟图像及其通过 M_Y 映射后的对应转换图像，这些大量转换后的图像使检测头 H_{DC} 能够充分接触到各种各样的数据，得到充分地训练，避免了 H_{DC} 过拟合于训练数据的情况，同时进一步提高分类器模型的鲁棒性及泛化性。

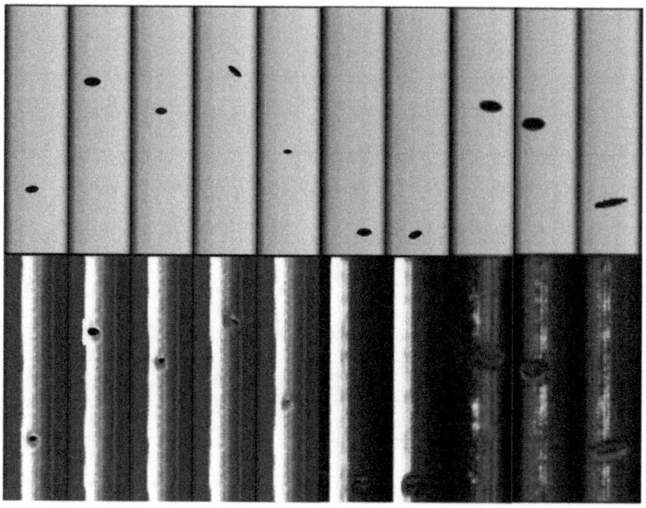

图 6.31 R2S 算法 M_Y 图像映射结果

6.5　基于域适应的伤损检测模型

基于前文的研究基础，本节提出由虚到实的域适应（synthetic-to-realistic domain adaptation，SRDA）[42]伤损检测模型。针对伤损数据缺失问题，SRDA 利用三维数字钢轨模型生成大量具有标签的虚拟钢轨表面伤损图像。基于重构域适应的思想，SRDA 借助风格迁移算法从视觉表征层面上解决模拟数据和实际数据之间的分布偏移问题，使生成的训练图像更像是实际场景的数据。为了解决训练集中因没有实际伤损样本而导致的虚拟与实际数据类型不一致问题，确保虚拟伤损信息的引入以弥补训练过程中缺失的实际场景伤损样本信息，SRDA 设计使用局部内容损失，强调伤损信息的保留。如图 6.32 所示，虚拟域中标注的虚拟图像通过转换域被转换到一个真实数据域中提供给下游检测器。基于上述数据生成方式，SRDA 进一步提出了语义一致性对齐模块，使检测器对于不同背景纹理变化更具鲁棒性。

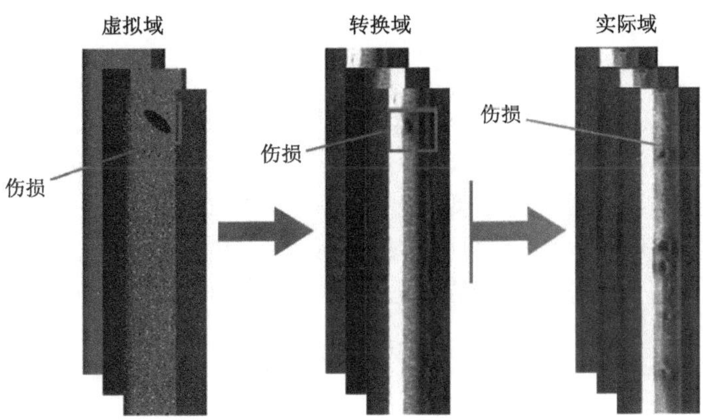

图 6.32　SRDA 钢轨表面伤损检测示意图

6.5.1　SRDA 模型概述

如图 6.33 所示，SRDA 由三个模块组成，分别为数字孪生框架（DT-based scheme）、域映射模块（domain mapping module，DMM）及伤损检测模块（defect detection module，DDM）。我们称来自同一个钢轨场景的图像数据为一个域，在本节中模拟数据集 X 称为虚拟域，实际数据集 Y 称为实际域。其中，数字孪生框架生成虚拟伤损数据用于解决数据短缺问题，域映射模块旨在通过构建虚拟图像 x 和实际图像 y 之间的映射关系来解决两者之间的域偏移问题。基于构建的映射关系，SRDA 可以将虚拟图像转换为伪伤损图像，并且进一步用转换后的图像进行伤损检测模块的训练。

当前伤损检测任务设定如下：已知 X 中包括的具有伤损标签的模拟数据，以及 Y 中包括的无伤损图像样本数据，需要在缺乏实际场景伤损数据的情况下，训练一个深度检测模型对实际域 Y 的未知数据（包含伤损样本和无伤损样本）进行伤损检测。

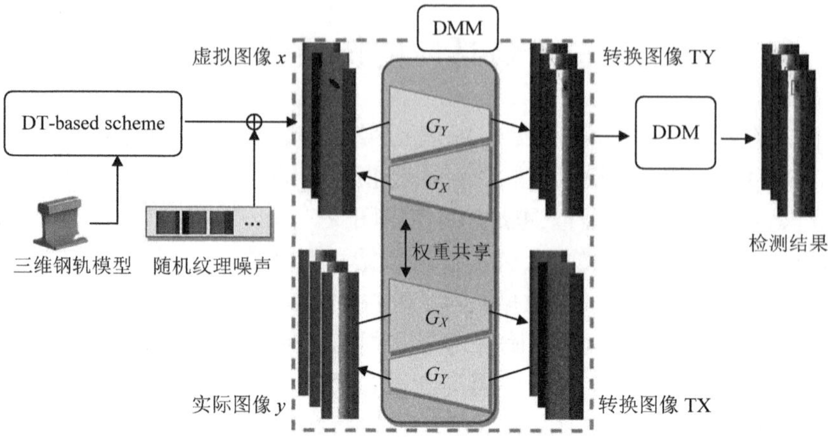

图 6.33 SRDA 框架

6.5.2 由虚拟伤损到实际伤损的域映射

域映射模块（DMM）由两个映射网络 G_X、G_Y，以及两个判别器 D_X、D_Y 构成，使用循环一致性损失 L_{cyc} 及局部一致性损失 L_{fcc} 训练。该模块旨在将模拟数据转化为具有实际数据风格及模拟数据语义的类实际图像数据，减小两者之间的域偏移，提高模拟数据伤损信息的利用率。根据域映射模块，大量具有标签的模拟数据可以被转化为带伤损的类实际伤损样本，以用于伤损检测模型的训练。

如图 6.34 所示，域映射模块旨在通过映射网络 $G_Y:X\to Y$ 及 $G_X:Y\to X$ 来构建模

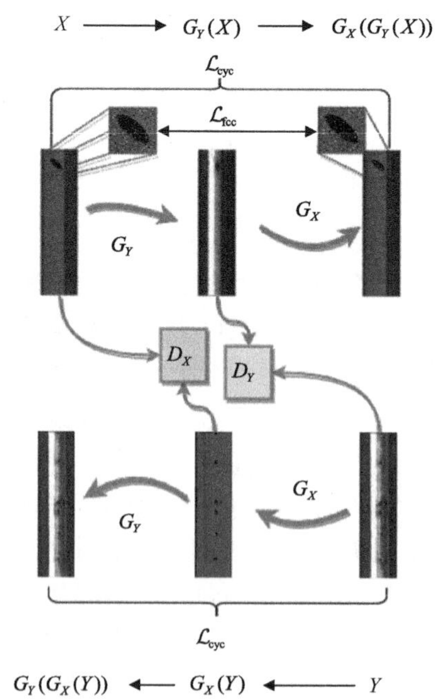

图 6.34 域适应映射模块结构

拟数据 X 及实际数据 Y 之间的映射关系。基于生成对抗网络的思想，映射网络 G_Y、G_X 根据判别器 D_Y 和 D_X 进行训练优化。域映射模块的训练过程包括两部分：$X \to G_Y(X) \to G_X(G_Y(X))$ 及 $Y \to G_X(Y) \to G_Y(G_X(Y))$。对于前者，$G_Y$ 将模拟数据映射到实际域 Y 中来获得对应的具有真实风格的数据，同时 G_X 根据该数据重构回原来的真实数据。对于后者则是相反，G_X 先将真实数据映射到虚拟域中来获得对应的具有虚拟风格的数据，同时 G_Y 根据该数据重构原始的虚拟图像。

在 $X \to G_Y(X) \to G_X(G_Y(X))$ 训练过程中，判别器 D_Y 判断图像是来自实际域 Y，还是根据映射网络生成的，鼓励映射网络 G_Y 生成类似于 Y 的数据。该博弈过程的对应优化目标为

$$\min_{G_Y}\max_{D_Y} L_{\mathrm{GAN}}(G_Y, D_Y, X, Y) = \mathbb{E}_{y\sim Y}\left[\log D_Y(y)\right] + \mathbb{E}_{x\sim X}\left[\log\left(1 - D_Y(G_Y(x))\right)\right] \tag{6-26}$$

只有对抗损失函数是不够的，可能出现模式崩溃问题，即模型生成图像单一、输出图像语义内容与输入无关等问题。因此，域映射模块通过 G_X 将图像重构回原本的虚拟图像，以此约束生成图像 $G_Y(x)$ 的内容。对应的重构内容一致性损失函数为

$$L_{\mathrm{re}-x}(G_Y, G_X) = \mathbb{E}_{x\sim X}\left[\left\|G_X(G_Y(x)) - x\right\|_1\right] \tag{6-27}$$

同时，为了保证域映射模块对于实际场景的图像也有同样的感知转化能力，使模型 G_X 切实具有将真实图像映射到虚拟域的能力，SRDA 对 $Y \to G_X(Y) \to G_Y(G_X(Y))$ 过程也进行了约束，同样地，G_X 对应的对抗优化目标为

$$\min_{G_X}\max_{D_X} L_{\mathrm{GAN}}(G_X, D_X, X, Y) = \mathbb{E}_{x\sim X}\left[\log D_X(x)\right] + \mathbb{E}_{y\sim Y}\left[\log\left(1 - D_X(G_X(y))\right)\right] \tag{6-28}$$

对应的重构内容一致性损失为

$$L_{\mathrm{re}-y}(G_Y, G_X) = \mathbb{E}_{y\sim Y}\left[\left\|G_Y(G_X(y)) - y\right\|_1\right] \tag{6-29}$$

值得注意的是，由于训练集中缺乏实际场景下的伤损样本，域映射网络倾向于将虚拟背景和伤损都映射为实际背景。尽管有重构内容一致性损失来约束生成伤损的内容，但是由于伤损的稀缺性，伤损图像在像素级上的比例远远小于背景。为了解决伤损与背景之间的不平衡问题，保证虚拟伤损信息转化到实际域，设计局部内容损失。其通过伤损掩码，强调约束生成伤损区域的内容。令 $\hat{M}$ 作为二值掩码，若该像素为伤损，则 $\hat{M}_{ij} = 1$，否则为 0。注意，很容易在生成虚拟图像的过程中或者通过虚拟伤损图像的标签获得该掩码。根据伤损掩码设计局部内容损失的公式为

$$L_{\mathrm{fcc}}(G_Y, G_X) = \frac{1}{m\times n}\sum_{i=1}^{m}\sum_{j=1}^{n}\left|x_{ij} - \left(G_X(G_Y(x))\right)_{ij}\right| \times \hat{M}_{ij} \tag{6-30}$$

式中，x 是尺寸为 $m\times n$ 的虚拟图像，$x\in X$，i 和 j 为像素下标，G_X 和 G_Y 为域映射模块的两个映射网络。

综上所述，域映射网络的训练过程旨在最小化损失函数为

$$\begin{aligned} L_{\mathrm{DMM}}(G_X, G_Y, D_X, D_Y) = {} & L_{\mathrm{GAN}}(G_Y, D_Y, X, Y) + \lambda_{\mathrm{cyc}}\left[L_{\mathrm{re}-x}(G_Y, G_X) + L_{\mathrm{re}-y}(G_Y, G_X)\right] \\ & + \lambda_{\mathrm{fcc}} L_{\mathrm{fcc}}(G_Y, G_X) \end{aligned} \tag{6-31}$$

式中，超参数 λ_{cyc} 及 λ_{fcc} 用于控制损失函数中各项的作用。

通过域映射模块，虚拟图像的内容可以被映射到具有真实风格的目标域中。如图 6.35 所示，生成图像的模式与真实图像相似。由于转化前后图像的语义一致，生成伪伤损图像的标签与原始虚拟图像一致，可以进一步用于训练伤损检测模型。

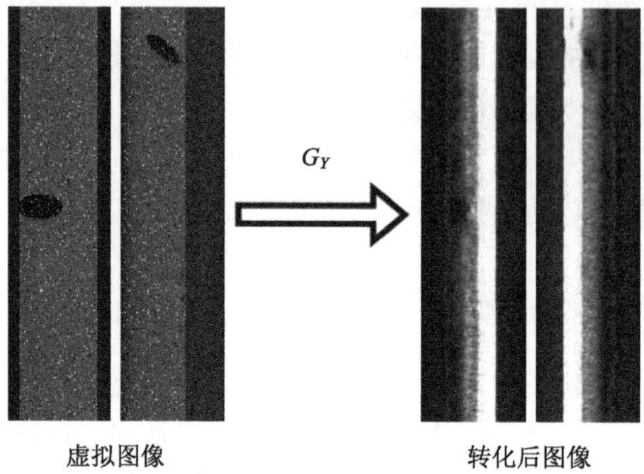

图 6.35 G_Y的映射结果

6.5.3 基于语义一致性的伤损检测

伤损检测模块用于检测定位伤损，预测伤损对应的检测框。在许多目标检测算法中，YOLO 系列模型具有良好的性能。由于其检测速度快、易于部署的优点，YOLO 模型被广泛用于实际的伤损检测任务[46-47]中。

对比 YOLOv3[36]、YOLOv4[48]等模型，YOLOv5[44]模型可以在同等精度下达到更快的检测速度。因此本小节的伤损检测模块采用 YOLOv5 的结构。与之前的 YOLO 模型相似，YOLOv5 模型在训练过程中包括三个优化目标，即类别损失、目标损失及目标框损失，优化函数的细节见文献[44]。与其他的目标检测任务不同，SRDA 只有一类，即伤损类型。因此，伤损检测模块所优化的目标检测函数由目标损失及目标框损失组成，表示为

$$L_{\text{yolo}}(\text{pred},\text{label}) = L_{\text{obj}} + L_{\text{bb}} \tag{6-32}$$

式中，pred 为检测器预测结果；label 为对应标签。

为了提高检测模型对于背景纹理变换的鲁棒性，SRDA 提出语义一致性对齐（semantic consistency alignment，SCA）策略。如图 6.36 所示，SRDA 通过向同一张无纹理噪声的虚拟图像添加不同随机背景纹理噪声的方式生成同语义但不同背景纹理的图像。可以认为背景纹理的变化不应该对检测器的高层语义感知及推理结果产生影响。因此，检测器在高层语义空间使用均方误差（mean square error，MSE）度量图像在特征空间的距离，通过减小同语义图像在高层特征空间的距离来进行语义一致性对齐，消除背景纹理变化对检测器检测结果的影响。语义一致性对齐损失函数形式化表示为

$$L_{\text{sca}}(I_{\text{Tex1}}, I_{\text{Tex2}}) = \text{MSE}(E(I_{\text{Tex1}}), E(I_{\text{Tex2}})) \tag{6-33}$$

式中，I_{Tex1} 和 I_{Tex2} 具有同样的语义；E 表示 YOLOv5 骨干网络。

因此伤损检测器的总损失函数表示为

$$L_{\text{DMM}} = L_{\text{yolo}} + \lambda_{\text{sca}} L_{\text{sca}} \tag{6-34}$$

式中，λ_{sca} 为超参数，控制语义一致性对齐损失的权重。

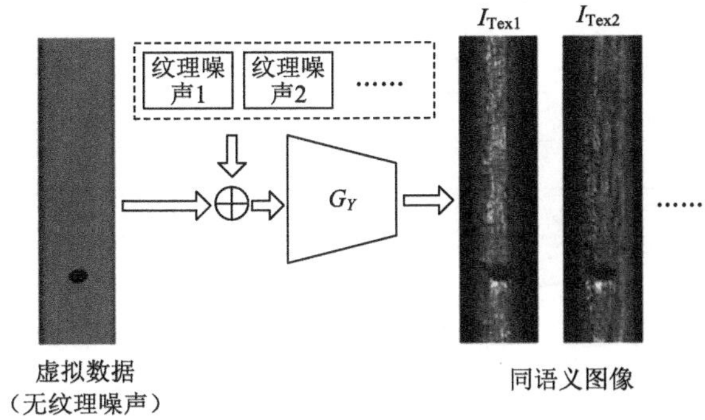

（a）相同语义图像生成

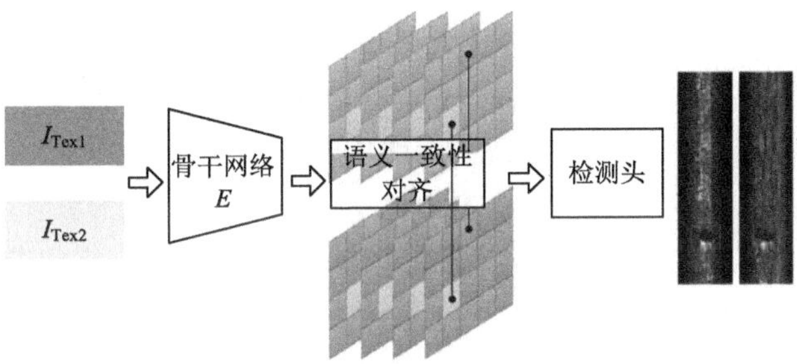

（b）语义一致性对齐

图 6.36　语义一致性对齐策略

6.5.4　实验结果与分析

1. 数据集

本实验采用 6.4 节的数据集 SRRSD，包含 2351 张虚拟钢轨图像及 1162 张实际钢轨图像（988 张 CR 图像及 174 张 HR 图像），如图 6.29 所示。

2. 实验设置

与 6.4.4 节相同，实验有两个冷启动场景，一个场景是使用模拟数据来进行普速铁路场景的伤损检测（S-to-C），一个是使用模拟数据来进行重载铁路的伤损检测（S-to-H）。基于冷启动问题的定义，该数据集被划分为几个部分，每个场景实验数据集的具体统计信息在表 6.10 中展示。在域映射模块的训练过程中，带标注的虚拟图像和无伤损的实际图像被用于模型的参数优化，而带标注的实际图像仅用作测试集进行性能评估。伤损检测模块训练集和验证集中的 TC 和 TH 图像分别指的是由 SR 映射到 CR 和 HR 场景的图像。这些设置符合检测系统面临冷启动任务时没有实际伤损数据的情况，在模型训练过程中没有实际伤损数据参与。

表 6.10　SRRSD 数据集实验设置——训练集、验证集及测试集的组成

场景	域映射模块	伤损检测模块		
	训练集	训练集	验证集	测试集
S-to-C	2351 带标注 SR 309 无伤损 CR	1782 带标注 TC	569 带标注 TC	450 带标注 CR
S-to-H	2351 带标注 SR 58 无伤损 HR	1782 带标注 TH	569 带标注 TH	100 带标注 HR

为了比较模型性能的优劣，在模型设计层面，本实验使用 DA-YOLO[35]作为对比算法。在训练过程中，DA-YOLO 使用训练集中同样的模拟数据及实际无伤损数据。值得注意的是，SRDA 并没有关注检测器中特征层面的对齐，两者的关注点不同，与 DA-YOLO 进行比较更多是展示 SRDA 从视觉层面解决域偏移问题的可行性，并验证高质量数据对于深度模型训练的重要性。为了验证域映射模块的功效，本节使用 Mixup[45]和 AdaIN[30]等算法生成图像进行实验对比，而 YOLOv5 作为统一的伤损检测模块进行性能评估。本节将使用 SR 图像、Mixup 生成图像及 AdaIN 生成图像训练的 YOLOv5 模型分别称为 SR + YOLOv5、Mixup+YOLOv5 及 AdaIN+YOLOv5。

DA-YOLO 的参数设置与文献[35]默认一致。对于 Mixup 算法而言，λ 设置为 0.5。AdaIN 算法的参数设置与文献[30]默认一致。对于 SRDA 来说，域映射模块的构建参考 CycleGAN 的代码实现，同时借鉴了风格迁移工作的成果，使用样例归一化来替代批量归一化。Adam 优化器设置为 $\beta_1 = 0.5$，$\beta_2 = 0.999$，学习率 lr = 0.0002。参数 λ_{cyc}、λ_{fcc} 和 λ_{sca} 分别设置为 10、5 和 0.05。当训练伤损检测器时，使用的是 YOLOv5s 模型结构，设置训练轮数为 300，图像尺寸为 640 像素。其他对应参数都设置为与 YOLOv5[44]默认参数一致。对于伤损检测而言，召回率比预测目标框的精确率更加重要。根据 Cui 等[35]的工作，评估时的 IOU 设定为 0.3。

3. 实验分析

表 6.11 和表 6.12 分别列出了 SRDA 算法及其他对比算法在 S-to-C 和 S-to-H 场景下的结果。正如表中结果所示，本节提出的 SRDA 算法取得了最好的结果，在 S-to-C 场景下达到了 59.6% F、55.2% AP，在 S-to-H 场景下达到了 81.9% F、85.3% AP。相比其他算法，SRDA 取得了至少 7.4% F 和 9.9% AP 的提升。

表 6.11　SRDA 在 S-to-C 场景下的对比实验结果

算法	Pre	Rec	F	AP
SR+YOLOv5	0.569	0.357	0.439	0.329
Mixup+YOLOv5	0.274	0.174	0.042	0.104
AdaIN+YOLOv5	0.571	0.481	0.522	0.435
DA-YOLO	0.518	0.484	0.501	0.322
SRDA	0.647	0.552	0.596	0.552

表 6.12　SRDA 在 S-to-H 场景下的对比实验结果

算法	Pre	Rec	F	AP
YOLOv5	0.661	0.569	0.612	0.673
Mixup+YOLOv5	0.413	0.565	0.477	0.399
AdaIN+YOLOv5	0.705	0.598	0.647	0.726
DA-YOLO	0.628	0.819	0.711	0.754
SRDA	0.919	0.739	0.819	0.853

对比基于对抗域适应的 DA-YOLO 算法，SRDA 算法从视觉表征层面解决模拟数据与实际数据之间的域偏差问题，同时取得了更加可观的结果，在 S-to-C 场景下取得了 9.5% F 和 23.0% AP 的增益，在 S-to-H 场景下取得了 10.8% F 和 9.9% AP 的增益。这一实验结果证明了基于重构域适应解决模拟数据和实际数据之间域偏差的可行性，也进一步表明了数据对于深度模型训练的重要性。

为了更加直观地比较基于图像生成算法对于冷启动问题的解决，图 6.37 展示了 SRDA 算法及其他算法的图像生成结果。图 6.38 展示了检测模型的推理结果，图中检测框数据（0　0.7）中的 0 表示缺陷类别，0.7 表示置信度。SRDA 算法生成的图像在视觉表征层面与实际图像更相似，用这些图像训练得到的伤损检测模块也在实际场景中取得了更好的检测性能。图 6.37（c）所示为 Mixup 生成结果，这些图像的背景及伤损的分布与实际场景图像有着较大的区别。如图 6.38（c）所示，在 Mixup-images 上训练的伤损检测模块会出现将背景和伤损混淆的情况，这意味着模型学习到的伤损分布与实际分

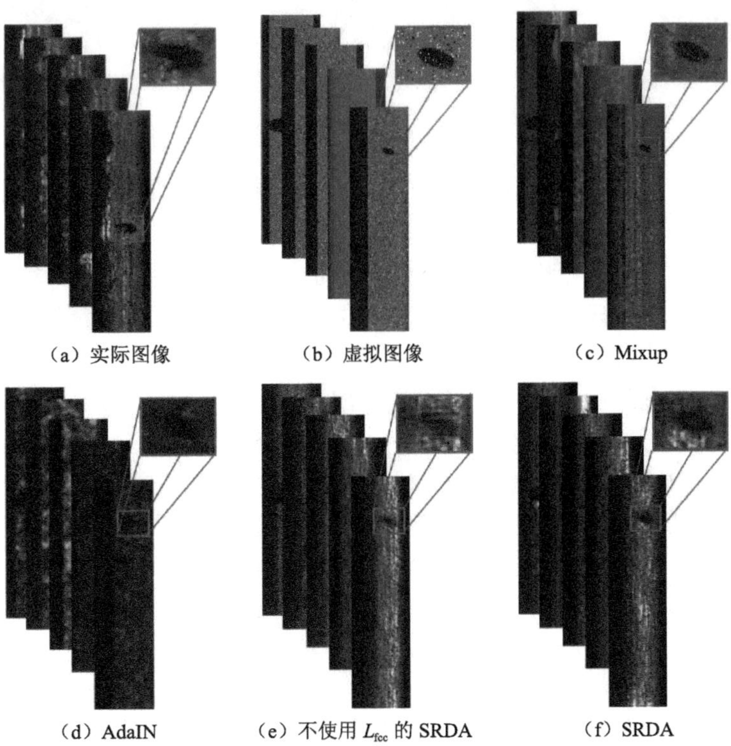

（a）实际图像　（b）虚拟图像　（c）Mixup

（d）AdaIN　（e）不使用 L_{fcc} 的 SRDA　（f）SRDA

图 6.37（彩图）

图 6.37　不同算法的图像生成结果

布存在较大的差异。AdaIN 生成的图像具有与实际图像大体相似的外观表征（如整体图像色调），而缺乏具体的背景纹理细节。从图 6.37（b）～图 6.37（f）可以看到，生成的图像与实际图像在视觉表征层面上越来越相似。表 6.11、表 6.12 及图 6.38 所展示的实验结果也进一步验证了使用视觉表征越逼近实际场景的数据集进行训练，检测模型越能取得好的检测精确率及召回率。

（a）实际图像标签　（b）用虚拟图像训练　（c）用 Mixup 图像进行训练

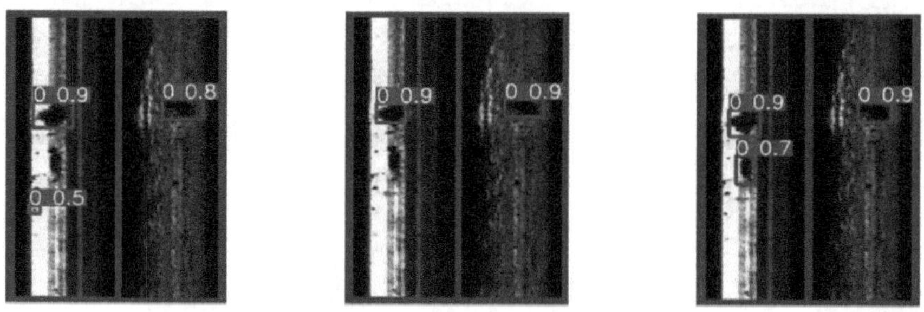

（d）用 AdaIN 生成图像训练　（e）用 SRDA（无 L_{fcc} 生成）图像训练　（f）用 SRDA 生成图像训练

图 6.38（彩图）

图 6.38　检测模型推理结果

此外，表 6.11 和表 6.12 所展示的结果也表明基于模拟数据训练的深度学习在 HR 场景下比在 CR 场景下的效果更好。如图 6.29 所示，SR 图像包含了尺寸更大、更加显著的伤损，伤损部分与背景形成了鲜明对比，而这与 HR 图像的视觉表征更加相似。SR 图像的数据分布更接近 HR，因此在没有针对特定场景进行优化的情况下，SR 图像上训练得到的伤损检测器能在 HR 数据集上取得更好的结果。

图 6.37 所示为图像生成结果。当没有局部损失函数 L_{fcc} 时，尽管 SRDA 生成图像的整体外在视觉表征与实际图像相似，但是生成的伤损区域模糊且近似于背景，如同伤损被抹去，模拟数据中的伤损语义信息没有得到很好的保留。这将弱化对于模拟数据伤损样本信息知识的利用，导致模型性能下降。若没有局部损失，域映射模块会减小两个数据分布之间的全局差异，但由于训练数据中缺乏实际的伤损样本，域映射模块难以构建虚拟伤损分布与实际伤损分布之间的映射关系，最终映射模块倾向于生成符合实际场景下的无伤损钢轨表面样本分布的图像，与我们希望引入虚拟伤损数据信息的动机不符。

对比图 6.37（e）和图 6.37（f）可以看出，局部内容损失约束域映射模块更关注于伤损区域的保留及重构，生成更高质量的伤损区域，使得虚拟伤损数据语义信息得到更充分的利用，以便用于对当前实际无伤损数据进行伤损信息知识补充。该对比实验展示了局部内容损失对于虚拟伤损信息利用的贡献，并进一步证明了高质量检测目标数据对于深度模型的重要性，在图像背景和目标生成质量更高的数据集上进行检测模型的训练能取得当前更好的检测效果。

6.6 本章小结

深度学习在计算机视觉的多个领域取得了显著的效果，基于深度学习的图像异常检测也获得了广泛关注。本章重点针对钢轨伤损检测中负样本不足的挑战，首先设计了基于数字孪生的模拟数据生成系统，它能够方便地生成带标注的钢轨模拟伤损，为基于深度学习的钢轨伤损检测提供了数据基础。然后，本章提出了基于域对齐的伤损检测算法和基于域适应的伤损检测算法，探索了基于模拟数据和伪伤损的深度神经网络训练技术，为冷启动问题提供了有效的解决方案。随着轨道巡检数据的进一步积累和丰富，基于深度学习的伤损检测模型可以预期发挥更大的作用。

参考文献

[1] Lecun Y, Bottou L, Bengio Y, et al. Gradient-based learning applied to document recognition[J]. Proceedings of the IEEE, 1998, 86 (11): 2278-2324.

[2] Krizhevsky A, Sutskever I, Hinton G E. Imagenet classification with deep convolutional neural networks[J]. Communications of the ACM, 2017, 60 (6): 84-90.

[3] Simonyan K, Zisserman A. Very deep convolutional networks for large-scale image recognition[J]. Computer Science, 2014.

[4] Szegedy C, Liu W, Jia Y Q, et al. Going deeper with convolutions[C]// IEEE Conference on Computer Vision and Pattern Recognition (CVPR). Boston, IEEE, 2014: 1-9.

[5] He K, Zhang X Y, Ren S Q, et al. Deep residual learning for image recognition[C]// 2016 IEEE Conference on Computer Vision and Pattern Recognition (CVPR). Las Vegas, IEEE, 2016: 770-778.

[6] Hinton G E, Srivastava N, Krizhevsky A, et al. Improving neural networks by preventing co-adaptation of feature detectors[J]. arxiv, 2012: 212-223.

[7] Srivastava N, Hinton G, Krizhevsky A, et al. Dropout: A simple way to prevent neural networks from overfitting[J]. Journal of Machine Learning Research, 2014, 15 (6): 1929-1958.

[8] 吕承侃，沈飞，张正涛，等. 图像异常检测研究现状综述[J]. 自动化学报，2022, 48 (6): 1402-1428.

[9] 陶显，侯伟，徐德. 基于深度学习的表面缺陷检测方法综述[J]. 自动化学报，2021, 47 (5): 1017-1034.

[10] Ren S Q, He K M, Girshick R, et al. Faster R-CNN: Towards real-time object detection with region proposal networks[J]. IEEE Transactions on Pattern Analysis & Machine Intelligence, 2017, 39 (6): 1137-1149.

[11] Redmon J, Divvala S, Girshick R, et al. You only look once: Unified, real-time object detection[C]// 2016 IEEE Conference on Computer Vision and Pattern Recognition (CVPR). Las Vegas, IEEE, 2016: 779-788.

[12] Ronneberger O, Fischer P, Brox T. U-Net: Convolutional networks for biomedical image segmentation[C]// International Conference on Medical Image Computing and Computer-Assisted Intervention. Munich, TUM, 2015: 234-241.

[13] Chen L C, Papandreou G, Kokkinos I, et al. DeepLab: Semantic image segmentation with deep convolutional nets, atrous convolution, and fully connected CRFs[J]. IEEE Transactions on Pattern Analysis and Machine Intelligence, 2018, 40 (4): 834-848.

[14] Chopra S, Hadsell R, Lecun Y. Learning a similarity metric discriminatively, with application to face verification[C]// Conference on Computer Vision and Pattern Recognition. San Diego, IEEE, 2005, 1 (1): 539-546.

[15] Hoffer E, Ailon N. Deep metric learning using triplet network[C]// International Workshop on Similarity-Based Pattern Recognition (SIMBAD). Copenhagen, Springer, 2015: 84-92.

[16] Tarvainen A, Valpola H. Mean teachers are better role models: weight-averaged consistency targets improve semi-supervised deep learning results[C]// NIPS'17: Proceedings of the 31st International Conference on Neural Information Processing Systems, 2017: 1195-1204.

[17] Lee D H. Pseudo-Label: The simple and efficient semi-supervised learning method for deep neural networks[C]// International Conference on Machine Learning. Atlanta, ICML, 2013.

[18] Bank D, Koenigstein N, Giryes R. Autoencoders[EB/OL]. arXiv: 2003.05991. https://arxiv.org/abs/2003.05991.

[19] Rumelhart D E, Hinton G E, Williams R J. Learning representations by back propagating errors[J]. Nature, 1986, 323 (6088): 533-536.

[20] Kingma D P, Welling M. Auto-encoding variational bayes[EB/OL]. arXiv:1312.6114. https://arxiv.org/abs/1312.6114.

[21] Goodfellow I J, Pouget-Abadie J, Mirza M, et al. Generative adversarial networks[EB/OL]. arXiv:1406.2661. https://arxiv.org/abs/1406.2661.

[22] Tan C Q, Sun F C, Kong T, et al. A survey on deep transfer learning[C]// International Conference on Artificial Neural Networks. Rhodes, ENNS, 2018, 11141: 270-279.

[23] Pan S J, Yang Q. A survey on transfer learning[J]. IEEE Transactions on Knowledge and Data Engineering, 2010, 22 (10): 1345-1359.

[24] Radford A, Metz L, Chintala S. Unsupervised representation learning with deep convolutional generative adversarial networks[EB/OL]. arXiv:1511.06434. https://arxiv.org/abs/1511.06434.

[25] Karras T, Laine S, Aila T. A style-based generator architecture for generative adversarial networks[J]. IEEE Transactions on Pattern Analysis and Machine Intelligence, 2021, 43 (12): 4217-4228.

[26] Kang M, Zhu J Y, Zhang R, et al. Scaling up GANs for Text-to-image synthesis[C]// IEEE/CVF Conference on Computer Vision and Pattern Recognition (CVPR). Vancouver, IEEE/CVF, 2023: 10124-10134.

[27] Ledig C, Theis L, Huszár F, et al. Photo-realistic single image super-resolution using a generative adversarial network[C]// IEEE/CVF Conference on Computer Vision and Pattern Recognition (CVPR). Honolulu, IEEE/CVF, 2017: 105-114.

[28] Akcay S, Atapour-Abarghouei A, Breckon T P. GANomaly: semi-supervised anomaly detection via adversarial training[C]// Asian Conference on Computer Vision (ACCV). Perth, Newcastle University, 2018.

[29] Ganin Y, Lempitsky V. Unsupervised domain adaptation by backpropagation[C]// Proceedings of the 32nd International Conference on Machine Learning. Lille, IMLS, 2015: 1180-1189.

[30] Huang X, Belongie S. Arbitrary style transfer in real-time with adaptive instance normalization[C]// 2017 IEEE International Conference on Computer Vision (ICCV). Venice, IEEE, 2017: 1510-1519.

[31] Gatys L A, Ecker A S, Bethge M. Texture synthesis using convolutional neural networks[EB/OL]. arXiv:1505.07376. https://arxiv.org/abs/1505.07376.

[32] Zhu J Y, Park T, Isola P, et al. Unpaired image-to-image translation using cycle-consistent adversarial networks[C]// 2017 IEEE International Conference on Computer Vision (ICCV). Venice, IEEE, 2017: 2242-2251.

[33] Sankaranarayanan S, Balaji Y, Jain A, et al. Learning from synthetic data: Addressing domain shift for semantic segmentation[C]// 2018 IEEE/CVF Conference on Computer Vision and Pattern Recognition. Salt Lake City, IEEE/CVF, 2018: 3752-3761.

[34] Ho D, Rao K, Xu Z, et al. RetinaGAN: An object-aware approach to sim-to-real transfer[C]// International Conference on Robotics and Automation. Xi'an, IEEE, 2021: 10920-10926.

[35] Cui W K, Wang K Z, Yu H M, et al. From digital model to reality application: A domain adaptation method for rail defect detection[C]// Chinese Conference on Pattern Recognition and Computer Vision (PRCV). Beijing, CSIG/CAAI/CCF/CAA, 2021: 115-126.

[36] Redmon J, Farhadi A. YOLOv3: An incremental improvement[EB/OL]. arXiv:1804.02767. https://arxiv.org/abs/1804.02767.

[37] Liu W, Anguelov D, Erhan D, et al. SSD: single shot multibox detector[J]. European Conference on Computer Vision, 2016: 873-889.

[38] Jocher G, Stoken A, Borovec J, et al. Ultralytics/yolov5: V3.1 -bug fixes and performance improvements [EB/OL]. (2025-04-21). https://zenodo.org/record/4154370.

[39] Li Q Y, Ren S W. A real-time visual inspection system for discrete surface defects of rail heads[J]. IEEE Transactions on Instrumentation and Measurement, 2012, 61 (8): 2189-2199.

[40] Li Q Y, Ren S W. A visual detection system for rail surface defects[J]. IEEE Transactions on Systems Man and Cybernetics Part C (Applications and Reviews), 2012, 42 (6): 1531-1542.

[41] Yu H M, Li Q Y, Tan Y Q, et al. A Coarse-to-Fine model for rail surface defect detection[J]. IEEE Transactions on Instrumentation and Measurement, 2019, 68 (3): 656-666.

[42] Huang Q L, Wang J Z, Song Y X, et al. Synthetic-to-realistic domain adaptation for cold-start of rail inspection systems[J]. Computer-Aided Civil and Infrastructure Engineering, 2023, 39 (3): 424-437.

[43] Ulyanov D, Vedaldi A, Lempitsky V. Instance normalization: the missing ingredient for fast stylization[EB/OL]. arXiv:1607.08022. https://arxiv.org/abs/1607.08022.

[44] Jocher G, Chaurasia A, Stoken A, et al. Ultralytics/yolov5: V6.1 -tensorrt, tensorflow edge tpu and openvino export and inference (v6.1) [EB/OL]. (2025-04-21). https://zenodo.org/record/6222936.

[45] Zhang H Y, Cisse M, Dauphin Y N, et al. Mixup: beyond empirical risk minimization[EB/OL]. arXiv:1710.09412. https://arxiv.org/abs/1710.09412.

[46] Tian Y N, Yang G D, Wang Z, et al. Apple detection during different growth stages in orchards using the improved YOLO-V3 model[J]. Computers and Electronics in Agriculture, 2019, 157: 417-426.

[47] Laroca R, Severo E, Zanlorensi L A, et al. A robust real-time automatic license plate recognition based on the YOLO detector[C]// 2018 International Joint Conference on Neural Networks (IJCNN). Rio de Janeiro, IEEE, 2018: 1-10.

[48] Bochkovskiy A, Wang C Y, Liao H Y M. YOLOv4: optimal speed and accuracy of object detection[EB/OL].arXiv:2004.10934. https://arxiv.org/abs/2004.10934.

第 7 章　轨道视觉巡检虚拟仿真系统

虚拟仿真技术为科学研究和人才培养带来了革新手段，能够突破时空界限并提升用户的实践能力。作者所在团队自主研发了轨道视觉巡检虚拟仿真系统。该系统利用虚拟仿真、计算机视觉与模式识别等技术，结合视觉传感器成像及多传感器协同工作等多项实验原理，为研究者和从业人员提供了一个逼真的轨道检测环境。系统设计聚焦于培养目标，通过精心设计的教学过程和实验方法，帮助读者掌握轨道视觉巡检的关键技能，显著提高了人才培养的质量和实验测试的效率。

7.1　引　　言

全球铁路运输系统的快速发展，尤其是高速铁路的广泛铺设，对铁路运营的安全性、效率性和经济性提出了更高要求[1-2]。智能高速铁路作为未来交通体系的关键组成部分，其智能维护与检测、监测能力是保障运行安全、提升服务质量的核心。随着信息技术，特别是物联网（internet of things，IoT）与人工智能（AI）的飞速发展，基于视觉感知的物联网系统成为轨道基础设施（包括钢轨、隧道和桥梁等）健康状态检测的重要技术手段[3]，铁路行业对物联网和人工智能等相关领域技术人才的需求也愈发迫切。

在高等院校物联网工程等专业人才的培养过程中，由于高速铁路运行线路场景属于封闭高危环境[2]，实验的安全性难以得到保障；传统的实验设备可以满足验证型实验，但难以满足综合性训练；智能运维实验系统相关传感器的价格昂贵，且易损耗，实践教学难以在高速铁路运行线路等真实场景下实施，导致难以实现具有跨学科知识、实践能力和创新能力的复合型人才的培养[4]。轨道视觉巡检虚拟仿真系统可以通过模拟封闭、高危、高成本、高消耗的高速铁路线路运维实践场景，突破时间和空间的限制，实现综合型、创新型的实验教学过程，对铁路领域智能运维人才的培养具有重要意义。

7.2　预 备 知 识

在深入探讨轨道视觉巡检虚拟仿真系统的设计与应用之前，首先需要了解一些基本概念和技术背景。本节将对虚拟仿真技术、视觉传感器成像原理、多传感器协同工作原理及计算机视觉与模式识别技术等知识点进行概述，为后续章节中轨道视觉巡检虚拟仿真系统的详细介绍及其在人才培养方面的具体实施奠定基础。

7.2.1　虚拟仿真技术

虚拟仿真技术[5-7]，作为数字化时代标志性的进展之一，是计算机科学领域的代表性成就。该技术利用先进的计算能力创造虚拟场景，以复现现实世界的各种情境、进程及系统。其研究可追溯至 20 世纪 60 年代，随着虚拟仿真技术的爆炸式增长，其应用广度与技术深度均实现显著扩张。该技术深度融合计算机图形学、人机交互、人工智能、大数据分析等跨学科知识，构筑出高度沉浸、强交互性的新型体验平台。

虚拟仿真技术的核心在于构造精细的三维虚拟空间，借助复杂算法与高保真图形渲染，确保虚拟环境在感官维度上逼近现实，具体涵盖三维建模、即时渲染、物理仿真、人机交互设计及 AI 集成等关键技术模块。三维建模奠定虚拟世界物理基础；即时渲染则利用光照处理与材质映射等技巧，赋予模型以生动外观与动态反馈，强化视觉真实性；物理仿真确保虚拟对象遵循物理法则运作，提升仿真精确率；人机交互设计利用虚拟现实（virtual reality，VR）/增强现实（augmented reality，AR）装置捕捉并响应用户动作，促进自然互动；AI 集成为虚拟实体赋予智能行为模式，增强了系统适应性和仿真深度。

最初，虚拟仿真技术主要服务于军事训练与航天模拟，但随后其应用迅速扩展至医疗、建筑、娱乐等行业。21 世纪后，伴随 VR/AR 技术的突破，虚拟仿真的沉浸度与互动水平实现质变，进一步催化其在城市规划、工业制造、商业策略制定等领域的应用，尤其在教育培训方面展现出前所未有的潜力。

虚拟仿真技术可将实际场景及实验设备虚拟化、实验内在原理仿真化，让高危或极端环境、高成本或高消耗、不可逆操作及大型综合训练类型的实验走进课堂教学[8]，不仅保障了安全性与经济性，还极大提升了学习体验的真实性。学生得以在模拟中累积经验，减少实操错误，强化理论与实践的融合，促进综合技能的全面提升。此外，该技术提供了一个高度灵活的学习框架，利用个性化的虚拟环境设置，超越物理局限，优化学习成效。

虚拟仿真技术不仅是教育模式变革的推手，更是拓展认知边界、激发创新思维的重要工具。随着技术的持续精进，未来其在教育、科研等领域的影响无疑将更加深远，预示着无限的可能[8]。

7.2.2　视觉传感器成像原理

视觉感知智能运维系统的核心硬件设备在于视觉传感器，通过视觉传感器才能实现相关运维对象的感知。常见的视觉传感器可分为面阵相机和线阵相机两大类[9-10]。面阵相机以一个“面”为单位进行拍摄；线阵相机以“行”为单位进行拍摄，每次拍出的图像就像一条线。

面阵相机作为视觉传感技术中的主流成员，广泛应用于日常生活，包括家用相机与智能手机内置摄像头，能瞬时捕获目标场景的全面二维图像，特别适用于静态目标的拍摄，也可通过精细化系统参数配置以适应动态场景的采集需求。

相比之下，线阵相机专攻高速动态监测领域，其工作原理基于线性扫描模式，即在每次曝光周期内，仅采集图像的一行数据，这一行虽然纵向仅含单个像素点，却横跨数千乃至数万像素宽度。作业过程如图 7.1 所示，线阵相机对目标区域行进式扫描，每次精准位移后拍摄新的行图像，然后控制软件将这些连续的行图像序列无缝整合，重构为完整的二维图像。这种独特扫描机制赋予线阵相机在高速运动检测方面的卓越效能。

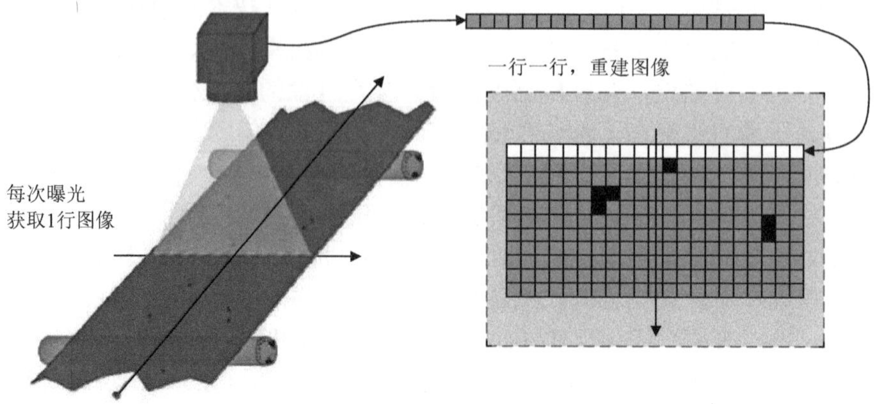

图 7.1 线阵相机成像原理[11]

鉴于线阵相机成像依赖于多行图像的精准同步拼接，其拍照速率须严格对应被摄物的移动速度，以确保图像的准确无畸变。速率不匹配会导致图像产生压缩或拉伸的视觉扭曲，如图 7.2 所示。理想状态下，行频＝运动速度÷像素精度。在固定像素精度下，目标移动速度的提升要求更高行频以维持图像清晰度与检测精度。因此，实际应用中，行频调整须准确匹配被摄目标的相对运动速率，以确保图像质量与监测效果的可靠性。

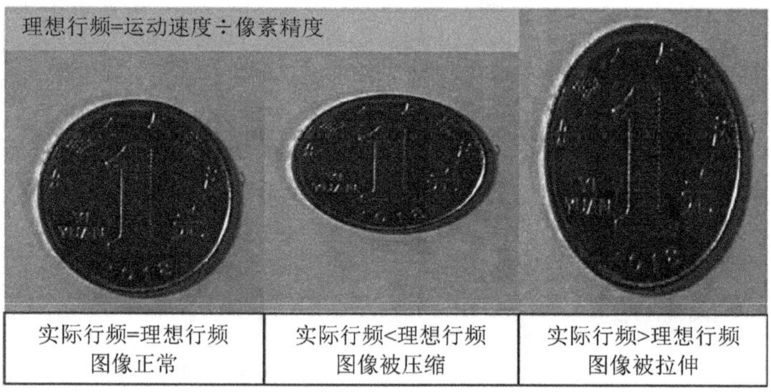

图 7.2 线阵相机不同行频成像对比

综上所述，面阵相机与线阵相机各自凭借独特优势服务于不同应用场景，前者聚焦于静态场景下的图像捕获，后者在动态监测领域展现非凡实力，二者共同推进视觉传感技术的发展与应用。

7.2.3 多传感器协同工作原理

在典型的轨道监测场景下，单一传感器往往难以实现钢轨表面状态的全面覆盖，故而构建多传感器协同视觉感知系统，该系统从多角度同步获取轨道图像。鉴于单一相机受制于精度、工作距离及视野范围，无法独立捕获完整钢轨表面影像，因此，协同视觉感知系统需要设计合理的信号控制策略，确保多传感器之间的同步协作，实现特定时刻下轨道全方位视角图像的精确采集，如图 7.3 所示。

图 7.3　协同视觉感知系统采集示意图

当采用包含线阵相机与面阵相机在内的多种传感器协同采集动态场景下的指定区域图像时，需要精心调校传感器参数，以实现彼此之间的兼容与协同。具体而言，在运动场景下，编码器常与车轮轴联动，通过发送脉冲信号调控线阵相机，确保图像采集速率与车辆行进速度相匹配。与此同时，通过软件控制，在采集预设行数图像后，向面阵相机发送触发信号，促使其拍摄相应画面，如图 7.4 所示。

图 7.4　多传感器协同工作流程

如图 7.5 所示，所构建协同视觉感知系统的信号流控制流程可概括为以下四个步骤。

（1）编码器同步。编码器与车轴同轴旋转，每达到预设角度即发出脉冲信号，该信号随即传递至分频器。

（2）脉冲信号分发。分频器接收并分配脉冲信号至两台线阵相机，驱动其按信号指示拍摄轨道正视图像。

（3）线阵相机触发。线阵相机在捕获预定行数图像后（与面阵相机视场长度相匹配），工控机向面阵相机发送软触发信号。

（4）面阵相机响应。面阵相机依据收到的软触发信号，执行拍摄任务，捕捉轨道侧视图像。

上述流程确保了多传感器协同视觉感知系统在轨道监测中的高效协作与图像的全面获取，体现了系统设计中信号控制与传感器参数调优的关键作用。

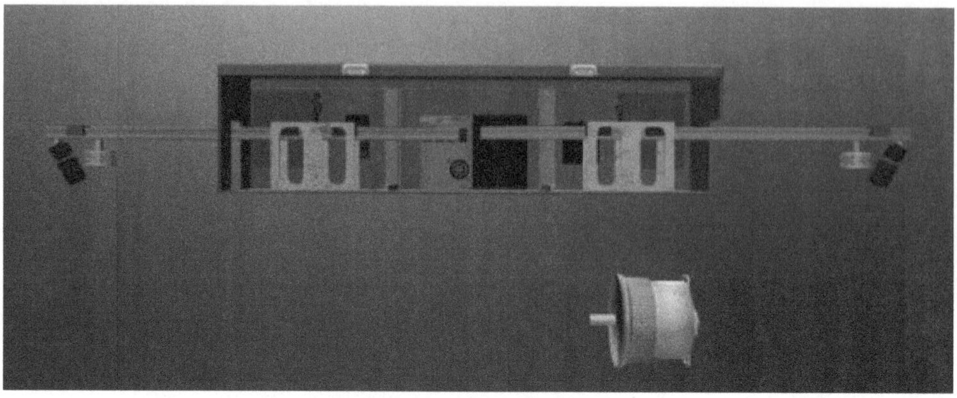

图 7.5　协调视觉感知系统工作原理

7.2.4　计算机视觉与模式识别技术

在现今的轨道运维工作中，视觉检测技术凭借快速性、准确性及直观性的特点，已成为钢轨表面伤损检测的主流方法。常见的钢轨表面伤损主要分为两大类：表面裂缝与滚动接触疲劳磨损，具体表现形式涵盖剥离、鱼鳞伤、擦伤、压陷、层裂、波磨、弹条断裂与扣件丢失等[12]，如图 7.6 所示，更多细节参阅第 2 章。

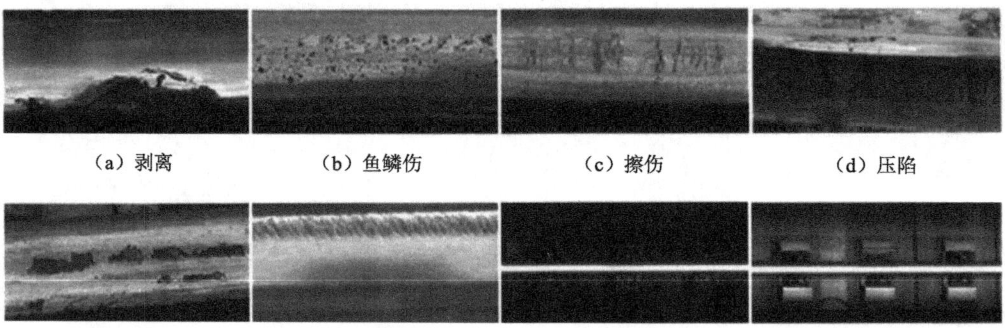

（a）剥离　（b）鱼鳞伤　（c）擦伤　（d）压陷

（e）层裂　（f）波磨　（g）弹条断裂　（h）扣件丢失

图 7.6　钢轨表面伤损样例

图 7.6（彩图）

轨道伤损检测任务依据检测精细程度的不同，大致可划分为图像级与像素级两个层次。图像级检测聚焦于伤损图像的整体识别，即区分伤损与非伤损图像，评估标准通常涉及召回率与虚警率，分别量化模型对伤损图像的识别覆盖率与误报频率。像素级检测不仅要求识别伤损，还须精准定位伤损位置，并测量其面积以评估严重程度，便于巡检人员依据伤损的具体位置与等级进行复查。交并比（intersection over union，IoU）作为目标检测与语义分割的重要评估指标，能有效反映模型在位置与尺寸判断上的精确率，是衡量轨道伤损检测效果的关键参数。本实验系统涉及的轨道伤损检测方法[13]主要分为以下两大类。

1）基于数字图像处理的识别技术

这类技术涉及图像信号的数字化转换与计算机处理，核心环节包括图像增强、图像复原、图像分割与图像识别。尤其在伤损识别中，通过预处理增强图像，再进行特征提取与分类，以经典模式识别算法或新兴的深度神经网络实现。针对工业现场采集图像可能存在的光照不均与噪声问题，传统算法运用局部滤波增强伤损与背景对比度，随后应用阈值分割技术准确定位伤损区域[12]，更多细节可参阅第 3 章。其伤损识别主要流程示意图如图 7.7 所示。

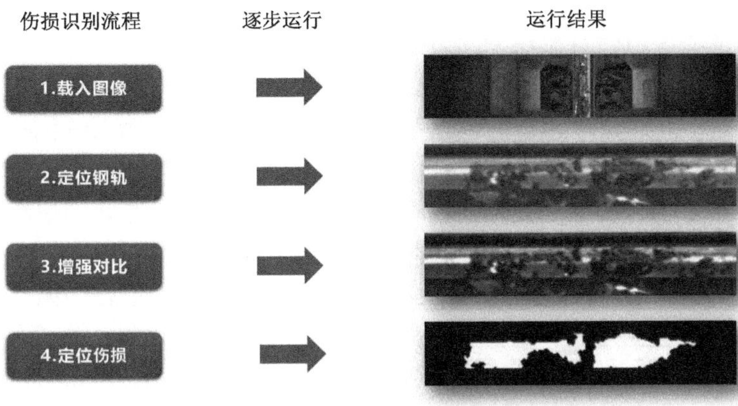

图 7.7　基于图像处理的识别技术的流程示意图

2）基于大模型的识别技术

得益于深度学习的进步，视觉检测技术有了新的进展，精确率和效率都有了较大的提升。但是，现有检测系统需要针对不同检测对象和任务进行独立深度学习“小”模型部署与更新，且独立模型的性能指标（虚警率）偏高，这些性能瓶颈增加了人工复核的工作量。大模型以其强大的表示学习和泛化能力，逐渐成为伤损识别研究的热点。不同于以往针对特定对象与任务定制独立模型的做法，大模型通过在大量通用数据上进行预训练，随后在特定任务上微调，展现出更为优异的性能。值得注意的是，Transformer 架构在自然语言处理领域的突破启发了视觉转换器（vision transformer，ViT）[14]模型在计算机视觉领域的创新应用，预示着大模型在轨道伤损识别领域的广阔前景。

天佑大模型是作者所在实验室研制的首个轨道交通智能运维大模型，其主要流程如图 7.8 所示，实现了多种轨道伤损的识别。

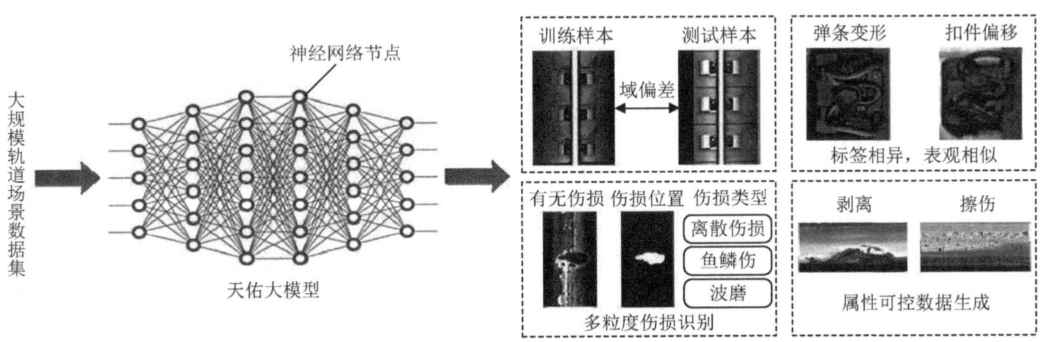

图 7.8　天佑轨道检测大模型主要流程示意图

综上所述，钢轨表面伤损检测技术正经历从基于图像处理的传统算法向基于大模型的深度学习算法的转变，后者展现出更强的适应性与更高的效率，有望推动轨道维护工作的智能化升级。

7.3 虚拟仿真系统设计

轨道视觉巡检虚拟仿真系统[15-16]计划以高速铁路智能运维为虚拟仿真实验场景，模拟在不同线路环境和天气环境下的高速铁路轨道巡检模式，帮助用户学习和分析典型的轨道伤损，掌握不同视觉传感器的工作原理，通过构建视觉感知系统执行高速铁路轨道巡检的运维任务，并基于计算机视觉技术实现对轨道伤损的检测。本系统将面向高速铁路轨道巡检业务需求和物联网技术前沿，培养用户应用物联网专业知识解决复杂工程问题的综合设计能力和创新实践能力，增强用户技术创新的研究精神；同时，培养用户对中国高速铁路的认知，增强用户参与“交通强国”等国家战略的使命感。本节将从整体架构、实验方法、功能模块和仿真要素四个方面来整体阐述虚拟仿真系统的整体设计，其中包括育人目标、教学过程和实验特色。

7.3.1 整体架构

轨道视觉巡检虚拟仿真系统是一个集成了多种技术和功能的综合性教学工具，旨在帮助用户理解和掌握高速铁路轨道巡检的相关知识和技能，同时也为相关培训人员和管理人员提供管理和监控的便利。

该系统的整体架构设计如图 7.9 所示，其主要用户有三类：学生、教师和管理员，学生是主要的使用者，通过平台进行学习和实践；教师负责教学和指导工作；管理员负责整个平台的运营和管理。整个系统从上到下可分为六个层次，有统一的标准规范与管理体系，每个层次的功能如下。

（1）应用层主要是具体的应用场景和功能模块，包括传感器原理的学习、轨道视觉巡检的操作训练和伤损创新识别的研究等内容，为学生提供直观、真实的体验环境。

（2）仿真层提供仿真服务，包括设备建模、模型拆解与装配、模型可视化、模型仿真运行和仿真分析服务等，用于将实际场景虚拟仿真化，以支撑应用层的各项功能。

（3）服务层为不同用户提供各项服务，包括虚拟实验教学管理平台和系统管理后台。虚拟实验教学管理平台服务于师生，用于学习实践和教学管理等，包括但不限于成绩管理、个人实验管理、学生管理等；系统管理后台服务于管理员，用于平台的运营和管理。

（4）支撑层包含整个系统的基础应用，包括系统的门户服务、权限管理、内容管理、关系管理和安全服务等多个方面，为整个平台的稳定运行提供有力的保障。

（5）数据层是系统的数据源，包括资源数据库、用户数据库、服务资源元数据库和数据资源核心元数据库等，为上层的应用和服务提供必要的支持。

（6）基础层是整个平台的基础，包括操作系统、系统备份、数据安全、防火墙、服务器、网络带宽等硬件设施和软件环境。这些基础设施是整个平台运行的基础，确保其他各层功能的正常实施。

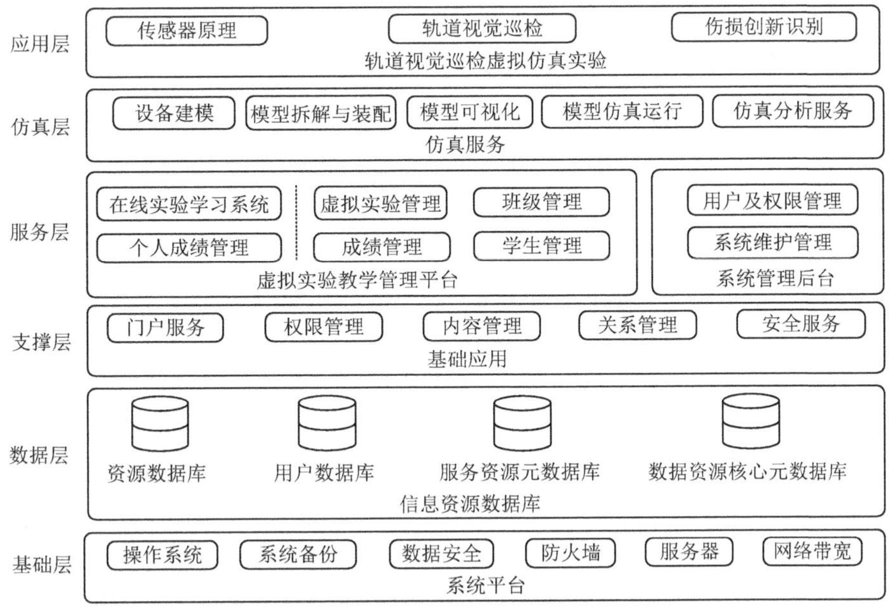

图 7.9　轨道视觉巡检虚拟仿真系统整体架构图

本节针对系统的核心应用内容与实验操作流程，进一步细化设计思路，确保每个环节都能有效衔接，共同推进学习目标的达成。

该系统可划分为传感器原理虚拟仿真实验、轨道视觉巡检虚拟仿真实验以及轨道伤损识别创新实验三大实验模块，分别对应认知型、综合型和创新型三个递进的实验层次，包含 27 个具体的操作步骤，如图 7.10 所示。该设计体现了知识的连贯性和实践的深化性。

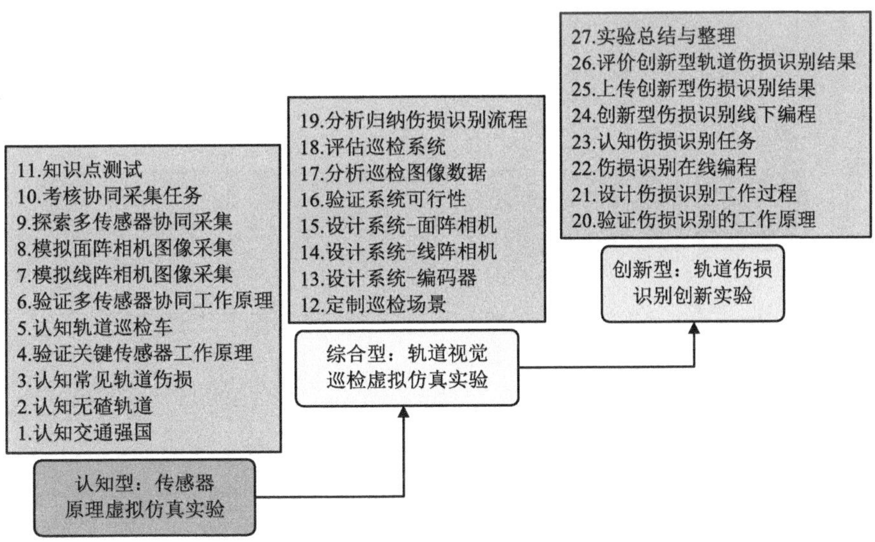

图 7.10　虚拟仿真实验操作步骤设计

认知型实验作为起点，聚焦于基础知识的掌握，通过虚拟仿真手段，使学生对传感器原理形成直观理解，为后续学习奠定坚实的理论基础。

综合型实验构成核心部分，旨在深化学生对理论知识的应用能力。通过模拟轨道视觉巡检的实践操作，不仅检验学生对认知型实验内容的掌握程度，同时也为进入更高层次的创新实验做好准备。

创新型实验作为挑战性最高的阶段，鼓励学生发挥创造力，设计并实现原创的伤损识别算法。这一过程不仅强化了计算机专业技能，更为学生提供将理论转化为实践、解决实际问题的机会。

各实验模块之间知识的递进性与关联性确保学习过程的连贯性和有效性。前一阶段获得的原理知识将在后续的设计实验中得以验证，实验设计的优劣将通过仿真巡检的结果进行客观评价，形成一个闭环的学习与评估体系，有效促进学生从理论学习到实践应用，再到创新发展的全面成长。

本系统涵盖如图 7.11 所示的多个交叉学科知识点。其育人目标在不同层面上均有要求，主要包括针对高速铁路轨道巡检与物联网技术，学生须掌握的知识体系、培养的核心技能及塑造的价值观等，旨在培养具备深厚专业知识、卓越技术能力和强烈社会责任感的复合型人才。

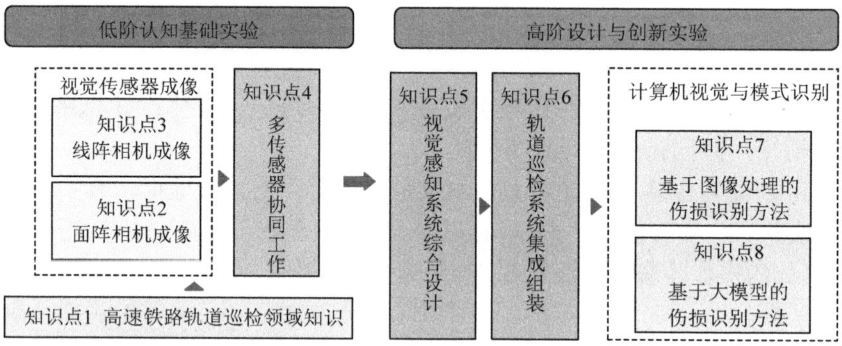

图 7.11 虚拟仿真实验知识点架构图

虚拟仿真实验分层教学目标，如图 7.12 所示。

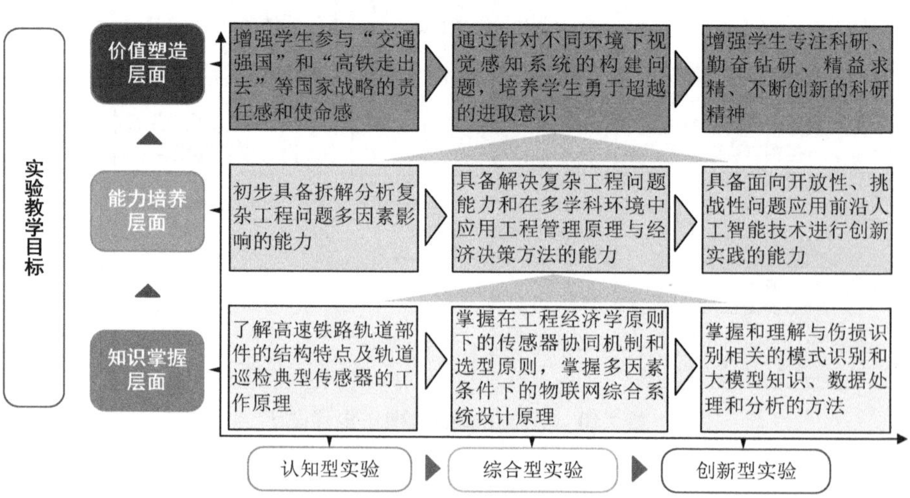

图 7.12 虚拟仿真实验分层教学目标

1）认知型实验：传感器原理虚拟仿真实验

知识掌握：了解高速铁路无碴轨道结构、无碴轨道扣件和常见轨道伤损等行业知识，掌握轨道巡检装备中主要传感器如线阵相机、编码器等的理论知识，并理解其单独工作和协同工作原理。

能力培养：具有检测对象（高速铁路）和检测装备（传感器）的理论知识，掌握各传感器调试参数的方法，具备分析不同类型传感器部件结构特点、技术参数的能力，初步具备拆解分析复杂工程问题多因素影响的能力。

价值塑造：通过深入了解我国“高速铁路名片”的发展历程，激励学生增强创新意识、勇于创新，增强学生对中国高速铁路的认知和参与“交通强国”等国家战略的使命感；通过了解我国高精尖传感器设备科技研发所面临的“卡脖子”问题，激励学生开拓创新、锐意进取的意识，增强学生服务国家重大战略需求的责任感；通过我国铁路建设杰出科学家事迹及科学家精神，激励学生学习伟人前辈艰苦奋斗、敢于创新的高尚品德，增强学生的爱国主义精神和民族自信心。

2）综合型实验：轨道视觉巡检虚拟仿真实验

知识掌握：深入理解轨道巡检业务需求和约束，掌握在工程经济学原则下的线阵相机、面阵相机、编码器等主要传感器的协同机制和选型原则，掌握综合设计多传感器综合物联网系统的技术方法，掌握不同因素对系统影响的分析方法，同时掌握从采集效果和传感器成本等维度综合评估实验结果的方法。

能力培养：具备结合工程任务需求，进行物联网系统设计、参数优化、结果分析的能力；具备面向轨道巡检应用需求设计综合解决方案的实践动手能力；具备解决复杂工程问题能力和在多学科环境下应用工程管理原理与经济决策方法的能力。

价值塑造：通过对不同环境下的高速铁路轨道巡检问题探究，深入理解视觉感知系统的控制原理，强化学生学以致用的思维模式，树立高速铁路轨道智能运维领域的工程系统观，增强学生勇于超越的进取意识。

3）创新型实验：轨道伤损识别创新实验

知识掌握：理解和掌握与伤损识别相关的模式识别和大模型知识、工作原理，掌握数据处理和分析的方法，掌握算法的通用指标体系及算法的分析、验证、评价方法。

能力培养：具备伤损识别算法的编程、调试与应用能力，具备基于实际工程应用问题需求和数据特征进行算法设计和性能优化的能力，具备面向开放性、挑战性问题应用前沿人工智能技术进行创新实践的能力。

价值塑造：通过深入理解算法的工作原理和优化实践，增强学生专注科研、勤奋钻研、精益求精、不断创新的科研精神。

7.3.2 实验方法

本系统通过对实验教学策略与实验方法的系统化运用，实现对学生各项能力的培养，其间运用的实验方法主要包括观察法、等效法、控制变量法、自主设计法、对比分析法、分步法和归纳法等。各实验层次、实验模块及实验方法之间的对应关系如图 7.13 所示。

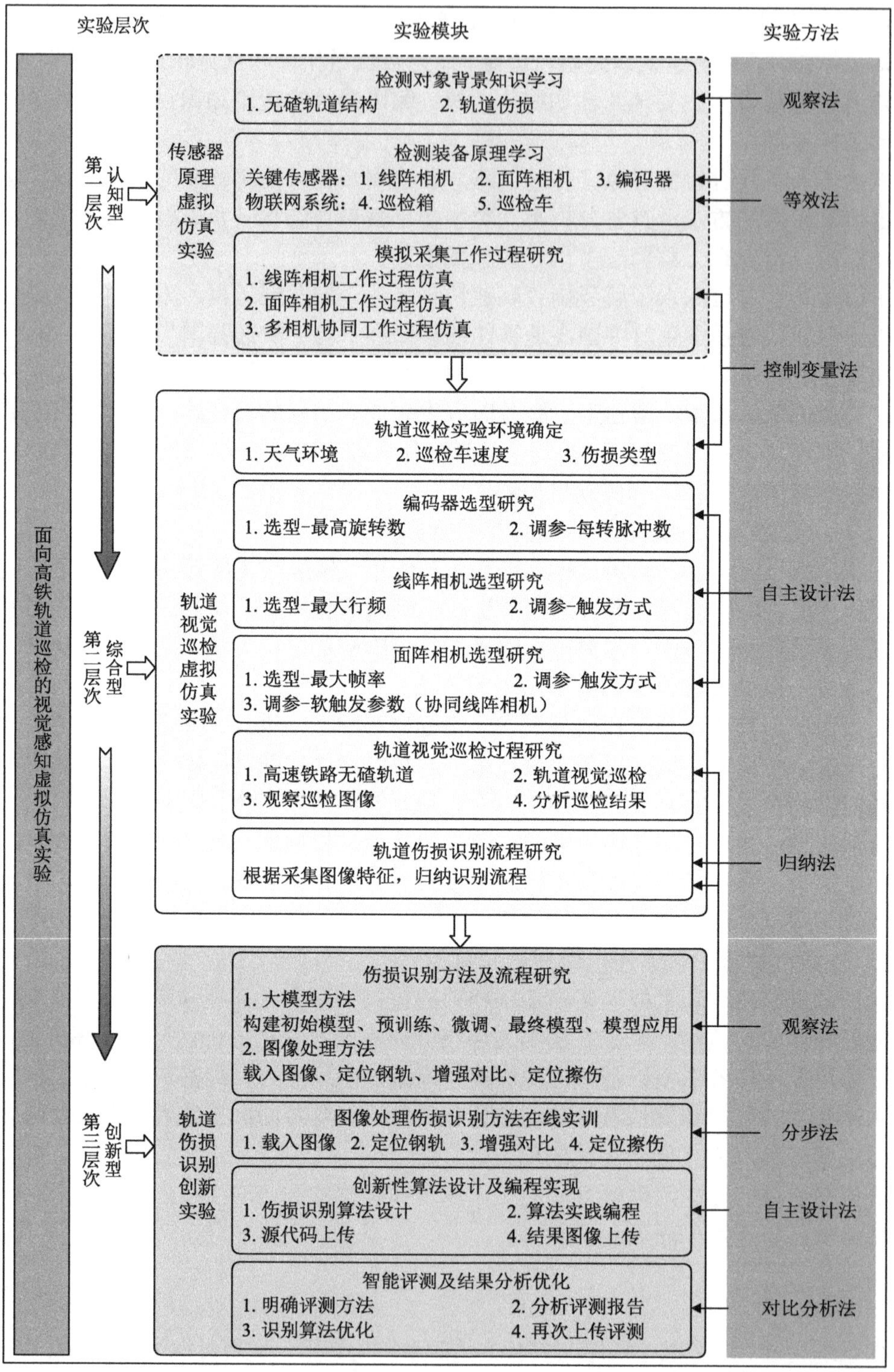

图 7.13 实验层次、实验模块及实验方法对照图

各层次的教学策略如下。

1）认知型实验：理论基础与参数洞察

认知型实验阶段，采用观察法、等效法与控制变量法，旨在奠定坚实的理论基础。学生依据标准化流程，对静态虚拟模型进行细致观察，辅以动画和图文说明，深化对轨道部件与传感器的理解。通过等效观察，学生能直观解析传感器参数对系统行为的影响机制。借助控制变量法，学生在模拟采集模块中逐一调整参数，深入剖析传感器运作原理，确保对关键知识点的精准掌握。实验成效通过专项测验进行评估。

2）综合型实验：自主设计与系统整合

过渡至综合型实验，鼓励学生运用观察法、控制变量法、自主设计法及归纳法，推动从理论到实践的跨越。学生自主构建轨道巡检虚拟场景，动态观测环境变化对系统效能的影响。在此基础上，学生须自行规划视觉感知系统，涉及物联网架构设计与设备选择，面对开放式实验结果，不仅考验学生的技术能力，还需他们考虑成本效益。系统集成的人工智能算法自动量化评估实验成果，确保架构合规性。最终，学生通过对图像数据的分析归纳，提炼出伤损识别算法的通用流程，强化实践与理论的融合。

3）创新型实验：算法创新与性能优化

在创新型实验中，分步法、自主设计法与对比分析法成为核心策略。学生首先学习多种伤损识别方案，运用观察法理解其流程与结果，随后通过分步法培养基础编程技能。依托前期积累，学生可直接操作复杂模型源码，进行个性化调整以实现伤损图像识别，或从零开始设计原创算法。系统自动量化评估识别性能，生成详尽实验报告。学生依据报告反馈，分析算法缺陷，针对性优化，循环迭代直至达到最佳识别效果，这一过程可充分激发学生创新潜能与解决问题的能力。

综上所述，本实验教学策略巧妙融合多种科学的实验方法，从认知到综合，再到创新，形成一个层次分明、方法多元的实验教学体系，旨在全方位提升学生的理论素养、实践能力和创新思维。

7.3.3　功能模块

本小节将深入探究系统的功能模块。这部分内容基于模块整体设计，具体阐述实验的实施步骤和操作流程，详细展示功能模块从整体设计到具体流程的完整过程。

1. 模块整体设计

系统构建三大实验模块：传感器原理虚拟仿真实验、轨道视觉巡检虚拟仿真实验及轨道伤损识别创新实验，分别对应认知型、综合型和创新型三个层次，如图 7.14 所示。

（1）认知型实验：作为入门级模块，聚焦于传感器原理的基础学习，学生须全面掌握相关知识点并通过在线测试，方能解锁后续实验内容，确保扎实的理论根基。

（2）综合型实验：构成实验教学的核心，学生在此阶段将通过自主设计的虚拟巡检实验，不仅检验学生对基础理论的融会贯通能力，也为后续的创新实验打下坚实的技术与思维基础。

（3）创新型实验：作为高级阶段，通过分步骤引导学生在线编程实训，着重提升学生计算机专业技能，尤其是算法设计与编程实践能力，为学生未来独立开展综合实训项目及线下编程作业提供强有力的支持。

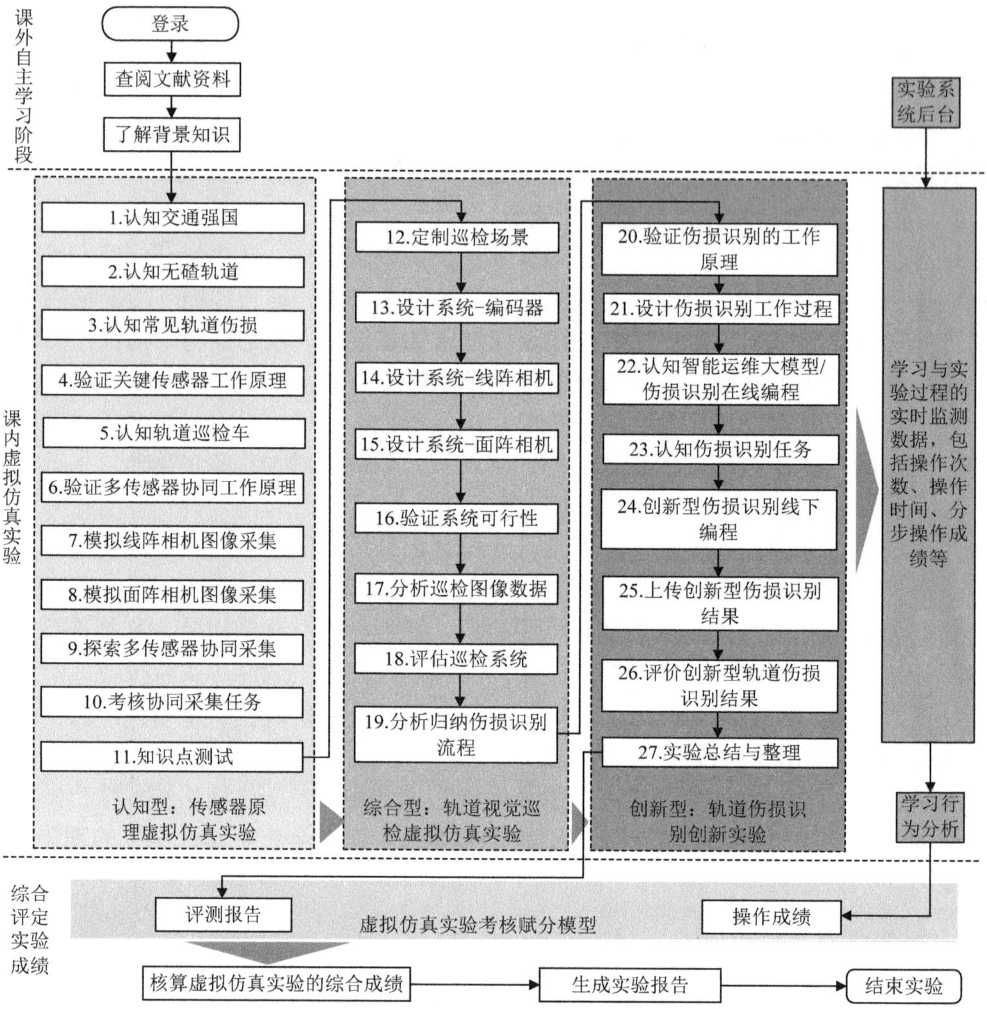

图 7.14 虚拟仿真实验学习路径设计

这种理论与实践相结合的教学模式，不仅可以加深学生对专业知识的理解，还可极大地提升其解决实际问题的能力，为培养具备创新精神与实践能力的复合型人才奠定坚实的基础。

实验系统通过上述精心设计的模块划分与流程安排，实现从认知到综合，再到创新的系统化教学目标，可有效促进学生在计算机科学和轨道交通智能运维领域的全面发展。

2. 详细实验流程

1）传感器原理虚拟仿真实验模块

传感器原理虚拟仿真实验模块专注于传感器原理教育，通过图 7.15 展示的流程，构建虚拟轨道与传感器环境，深入探讨单/多传感器工作原理。系统采用结构化视图解析、动态参数调整及知识评估等多元化教学手段，自动量化学生对传感器原理及其应用的理解深度。参与实验的学生将深化行业知识，提升分析传感器结构与技术参数的能力，并初步掌握处理复杂工程问题的技巧。

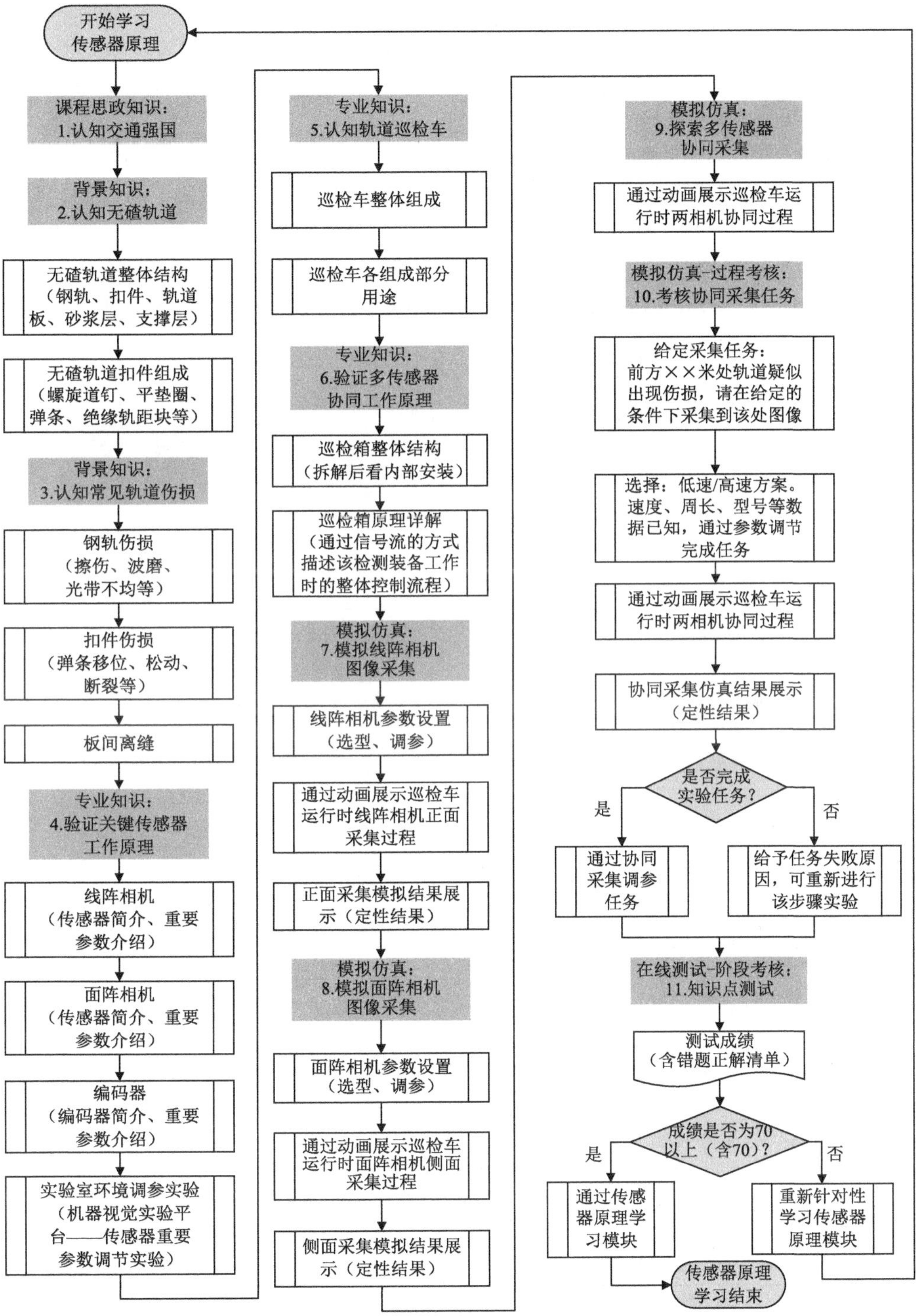

图 7.15　传感器原理虚拟仿真实验模块实验整体流程图

学习路径遵循从理论到实践的原则，学生需要对传感器原理、课程思政内容、行业背景及计算机科学专业基础有充分的认识，理解轨道视觉检测的核心挑战；借助虚拟仿真环境，亲身体验关键传感器的工作原理与运行流程，强化理论联系实际的能力；通过综合性的知识点测试，客观评价学生的学习成效，确保知识内化与技能提升。通过上述过程，实现对学生在传感器技术领域的认知发展与技能积累的有效促进，为其未来职业发展打下坚实基础。

2）轨道视觉巡检虚拟仿真实验模块

轨道视觉巡检虚拟仿真实验模块的实验流程详述如图 7.16 所示。本系统精心设计日常练习与任务考核双模式，旨在全面培养学生的专业技能与工程思维。日常练习模式赋予用户高度自由度，允许其自定义巡检场景，通过反复实验探索，验证理论假设并提炼最优策略。一旦熟练掌握核心要领，即可进阶至任务考核模式，在随机生成的复杂场景下，对各项操作进行深度检验，综合评判其实际应用能力。考核实验流程要求学生不仅

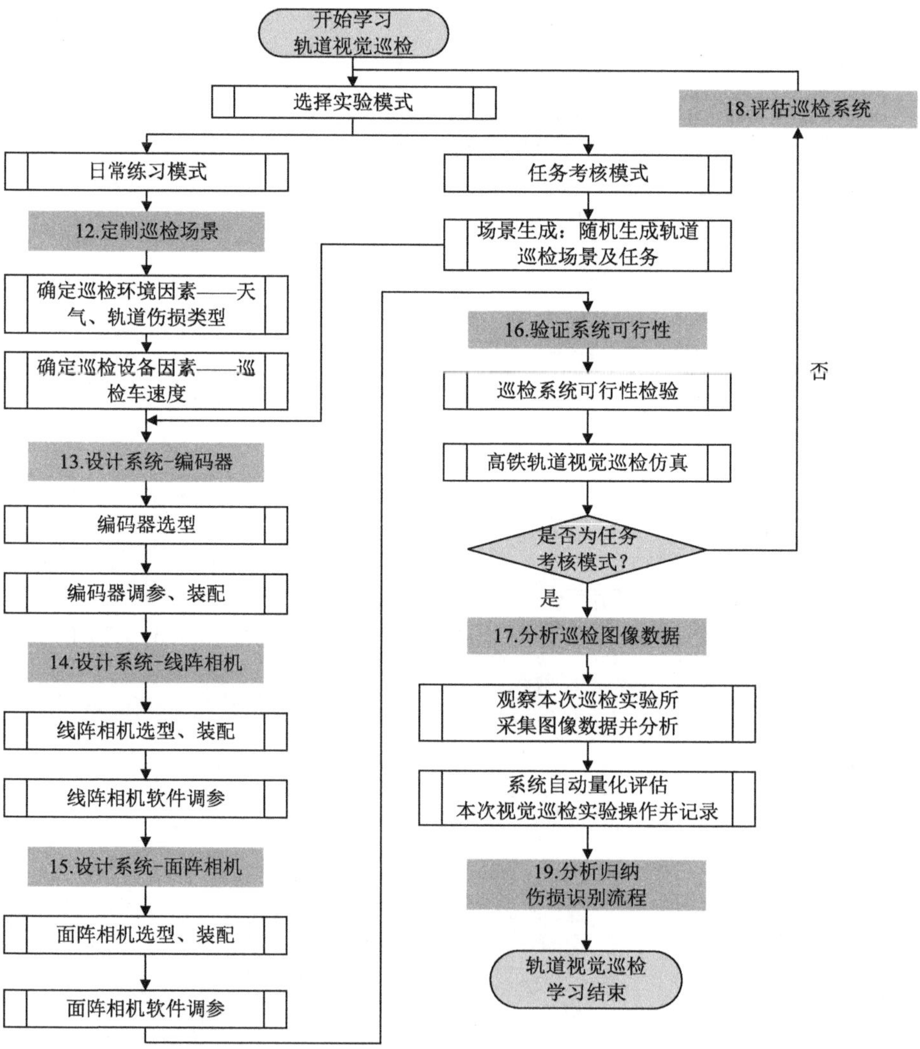

图 7.16 轨道视觉巡检虚拟仿真实验整体流程图

要完成巡检任务，还须深度剖析数据，提炼伤损识别规律，确保理论与实践深度融合。通过多元化的评估手段，包括任务考核、系统选型与流程图绘制，全面考量巡检效能与成本效益，引导学生从多维度审视实验成果，促进其批判性思维的发展。

经此实验模块的系统训练，学生将深刻领悟轨道巡检的业务逻辑与工程约束，掌握在遵循工程经济学的原则下，传感器协同优化与合理选型的策略，进而具备设计综合性解决方案的实战经验，有效应对轨道巡检领域的复杂挑战。此外，还将培养学生在跨学科背景下，运用工程管理原理与经济决策理论解决实际问题的综合能力，为其职业生涯奠定坚实基础。

3）轨道伤损识别创新实验模块

轨道伤损识别创新实验模块实验流程图如图 7.17 所示。此流程构建一条融合传统图像处理与前沿大模型技术的双轨学习路径，旨在激发学生的学术兴趣与创新潜能。

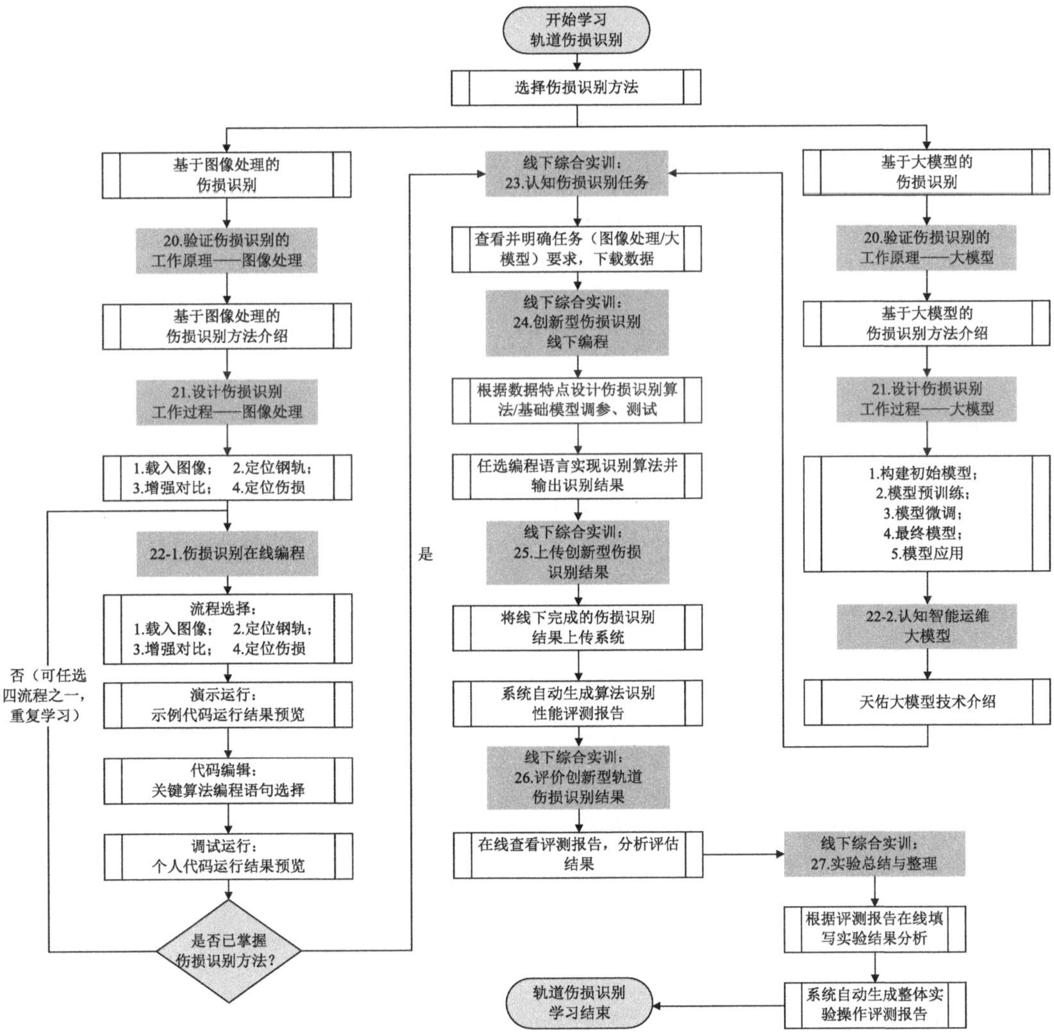

图 7.17　轨道伤损识别创新实验整体流程图

该模块设计灵活，允许依据个人偏好自主选择学习起点，循序渐进地从理论解析到实践探索，最终达成对伤损识别方法的全面掌握。实验流程涵盖从理论学习到创新算法设计的全过程，通过线下综合实训，学生将亲历从数据分析到算法设计，再到算法开发的各个环节，从而深化对伤损识别核心技术的理解。实验系统提供自动化评测工具，通过代码验证、识别精度评估等手段，客观反映算法效能，并自动生成详尽的实验报告，便于学生追踪进度与成效。此外，模块鼓励学生进行不同算法模型表现的对比分析，推动深层次的学术探讨与技术革新。

经过该模块的系统训练，学生将全面掌握伤损识别领域内关键的模式识别理论与大模型技术，熟悉数据处理与分析流程，具备独立编程、调试伤损识别算法的专业技能。更重要的是，培养学生针对具体工程应用问题，基于数据特征进行算法设计与性能优化的综合能力，以及面对开放性、挑战性课题时，运用前沿人工智能技术展开创新实践的前瞻性思维，为其未来投身科研与产业实践奠定坚实的基础。

7.3.4 仿真要素

在虚拟仿真系统的仿真框架中，系统精心构建一套全面而精细的实验环境，旨在精准地复现高速铁路巡检作业的复杂场景，涵盖静态对象的高保真建模与动态过程的精确仿真。具体而言，仿真要素包含两大核心部分：静态对象的虚拟再现与动态过程的实时仿真。

1. 静态对象建模

静态对象建模分为高速铁路线路环境仿真、检测对象与装备仿真。

1）高速铁路线路环境仿真

本实验系统运用先进的3D建模软件3ds Max及多媒体技术，构建包括隧道、桥梁、轨道及车站在内的高速铁路线路关键要素的三维模型，如图7.18所示。这些模型不仅展现高速铁路线路的真实面貌，还融入不同环境条件下的视觉效果，如光照、阴影及天气变化，从而营造出沉浸式的实验环境，使参与者能够身临其境地体验高速铁路线路的全貌。

（a）实际场景

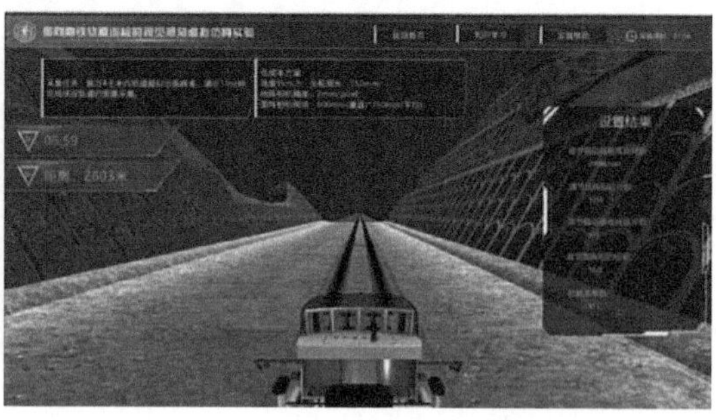

（b）仿真模型

图7.18 高速铁路线路环境实际场景与仿真模型

2）检测对象与装备仿真

借助数字孪生技术与多媒体手段，可对高速铁路无碴轨道、传感器设备及巡检装备进行精细化的数字模型设计并与实际对比，分别对应图7.19～图7.21。这些模型不仅在外观上高度还原实际特征，更通过动态展示透明度调节、多视角转换与缩放等功能，显著增强用户的交互性和学习效果，使学习者能够直观理解设备的内部构造与工作原理。

（a）实际场景　　　　（b）仿真模型

图 7.19　无碴轨道结构图

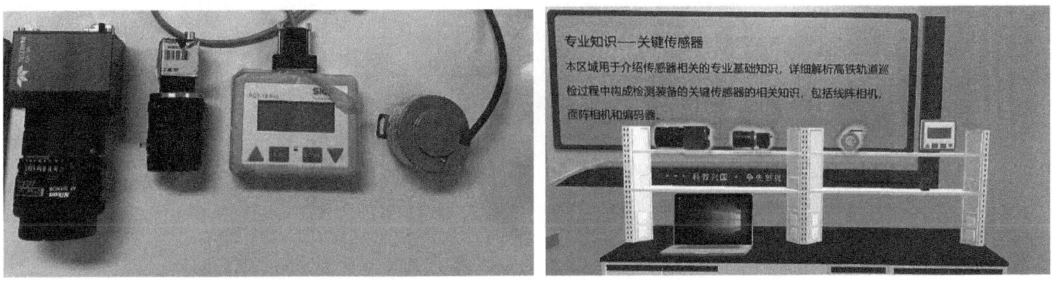

（a）实际场景　　　　（b）仿真模型

图 7.20　传感器设备图

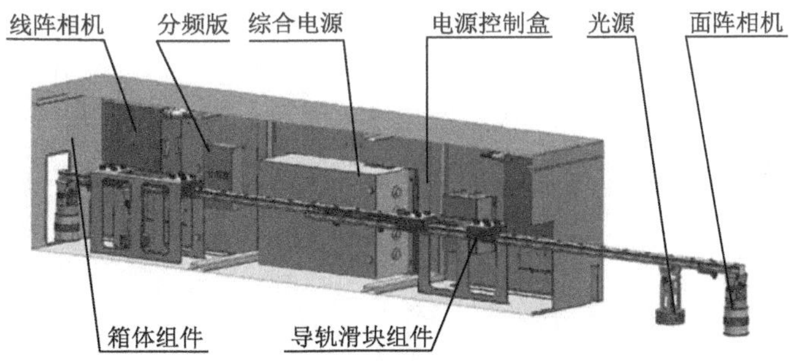

（a）示意图

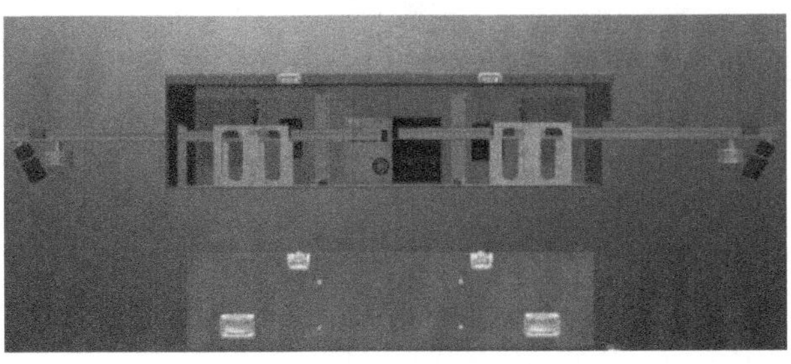

（b）仿真图

图 7.21　巡检装备图

2. 动态过程仿真

动态过程仿真分为轨道巡检作业过程仿真和巡检实验结果仿真与评估。

1）轨道巡检作业过程仿真

利用数学建模与软件开发技术，可构建涵盖不同场景（如天气、地形、速度变化）下图像采集过程的动态仿真系统。这一系统不仅能够模拟传感器的工作状态，还能重现巡检车在各种约束条件下的实际作业流程，如图 7.22 所示，为用户提供沉浸式的操作体验，加深其对巡检系统的理解与掌握。

（a）实际场景　　（b）仿真模型

图 7.22　轨道巡检作业过程

2）巡检实验结果仿真与评估

为了确保实验结果的客观性与准确性，此系统设计一套基于数学模型的自动评分体系。这套体系能够对视觉感知系统采集到的数据进行仿真显示，如图 7.23 所示，还能运用自动化评测技术从算法性能、系统集成成本等多个维度进行全面评估。通过这种方式，不仅能够量化巡检实验的效能，还能够构建一个多维度、多手段、自动化的实验评价体系，为后续的研究与改进提供坚实的数据基础。

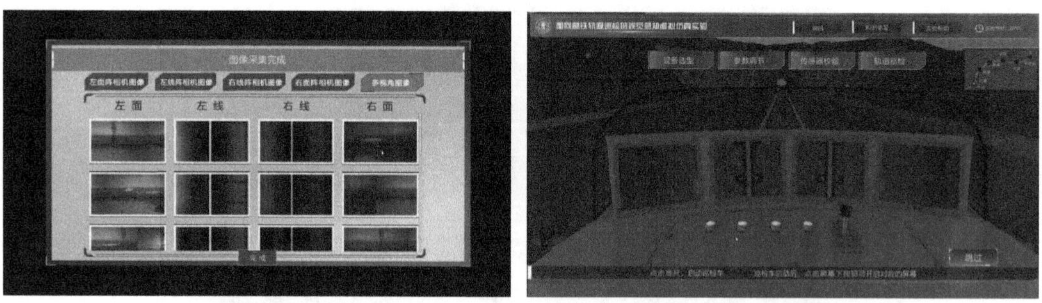

（a）实际场景　　（b）仿真模型

图 7.23　轨道巡检采集图像

综上所述，通过深度整合三维建模、数字孪生、数学建模与自动化评测等前沿技术，可为构建一个高度仿真的高速铁路巡检作业实验平台提供技术支持。这一平台不仅能够提供真实感十足的实验环境，还能够实现对巡检过程与结果的全面仿真与评估，为高速铁路维护与管理领域的科研与教学提供有力的支持。

7.4　虚拟仿真系统详解

本实验系统有三个实验模块，对应着认知型、综合型和创新型三个实验层次。认知型实验是基础，需要逐步完成所有知识点的学习并通过在线测试的考查后方可继续后续实验；综合型实验是主体，通过该部分自主设计型实验，既实现对上一模块认知型实验内容掌握程度的考察，又为下一模块创新型实验内容进行铺垫；创新型实验是拔高，通过分步骤引导在线编程实训，强化计算机专业能力的训练，为后续综合实训任务的创新性算法的自主设计及线下编程奠定基础。

7.4.1　传感器原理虚拟仿真实验

本实验模块采用场景化设计，将所有学习对象安排在一间“实验室”内，如图 7.24 所示，学生需要通过前往不同的区域按序逐步完成对应知识点的学习，如图 7.25 所示，在帮助学生梳理问题及知识点的同时，强化学生学习过程中的沉浸式学习体验。

图 7.24　传感器原理学习“实验室”

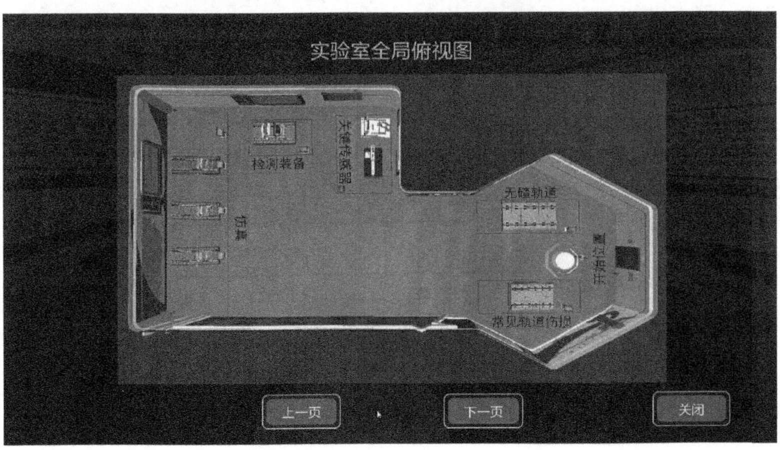

图 7.25　传感器原理学习实验室学习区域分布图

为了解决实际问题，学生需要先了解一定的背景。本实验是面向高速铁路轨道巡检场景的物联网应用实验，实验之初，需要完成对该问题的行业背景知识，即检测对象的学习，其知识结构如图 7.26 所示，包括无碴轨道知识学习和常见轨道伤损学习两个步骤。

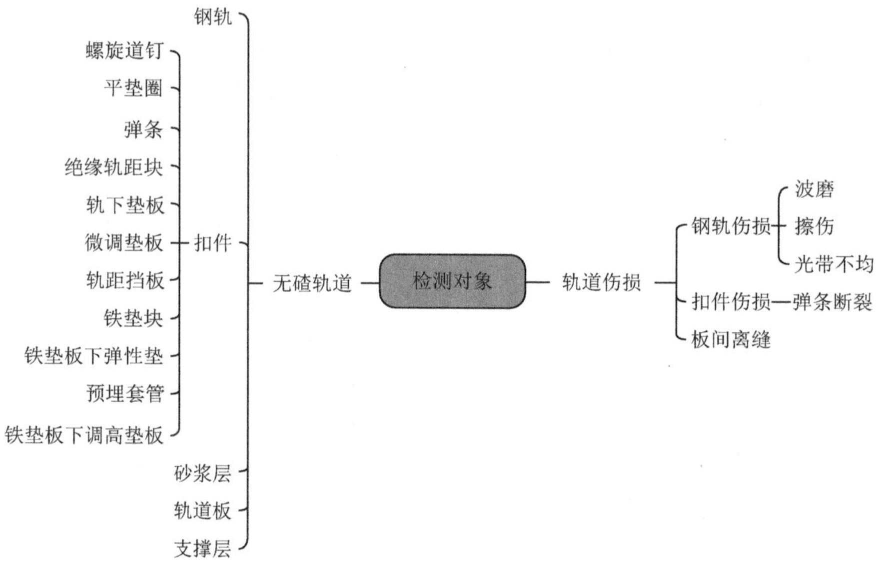

图 7.26　检测对象知识结构

1）实验步骤 1：认知交通强国

实验融入我国高速铁路发展大事记、科技兴国政策及著名科学家事迹等知识，展示在“实验室”不同区域的“墙上”，如图 7.27 所示。进入虚拟实验室后，跟随系统引导即可依次完成相关内容的阅读学习，同时浏览实验室内设备，了解高速铁路轨道巡检实验整体情况，强化学生对“交通强国”的使命担当意识。

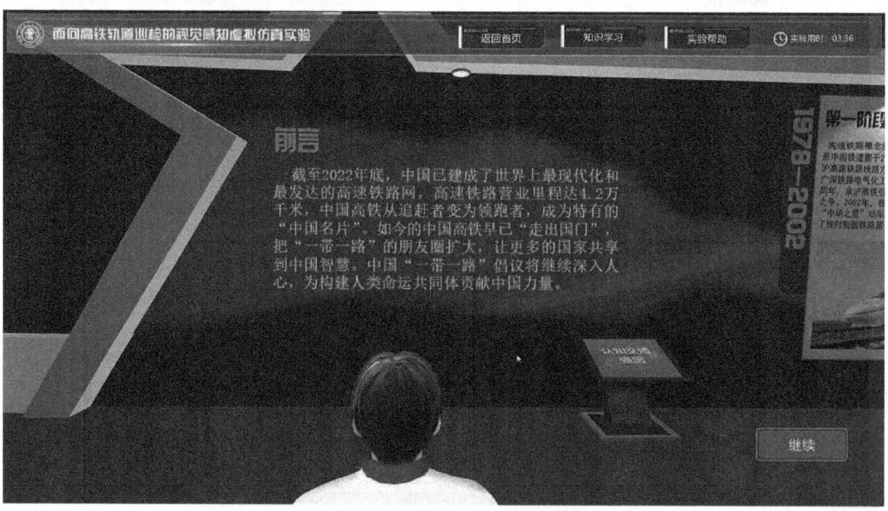

图 7.27　认知交通强国知识学习

2）实验步骤 2：认知无碴轨道

跟随实验系统的引导即可逐步开展实验学习，通过操作 W、A、S、D 键配合鼠标移动到检测对象学习区域，单击高亮的无碴轨道正常模型进行其内容学习。

模型支持整体学习、拆分组件单独学习等多种形式。选定对应组件，可通过“全部显示”“透明所选”“透明其他”“隐藏所选”“隐藏其他”等功能实现对无碴轨道各组件自身及其整体结构的深入学习，如图 7.28 所示，帮助学生了解高速铁路无碴轨道结构、无碴轨道扣件等行业知识。

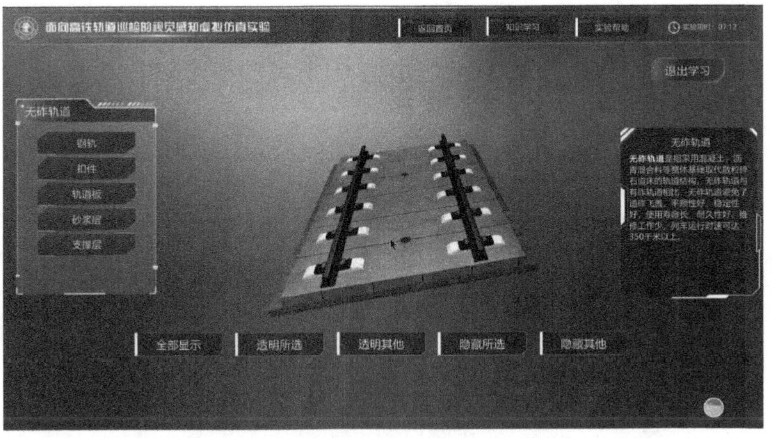

图 7.28　无碴轨道知识学习界面

3）实验步骤 3：认知常见轨道伤损

轨道伤损是轨道巡检关注的重点，轨道巡检应用实践的根本目的就是为了检测出高速铁路轨道中的各类伤损，并对伤损位置进行定位，从而辅助高速铁路基础设施维护工作的高效开展。

单击检测对象学习区域内高亮的无碴轨道伤损模型学习常见轨道伤损内容，此部分内容分为钢轨伤损、扣件伤损、板间离缝三种伤损类型，并且有正常轨道与其进行对比，可进行旋转、放大和缩小等操作，以更加细致地查看伤损内容，了解轨道伤损类型和常见伤损特征、产生原因及轨道巡检工作等行业知识。

在了解问题的背景后，需要掌握相关的专业知识，即完成对检测装备工作原理的学习，才有可能实现问题的解决，检测装备内容结构如图 7.29 所示。

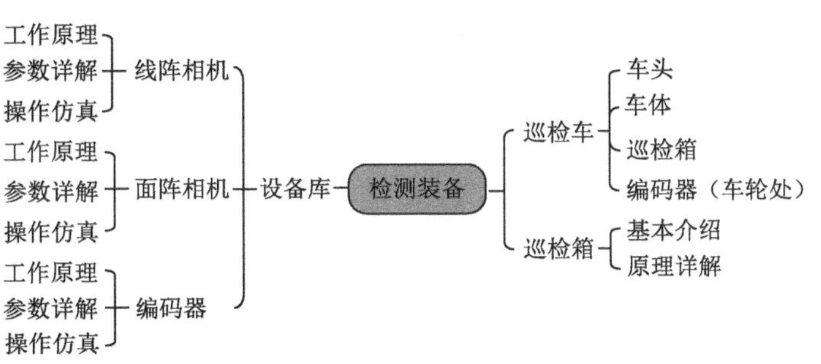

图 7.29　检测装备内容结构

4）实验步骤 4：验证关键传感器工作原理

操作键盘上的 W、A、S、D 键配合鼠标移动到如图 7.30 所示的关键传感器学习区域进行传感器原理的学习。三个关键传感器——线阵相机、面阵相机、编码器，构成本实验的设备库。学生可通过多角度、多层次的元件 3D 模型与文字介绍进行学习，包括模型的结构及其关键参数的详细介绍，以及参数调节过程的操作仿真等。

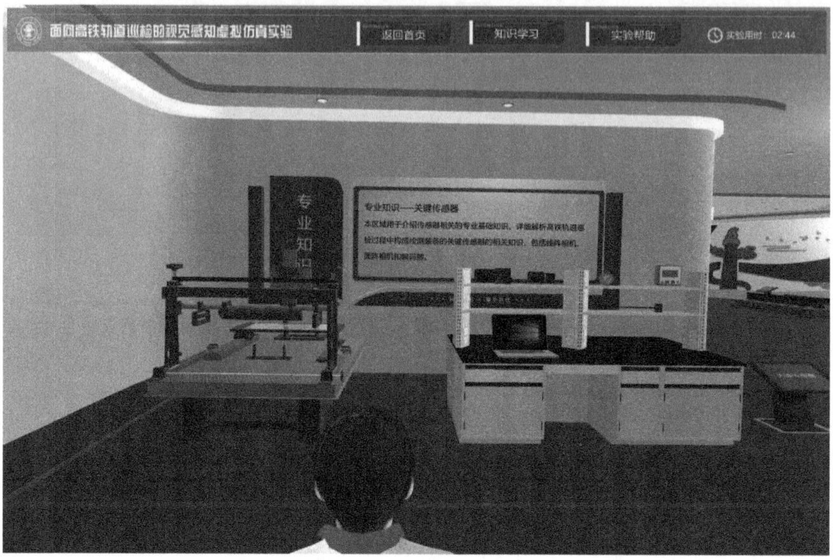

图 7.30　关键传感器学习区域

单击关键传感器学习区域处高亮的设备库，进入关键传感器原理学习环节，如图 7.31 所示。依次单击线阵相机、面阵相机、编码器的硬件设备按钮，可通过“全部显示”“透明所选”“透明其他”“隐藏所选”“隐藏其他”等功能实现对传感器硬件参数的掌握。学习完成后单击对应传感器的软件调参按钮，连接传感器和机器视觉实验平台，进入软件参数配置实验操作，通过实验平台上的 1 元硬币的成像结果，如图 7.32 所示，学生可直观地看到设置不同参数所得到的图像之间的差异，进一步理解各传感器里的单一关键参数对最终成像质量的影响，从而掌握该参数的计算与设置。

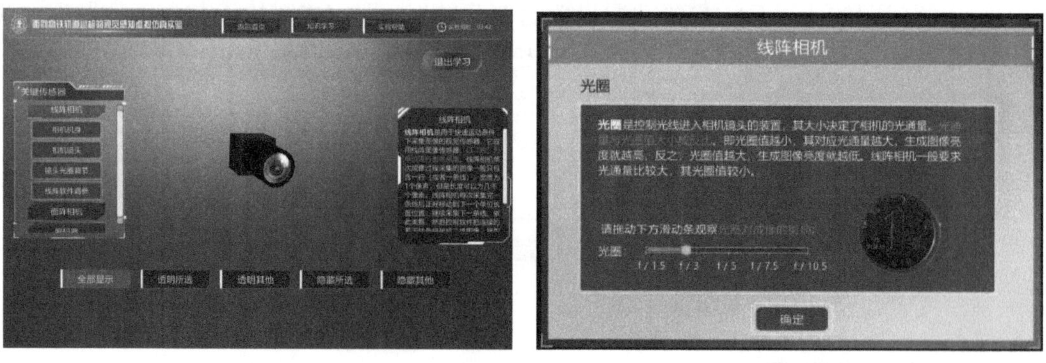

（a）知识点介绍　　（b）参数调节等效显示结果

图 7.31　关键传感器实验界面

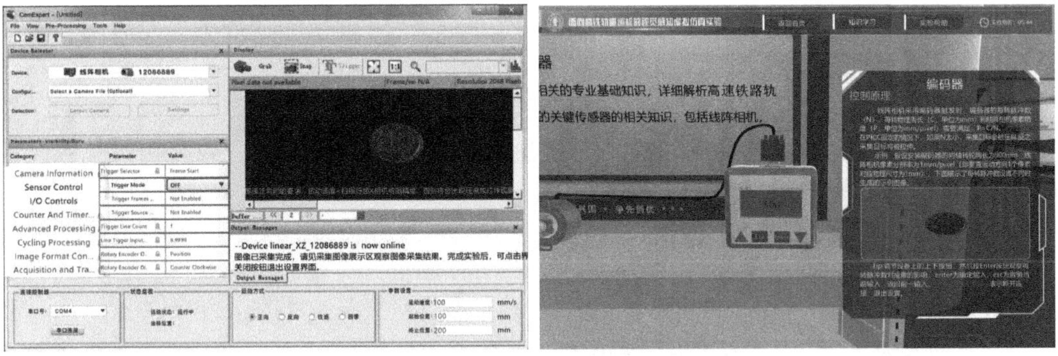

图 7.32　关键传感器调参部分截图

5）实验步骤 5：认知轨道巡检车

操作键盘上的 W、A、S、D 键配合鼠标移动到检测装备学习区域，如图 7.33 所示，单击巡检车按钮，进入巡检车结构学习部分，实验内容将通过 3D 模型呈现巡检车主体，依次介绍巡检车组成部件，同样，也可通过显示或透明等功能对比显示各部件的结构。学习完成后可单击“退出”按钮回到场景。

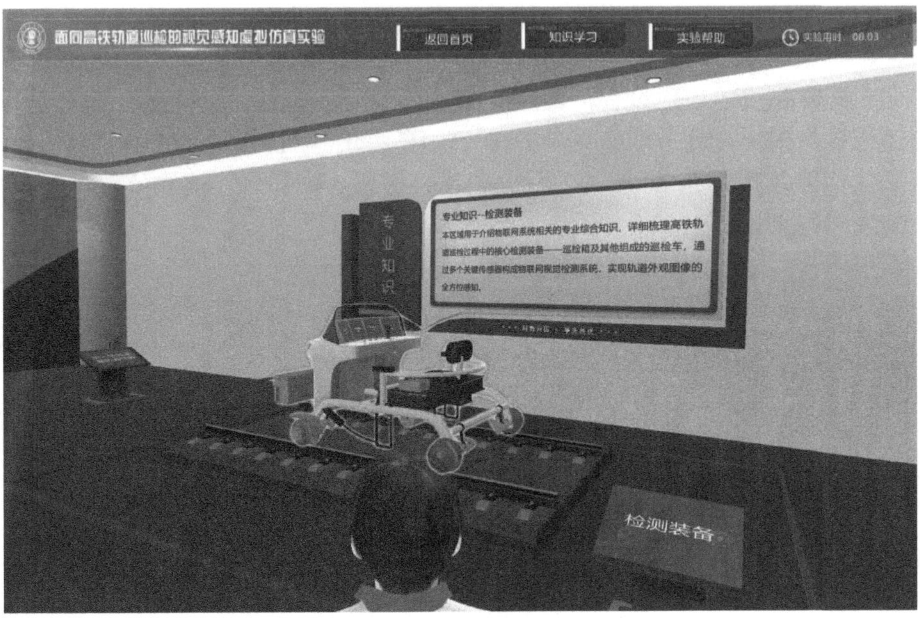

图 7.33　检测装备学习区域

6）实验步骤 6：验证多传感器协同工作原理

对巡检车有一个整体认知后，进入巡检箱内部的多传感器协同工作原理学习，该步骤主要通过虚拟三维模型的表示形式与文字说明相结合的实验形式进行，需要先逐次学习虚拟巡检箱内的所有传感器件，对巡检箱的组装构成完成认知，而后再深入理解其协同工作原理。

为帮助理解各传感器的工作原理及相互之间的控制协同作用，系统通过动画的形式对视觉感知系统仿真控制信号的完整流动过程进行展示，巡检箱的控制信号流动可以划分为以下三个阶段。

① 外部编码器发送脉冲信号到分频器；

② 分频器把输入的单路脉冲分为双路脉冲信号，并分发到两台线阵相机，触发线阵相机逐行采集图像；

③ 线阵相机采集到若干行信息（可以通过采集软件设置）生成一幅俯视正面图像后，采集软件通过工控机串口发送信号给两台面阵相机，分别触发光源和相机快门，完成一次侧面图像采集。

自外部编码器发出信号开始，就用不同颜色文字标注的形式来阐明不同信号流的名称，便于掌握各传感器之间的相关控制原理。

为强化各传感器关键参数和工作原理的理解，系统通过多角度和多层次的三维模型、文字介绍与巡检仿真运行虚拟图像采集过程。

7）实验步骤 7：模拟线阵相机图像采集

操作键盘上的 W、A、S、D 键配合鼠标移动到图像采集区域，单击巡检车中高亮显示的线阵相机进入该部分内容学习，线阵相机实现的是轨道的正面采集，需要调整线阵相机参数（相机精度、脉冲个数）使采集图像呈现正常。

设置好参数后单击开始采集按钮，巡检车将启动展示正面采集的过程，并使用动画形象地展示线阵相机的工作过程，如图 7.34（a）所示，学生通过观察它是如何以“线”为单位进行图像采集，进一步加强对于其工作原理的理解。模拟采集结束后，系统将展示示例采集图像及其定性结果，如图 7.34（b）所示。此部分可多次反复设置参数以获取不同的采集结果。

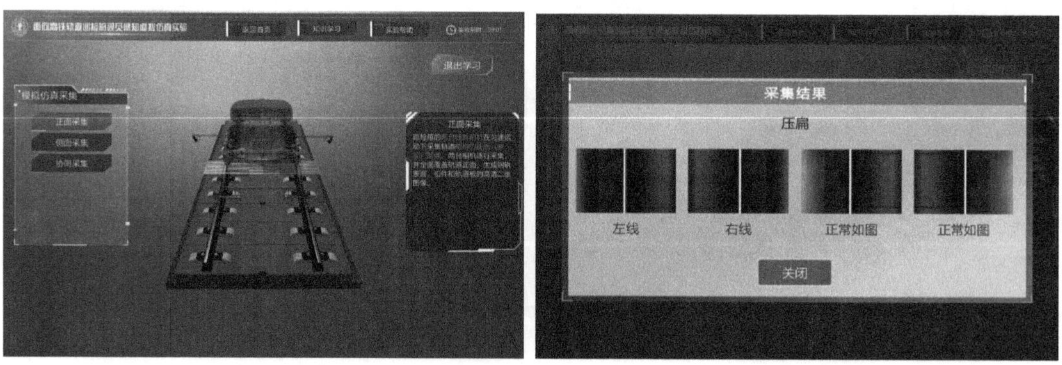

（a）采集工作过程　　（b）采集结果

图 7.34　线阵相机正面采集实验界面

8）实验步骤 8：模拟面阵相机图像采集

单击侧面采集巡检车中高亮显示的面阵相机进入该部分内容学习，侧面采集部分需要调整面阵相机参数（脉冲个数）使采集图像为正常，设置好参数后单击“开始采集”按钮，巡检车将启动展示侧面采集的过程，并使用动画形象地展示面阵相机的工作过程，学生通过观察它是如何在巡检车行进过程中以“面”为单位进行图像采集，进一步加强对其工作原理的理解。

模拟采集结束后，系统将展示示例采集图像及其定性结果。此部分可多次反复设置参数以获取不同的采集结果。

9）实验步骤 9：探索多传感器协同采集

线阵相机关键参数计算的主要影响因素可以通过正面采集模拟来掌握，面阵相机关键参数计算的主要影响因素可以通过侧面采集模拟来掌握，而协同采集实际就是轨道巡检视觉感知过程。

如图 7.35 所示，为探索多传感器的协同采集过程，本步骤通过具象化相机拍摄视野来帮助理解正面采集和侧面采集是如何协同作用的。单击协同采集巡检车的“推杆”后，巡检车将模拟运行，通过动画的形式展示，如图 7.35（a）所示，当线阵相机采集一定数量的“线”图像后，面阵相机才对线阵相机采集图像范围长度的“一面”图像进行采集。仿真巡检结束后，采集结果如图 7.35（b）所示，系统将呈现采集结果示例图像及其定性结果，以了解选型正确时所采集的正常采集结果是什么样子的，此处应是无变形、无重叠、无漏拍的。

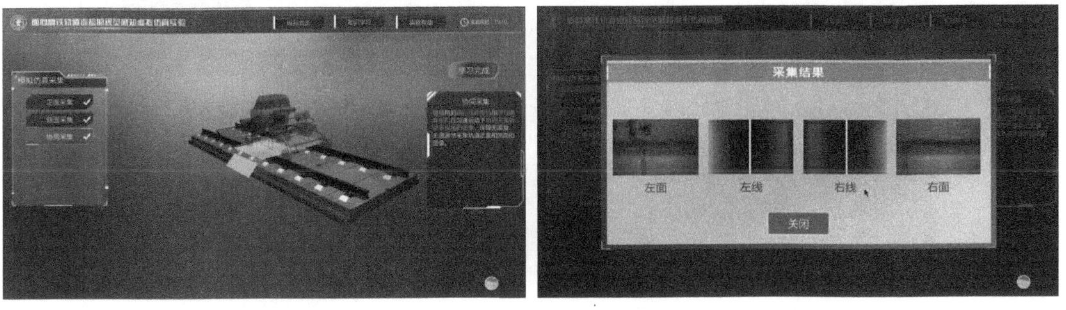

（a）协同采集工作过程　（b）采集结果

图 7.35　协同采集实验界面

10）实验步骤 10：协同采集任务考核

采集任务：前方××米（该距离随机）内轨道疑似出现伤损，请在给定条件下（车轮周长等条件）采集该处轨道图像。方案选择：低成本方案、高成本方案（两方案均给定传感器型号）。确定方案后，根据引导依次调节各传感器参数以完成任务。

注意：此过程有时间限制，需要考虑操作时间和车辆运行至对应距离的时间是否满足要求。

11）实验步骤 11：知识点测试

学习完成后，实验将提示第一模块实验内容学习完成，即将进入考核环节。单击“进入测试”按钮进行原理学习知识点考核，考核部分包括单选、多选、判断等形式考题，作答后单击“提交”按钮获取分数，如果分数不合格，将重新学习该模块内容再次进行考核（再次考核试题将随机抽选），直到成绩达标方可解锁第二模块的内容。

7.4.2　轨道视觉巡检虚拟仿真实验

单击轨道视觉巡检模块，弹出实验介绍，进入轨道视觉巡检模块模式选择界面，单击对应模式进入该实验场景。轨道视觉巡检模块模拟实际轨道巡检场景来完成传感器选型及关键参数设计的训练。实验场景为虚拟的轨道线路场景，起始实验背景为高速铁路车站，巡检终点站为检修站。

1）实验步骤 12：定制巡检场景

个性化定制轨道巡检场景为日常练习模式下特有。根据个人需求定制高速铁路线路环境和巡检要求，包括天气环境、巡检车速度及伤损类型等，完成如图 7.36 所示个性化的轨道巡检场景定制界面，确定整体实验的基础条件，为后续传感器的选型与参数计算提供依据。

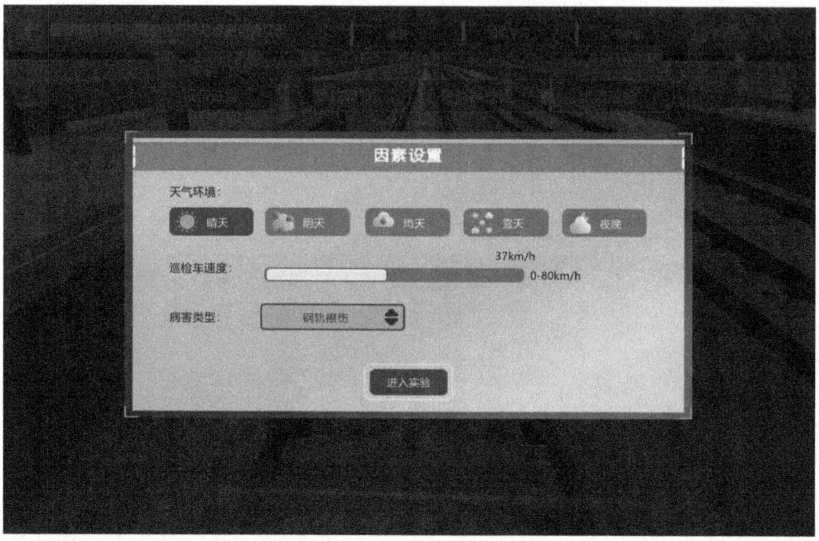

图 7.36　巡检场景定制界面

2）实验步骤 13：设计系统-编码器

如图 7.37 所示，抵达站台设备库对巡检车所需传感器——编码器进行选型并完成参

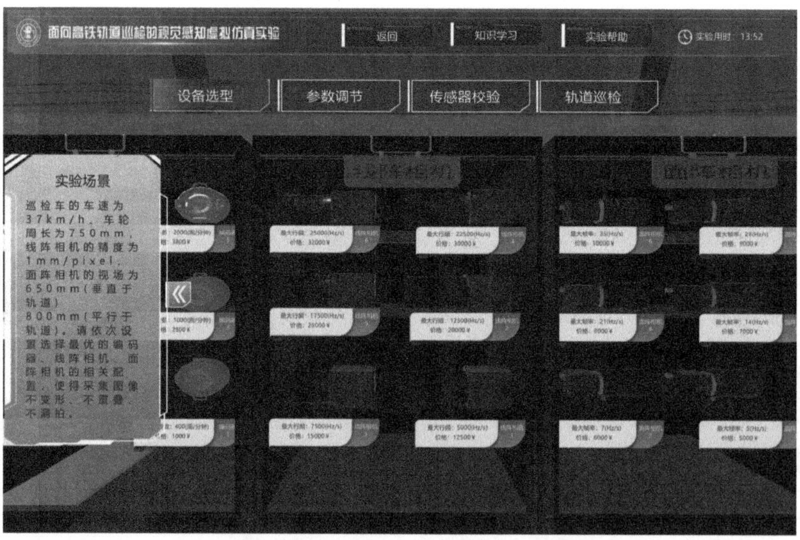

图 7.37　视觉感知系统设备选型实验界面

数配置，选型和配置过程中需要考虑设备性能及成本，并确保配置结果可支持巡检车采集。提交方案前均可单击“修改”按钮进行选型和参数的调整。

3）实验步骤 14：设计系统-线阵相机

根据实验场景中给定的条件及编码器参数计算得出线阵相机行频参数，确定触发方式，并结合工程实践要求，从设备库中选择在满足实验基础条件下成本最优的设备方案，完成线阵相机的选型和参数的调整。

4）实验步骤 15：设计系统-面阵相机

根据实验场景下给定的条件计算得出面阵相机帧率参数，确定触发方式，其中硬触发方式须升级设备，自行确定是否增加成本。由于面阵相机所采集的图像长度与线阵相机采集图像的行数相关，综合基础条件及前面选定的设备型号等多方面参数可计算得到触发参数，即面阵相机采集一帧图像时对应线阵相机采集图像的行数。然后结合工程实践要求，从设备库中选择在满足实验基础的条件下成本最优化的设备方案，完成面阵相机的选型和参数的调整。

5）实验步骤 16：验证系统可行性

由于第二模块实施过程中相关设备的选型及参数的设置都是实验的关键因素，均会直接影响实验结果，设计不合理就会极大地影响巡检的效果，且可能会出现不可实行的方案。因此，在最后的传感器——面阵相机选型和参数设置结束后将开启传感器校验，对巡检系统可行性进行验证，也就是在仿真巡检开始之前增加了一个设备选型方案验证。可实际实施的方案将予以通过并进行后续实验，对于不可实际实施的方案，系统将弹出对应传感器参数设置不合理的警告，此时须返回调整各项参数，直至所设计的方案可实际实施方可通过继续实验。

系统可行性验证通过后，单击“是”按钮即可进入轨道巡检环节。如图 7.38（a）所示，单击“推杆”按钮，启动巡检车，开启巡检车的模拟运行，观察整个巡检虚拟仿真过程。巡检车从车站出发，途经岔道、隧道、桥梁、边坡、平原等不同场景，最后抵达检修站，模拟整条高速铁路无碴轨道的视觉巡检过程。界面右上角显示地图及实时运行动态，巡检车模拟巡检上述所有场景下的轨道，其间可通过单击巡检车操作台上各传感器采集屏幕的按钮，开启不同传感器的视觉感知展示窗口，实时观察各传感器采集的图像，了解轨道状态，如图 7.38（b）所示。

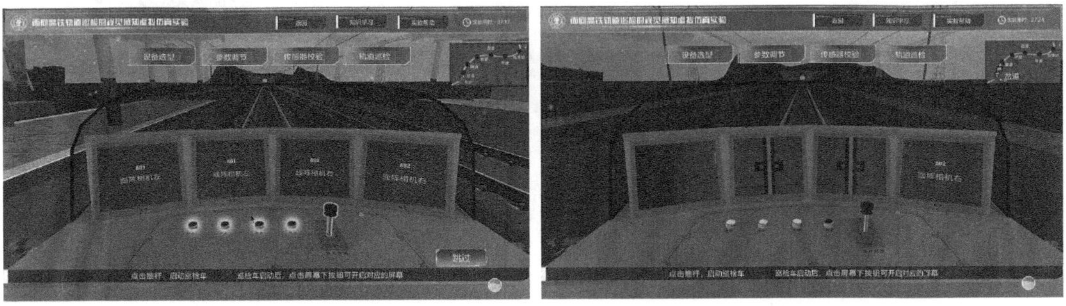

（a）采集屏幕默认关闭　　（b）采集屏幕开启状态

图 7.38　轨道巡检仿真运行

6）实验步骤 17：分析巡检图像数据

巡检过程中，系统将根据前面步骤的实验操作，自动生成典型的轨道伤损图像。仿真巡检结束后，可通过不同传感器视角查看各传感器采集的轨道图像，观察分析巡检结果，如图 7.39 所示，也可切换至多视角状态，同步观察各传感器同一时刻所采集的轨道图像，完成对图像数据的初步了解，做好数据处理的准备工作。

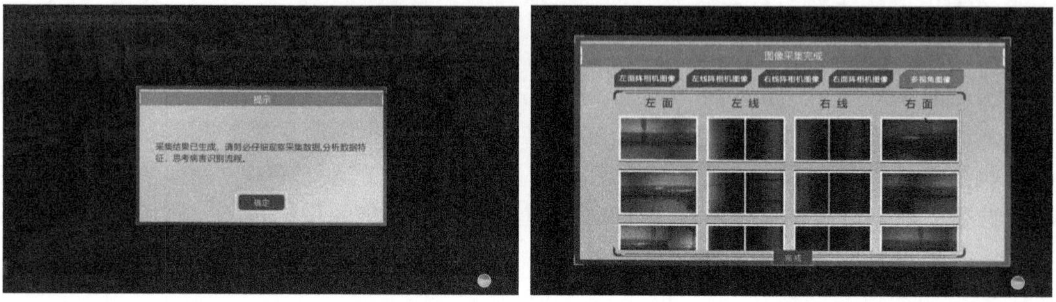

图 7.39 轨道巡检图像采集结果界面

7）实验步骤 18：评估巡检系统

系统根据上述实验步骤自动生成本次视觉巡检实验操作的评分评级，查看练习成绩单，如图 7.40 所示，了解该次实验中的不足，根据自己的需求选择是否重复练习或再次考核。

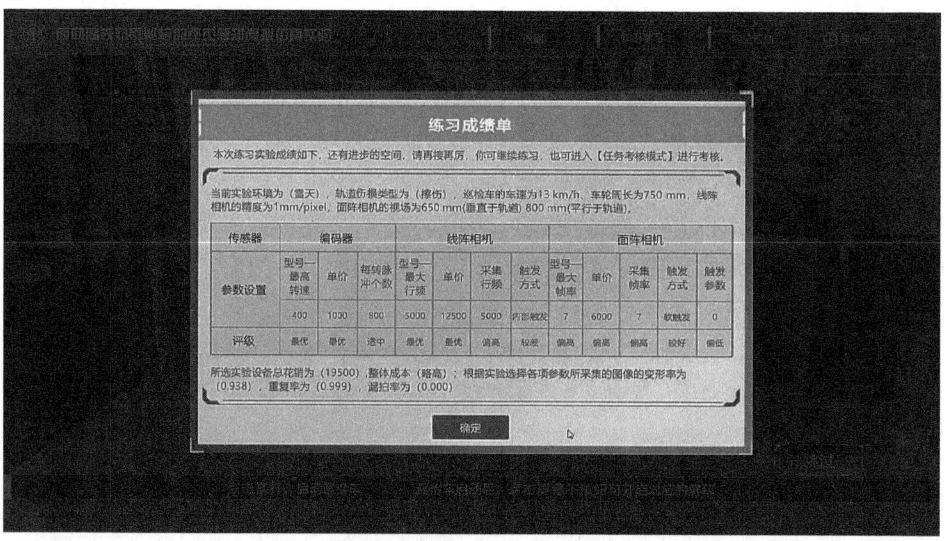

图 7.40 轨道巡检练习模式操作评分成绩单界面

8）实验步骤 19：分析归纳伤损识别流程

完成任务考核模式后，结合第一模块中对轨道伤损的了解和模式识别、图像处理等理论知识，分析轨道伤损数据特点，归纳总结轨道伤损流程图，通过拖动的方式将所提供的流程内容（可重复使用）拖至空缺位置，将空缺的流程图补充完整。

7.4.3　轨道伤损识别创新实验

第三模块轨道伤损识别创新实验为高阶实验，通过方法介绍、流程介绍、在线练习、线下实训等多种方式逐层深入地实现伤损创新识别实践锻炼，旨在提升算法设计能力和编程实现能力。单击轨道伤损识别模块，弹出实验介绍，单击“进入实验”按钮进入轨道伤损识别模块方法选择界面，单击对应方法进入该实验场景。

1）实验步骤 20：验证伤损识别的工作原理

为了引导后续的实验内容，在此先对伤损识别方法所涉及的相关基础技术进行梳理介绍。本步骤分别针对“基于图像处理的伤损识别”和“基于大模型的伤损识别”两种方法的相关技术进行讲解，在阐述传统的图像处理方法的同时，也对比说明现在流行的大模型应用在图像识别中的实现方案，学生可根据自己的兴趣学习不同的方法，分析和比较基于图像处理和基于大模型两种不同的伤损识别方法，理解和思考识别方法的工作原理。

2）实验步骤 21：设计伤损识别工作过程

为了对前面步骤的流程设计进行强化巩固，也为了对第三模块算法设计进行引导，本步骤以第二模块中所采集的轨道伤损图像为例，对轨道伤损识别的通用工作流程进行示范，方便学生理解和掌握两种方法的工作流程，使其具备伤损识别算法的初步应用能力，为开展第三模块的高阶创新型实验打下基础。

基于图像处理的伤损识别方法通用工作流程如图 7.41 所示，整体分为四个步骤：载入图像→定位钢轨→增强对比→定位擦伤，按序单击各步骤，系统将逐步运行并展示各步骤运行结果。

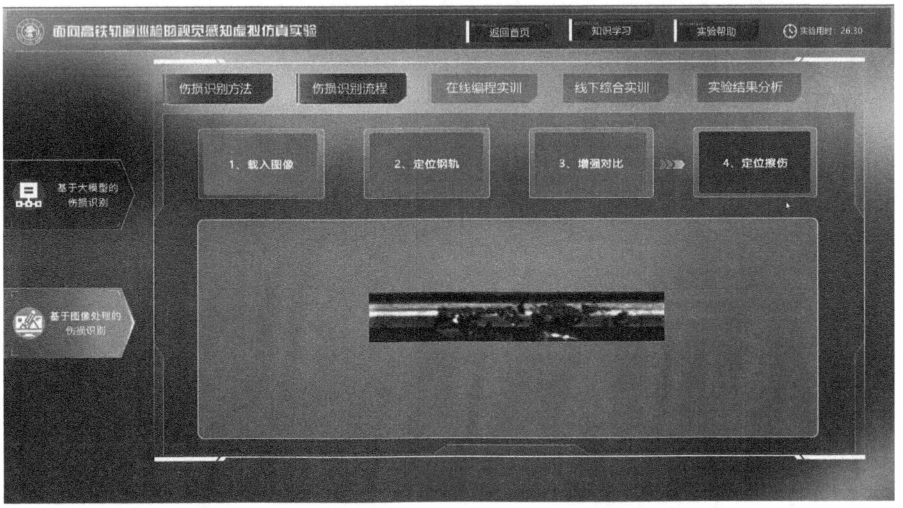

图 7.41　基于图像处理的伤损识别方法通用流程

基于大模型的伤损识别方法通用工作流程如图 7.42 所示，整体分为五个步骤：构建初始模型→模型预训练→模型微调→最终模型→模型应用，按序单击各步骤，系统将逐步展示各步骤的目的或特点。

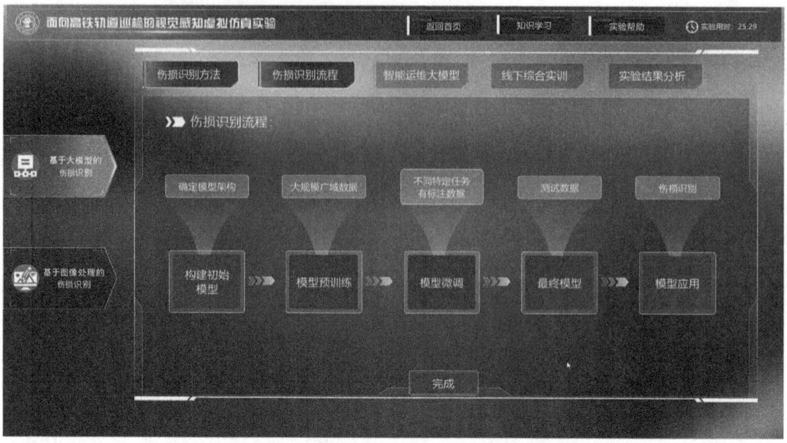

图 7.42　基于大模型的伤损识别方法通用流程

3）实验步骤 22-1：伤损识别在线编程

伤损识别在线编程是基于图像处理的伤损识别方法特有的实验步骤。该步骤实验页面分为三个部分——功能选择栏、代码编写及数据处理展示栏和算法运行结果展示栏。依照实验步骤 21 的伤损识别操作流程，基于“流程选择、演示运行、代码编辑、调试运行”等工作过程，学习示例代码，演示运行代码，查看结果，从而掌握算法编程知识，具备伤损识别算法的初步编程、调试与应用能力。

如图 7.43 所示，首先，在功能栏“流程选择”处单击对应子流程——“载入图片”“定位钢轨”“增强对比”“定位擦伤”。系统将先默认显示该子流程的示例代码（其中关键代码语句不可见），单击“运行”按钮，示例代码演示运行，此时可查看代码运行结果。单击代码“编辑”按钮，即可在关键代码语句处填写代码，填写完毕后再次单击“运行”按钮即可查看该代码的运行结果。本步骤可重复执行。

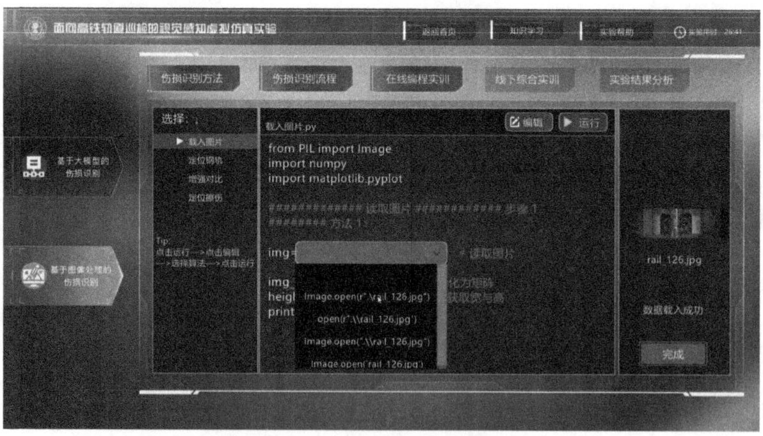

图 7.43　在线编程实训界面

4）实验步骤 22-2：认知智能运维大模型

认知智能运维大模型是基于大模型的伤损识别方法特有的实验步骤，市面上现有的大模型多种多样，针对不同的下游任务需要对大模型进行特定的训练。本步骤简要介绍北京交通大学计算机学院针对轨道交通智能运维下游任务所研究的智能运维大模型——天佑大模型的相关背景和技术，以便于后续实验的开展。

5）实验步骤 23：认知伤损识别任务

线下综合实训阶段给定实际高速铁路轨道巡检的运维数据处理任务，即实际轨道伤损图像识别任务。系统提供离线轨道擦伤伤损数据，同时说明本阶段实验的任务及要求，明确任务要求后即可下载实际轨道巡检数据（基于大模型的伤损识别方法，提供天佑大模型基础模型源码，用于线下编程调试实验），理解基于图像处理和基于大模型的两种不同方法的伤损识别任务的数据处理要求和通用评价指标体系，掌握数据处理和分析的方法。

6）实验步骤 24：创新型伤损识别线下编程

在线下通过个人计算机，根据数据特点完成创新型伤损识别算法的设计（线下编程过程请勿关闭实验），并任选一种编程语言及开发工具来实现算法（基于大模型的伤损识别方法使用北京交通大学自研的高速铁路轨道智能运维大模型——天佑大模型，根据任务要求理解代码，并通过在线下对基础模型进行参数微调和测试得到最终模型并实现伤损识别应用），完成对所下载的轨道伤损图像数据包内所有数据的识别。完成实验任务后，须将代码及识别结果按实验要求保存。

7）实验步骤 25：上传创新型伤损识别结果

通过线下编程运行后，将编程环境中使用和产生的源程序、库文件、配置文件、数据文件等进行整理和压缩，分别将代码压缩包和识别结果图像压缩包上传至系统。单击“结果上传”按钮进入本步骤，按要求将代码和识别结果上传并提交。通过本步骤有助于学生进一步理解图像处理和大模型两种方法的工作过程中产生的实验文件。

8）实验步骤 26：评价创新型轨道伤损识别结果

伤损识别结果上传完毕后将自动跳转至算法性能评测界面，如图 7.44 所示，展示轨道伤损识别算法的性能评测方法，完成阅读评测方法后，选中“我已阅读性能评测方法”复选框，即可单击“生成实验报告”按钮，进入报告查看页。单击“查看实验报告”按钮，即可在线查看个人本次上传结果的性能评测报告，查看评估结果，并对评估结果进行分析。也可根据评估结果对算法不足之处进行针对性优化，反复实验直至性能最优。

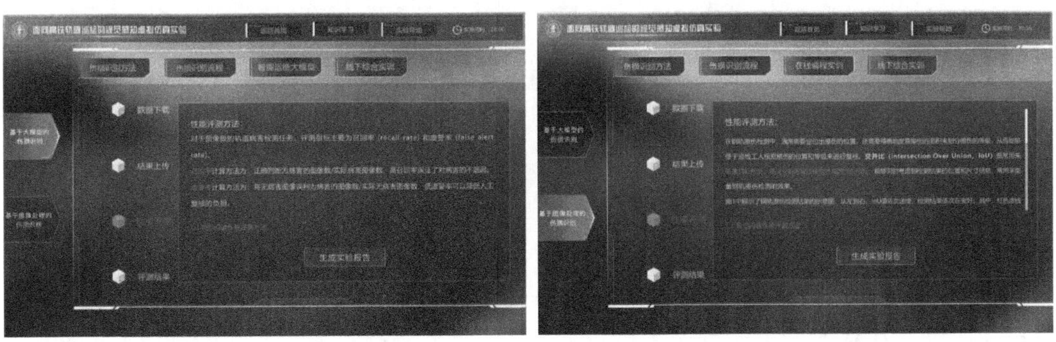

（a）性能评测方法介绍-大模型　　（b）性能评测方法介绍-图像处理

图 7.44　识别算法性能评测界面

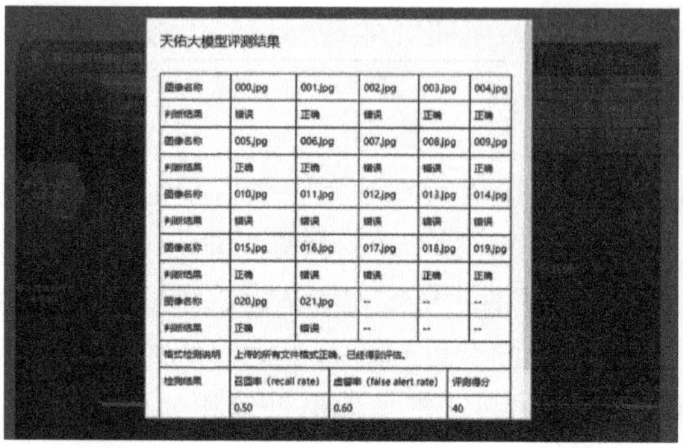

(c) 性能评测结果示例-大模型

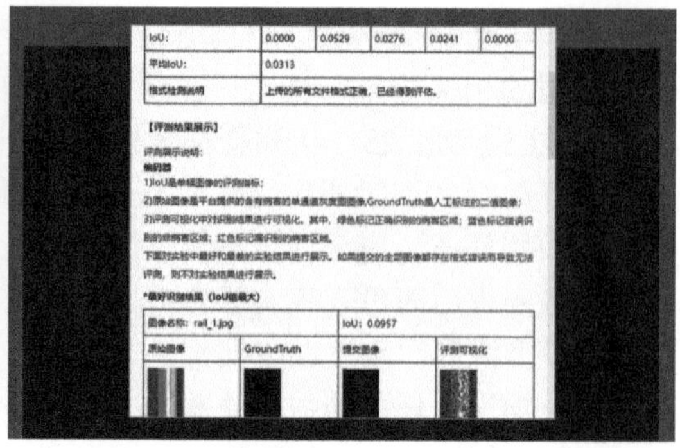

(d) 性能评测结果示例-图像处理

图 7.44（续）

9）实验步骤 27：实验总结与整理

在线查看实验系统自动生成的评测报告，结合评测报告内容分析实验结果，总结本次实验过程中的收获及操作过程中的不足，进行实验总结和思考，如图 7.45 所示，填写实验分析并提交。

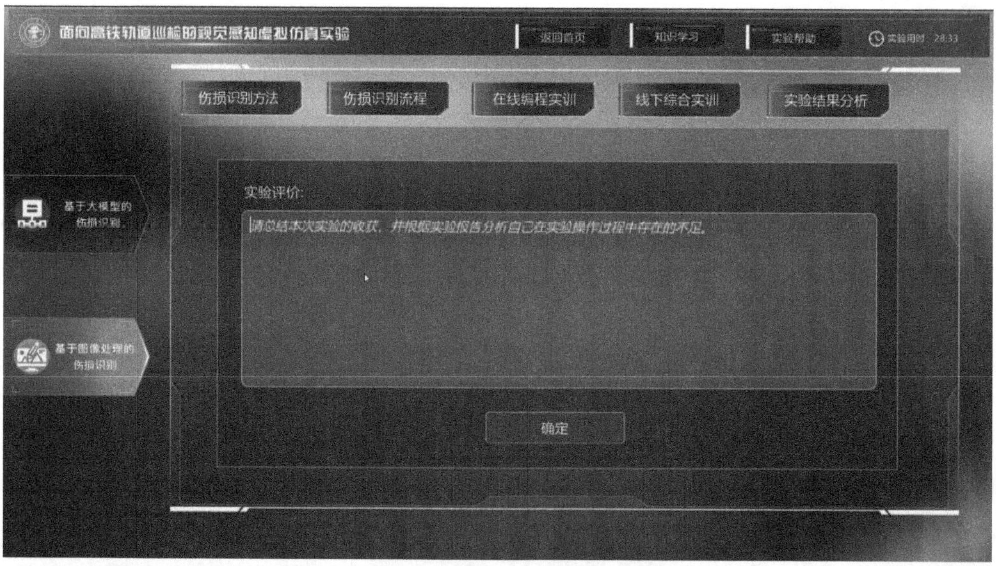

图 7.45 实验结果分析界面

7.4.4 实验结果与评价

1. 传感器原理虚拟仿真实验

本实验模块设计检测对象、检测装备与模拟采集三个核心环节，旨在全面评估学生对检测原理与传感器技术的掌握程度。通过 3D 模型的多角度展示与图文并茂的解析，辅以第一模块的知识点考核（客观题形式），系统性地检验学生的理论基础。得分≥70 分被视为基础知识掌握合格，可晋级至下一实验阶段；反之，则须重做第一部分，直至达标。该模块实验设计旨在通过模拟真实环境下的参数调控，培养学生对检测装备与对象特性的深刻理解，以及在约束条件下优化参数配置的能力，为后续复杂工程问题的解决奠定坚实的实践基础。

下面将介绍本模块主要试验任务的实验条件、过程和可能操作结果，并详细阐述实验参数设置和实验结果之间的关联关系。

1）巡检车模拟采集正面采集仿真

实验条件：设定车轮周长为 1000 mm。

实验过程：采用核心参数控制变量法，即自主调节编码器每转脉冲数与线阵相机像素精度，通过迭代调整参数组合，直至实现图像的精准采集。

实验结论：参数不当会导致图像变形，如压扁或拉伸，促使学生深入探究参数变化对轨道正面图像采集质量的具体影响。

2）巡检车协同采集仿真任务

实验条件：选定“低成本方案”，限定车速不超过 10 km/h，总操作时长为 10 min。设定巡检车速度为 9 km/h，车轮周长 750 mm，编码器最高旋转数为“200”；线阵相机精度为 2 mm/pixel，行频为“1250”，编码器每转脉冲数为“375”；面阵相机视场为 600 mm（垂直于轨道）×750 mm（平行于轨道），帧率为“10/3”，软触发参数为“375”。

实验过程：在低速且车轮周长固定的前提下，学生须在待检轨道长度（随机生成）与严格的操作时限内，依据指导顺序自主选择并设置各传感器的关键参数，以加强参数间相互依赖性的理解和掌握，学会依据现有参数推算未知参数的设置。

实验结论：参数配置完毕后，系统模拟巡检车全程运行，判断是否同时满足速度与时间约束，以此评定任务完成情况。

3）本模块其他部分实验的详细参数设计和实验结果

线阵相机：光圈、行频的参数比较如表 7.1 所示。

表 7.1　线阵相机各参数调整定性实验结果参照表

光圈	f/1.5	f/3	f/5	f/7.4	f/10.5
实验结果	最亮	亮	适中	暗	最暗
行频	LR/2000	LR/3000	LR/5000	LR/7000	LR/10000
实验结果	压缩最大	压缩	适中	拉伸	拉伸最大

面阵相机：光圈、曝光时间的参数比较如表 7.2 所示。

表 7.2　面阵相机各参数调整定性实验结果参照表

光圈	f/1.5	f/3	f/5	f/7.4	f/10.5
实验结果	最亮	亮	适中	暗	最暗
曝光时间	ET/100	ET/300	ET/500	ET/700	ET/1000
实验结果	最清晰	较清晰	适中	模糊	最模糊

编码器：车轮周长 900 mm、线阵相机像素精度 1 mm/pixel 的条件下，每转脉冲数

的参数比较如表 7.3 所示。

表 7.3 编码器参数调整定性实验结果参照表

每转脉冲数	500	700	900	1100	1300
实验结果	压缩最大	压缩	适中	拉伸	拉伸最大

正面采集：车轮周长 1000 mm、线阵相机精度（1 mm、2 mm）的条件下，每转脉冲数的参数比较如表 7.4 所示。

表 7.4 正面采集模拟线阵相机各参数调整定性实验结果参照表

每转脉冲数	500	750	1000	1250	1500
1 mm	压扁	压扁	正常	拉伸	拉伸
2 mm	正常	拉伸	拉伸	拉伸	拉伸

侧面采集：车轮周长 1000 mm、编码器每转脉冲数为 1000、面阵相机视场为 650 mm×800 mm 的条件下，面阵相机拍摄一帧图像时编码器发射的脉冲数量的参数比较如表 7.5 所示。

表 7.5 侧面采集模拟面阵相机各参数调整定性实验结果参照表

脉冲数	400	600	800	1000
实验结果	重复	重复	正常	漏拍

2. 轨道视觉巡检虚拟仿真实验

本实验模块聚焦于高速铁路线路的智能巡检技术，涵盖场景定制、传感器配置与结果分析三大核心内容。场景定制环节鼓励学生依据个人兴趣与专业需求，构建个性化的虚拟高速铁路环境，系统则提供沉浸式体验以增强实践感；传感器配置作为实验重心，旨在检验学生运用专业知识解决实际巡检挑战的能力。设计的优劣将从视觉感知效能与经济成本两方面综合考量，系统自动预警不合规配置，并要求重新调整直至达标。考核模式结束，系统依据图像质量和成本控制进行量化评分，确保评估全面且公正。该实验模块旨在通过定制化场景与实践操作，强化学生对传感器配置及其在高速铁路智能巡检中作用的认识，培养其在限制条件下优化系统设计的能力，为未来行业实践奠定坚实基础。

1）轨道视觉巡检日常练习

实验条件：设定 1 km 长的待检无碴轨道，包括车站、岔道、隧道、桥梁、边坡、平原及检修站，天气环境为“雪天”，巡检车速为“65 km/h”，目标伤损为擦伤。

实验过程：学生依据工程经济学原理，自主选择编码器、线阵相机、面阵相机等设备，并进行参数调优，探索成本效益最优的视觉感知系统配置。

示例配置：编码器最高旋转数 1400 周/min，每转脉冲数 700；线阵相机行频 20000 Hz/s，触发方式设为外触发；面阵相机帧率 25 Hz/s，触发方式硬触发，触发参数 800。

实验结论：系统判定编码器配置不满足巡检需求，将提示重新配置。通过验证后，系统模拟巡检直至完成。系统自动生成成绩报告，量化评价各项指标，直观反映配置合理性。

2）轨道视觉巡检任务考核

实验条件：同上，但天气环境随机（此处示例为雨天），车速随机（此处示例为60 km/h）。

实验过程：学生独立设计视觉感知系统，遵循成本控制原则，完成设备选型与参数设置，系统验证通过后，模拟巡检至终点。

实验结论：展示巡检图像，学生通过分析图像质量（如是否有变形等），自行判断方案的优劣，深化对传感器性能与成本平衡的理解。

3）本模块实验的详细参数设计和实验结果

① 巡检场景定制。

- 检测对象：以高速铁路无碴轨道为对象，包含出发车站、岔道、隧道、桥梁、边坡、平原及检修站，全长 1 km。
- 天气环境：晴天、阴天、雨天、雪天、夜晚。
- 巡检车速度：0～80 km/h。
- 伤损类型：擦伤（未来将扩展其他伤损类型）。

② 传感器选型与参数设置。

- 线阵相机：最大行频（5000、7500、12500、17500、22500、25000 Hz）及触发方式（外部触发、内部触发）。
- 面阵相机：最大帧率（5、7、14、21、28、35 帧/s）、触发方式（软触发、硬触发）及其参数。
- 编码器：最高转数（400、600、800、1000、1400、2000、2400 周/min）及每转脉冲个数（500～1300）。

③ 实验评分项计算方法。

实验评分项：各个参数设置得分（共 9 个参数，其中，部分参数通过函数赋分，部分参数依据评分表得分，参数评分表示例如表 7.6 所示）、100×重叠率或 100×漏拍率（此二者总有一个为 0）、100×变形率。各参数函数赋分参数计算公式如下。

- 线阵相机采集行频，评分=100×(1-|行频-巡检车速度÷相机精度|×相机精度÷巡检车速度)。
- 线阵相机型号，评分=100×(1-|最大行频-最大行频最优解|÷最大行频最优解)。
- 面阵相机采集帧率，评分=100×(1-|帧率-巡检车速度÷相机视场|×相机视场÷巡检车速度)。
- 面阵相机型号，评分=100×(1-|最大帧率-最大帧率最优解|÷最大帧率最优解)。
- 软/硬触发参数，评分=100×(1-|触发参数-800|÷800)。
- 编码器型号，评分=100×(1-|最高旋转数-最高旋转数最优解|÷最高旋转数最优解)。
- 每转脉冲个数，评分=100×(1-|脉冲数-750|÷750)。

④ 实验总体得分计算方法。

- 实验总体得分 S：$S=$ 评分项总和÷11。
- 实验操作评级：100≥S≥90 为优、90>S≥75 为良、75>S≥60 为中、S<60 为差。
- 实验成本评分 V：通过线阵相机的最大行频、面阵相机的最大帧率、编码器的最大旋转数这三个参数设置得分的均值 V，得到成本评分。
- 实验成本评级：$V=100$ 为最优、100>V≥85 为略高、85>V≥60 为偏高、V<60 为过高。

表 7.6 轨道视觉巡检虚拟仿真实验参数评分表示例

巡检车速度：60 km/h							
线阵相机参数	最大行频/（Hz/s）	5000	7500	12500	17500	22500	25000
	成本价格/元	12500	15000	20000	25000	30000	32000
	评分	20	50	70	100	80	60
	触发方式	外部触发		内部触发			
	评分	100		50			
面阵相机参数	最大帧率/（Hz/s）	5	7	14	21	28	35
	成本价格/元	5000	6000	7000	8000	9000	9500
	评分	20	40	60	100	70	60
	触发方式	软触发		硬触发			
	成本价格/元	0		2000			
	评分	80		100			
编码器参数	最高旋转数/（周/min）	400	600	1000	1400	2000	2400
	成本价格/元	1000	2000	2800	3400	3800	4000
	评分	0	20	60	100	80	60

3. 轨道伤损识别创新实验

本实验模块旨在检验学生运用先进人工智能与模式识别理论，解决轨道伤损识别这一复杂工程问题的能力，强调理论与实践的紧密结合。系统配备标准测试集与自动化评测工具，要求学生独立设计并实现伤损识别算法，随后在线提交代码与结果，由系统执行量化评估，出具详尽实验报告。

1）基于图像处理的伤损识别任务

实验条件：提供 10 张单通道灰度图像（55 像素×800 像素），不限制编程语言，要求实现像素级伤损识别。

实验过程：学生利用图像处理知识，自创算法，完成伤损识别，打包提交源代码及二值化识别结果图像（伤损像素=1，背景像素=0）。

智能评测：系统依据交并比（IoU）值量化评估识别精度，IoU 值越大，识别准确度越高，报告将展示各图像 IoU 值及平均 IoU 值，突出最佳与最差案例。

2）基于大模型的伤损识别任务

实验条件：提供 22 张高分辨率单通道灰度图像（2048 像素×2000 像素）及基础大模型源码，要求实现图像级伤损识别。

实验过程：学生基于大模型微调参数，完成识别任务，提交代码与伤损图像识别结果。

智能评测：系统根据召回率与虚警率双指标评估模型性能，高召回率与低虚警率意味着优秀的识别能力。

3）智能评测系统自动测评评价指标

图像级识别任务：侧重于伤损图像的二分类准确性，评价指标为召回率与虚警率，前者确保伤损发现的完整性，后者控制非伤损图像被误报的风险。

像素级识别任务：需要精确定位伤损位置与测量面积，采用 IoU 值评估，确保检测结果的位置与尺寸精度。

召回率=正确判断为伤损的图像数÷实际伤损图像数。高召回率保证了对伤损的不遗漏。

虚警率=将无伤损图像误判为伤损的图像数÷实际无伤损图像数。低虚警率可以降低人工复核的负担。

IoU 值解析：用于目标检测与语义分割，衡量预测框与真实框的重叠程度，是评估伤损检测算法性能的关键指标。图 7.46 展示了钢轨伤损的不同检测结果，从左到右，IoU 值依次递增，检测结果依次变好。

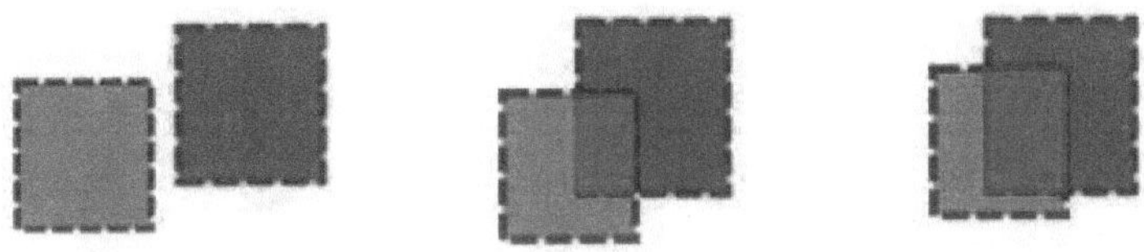

图 7.46（彩图）

图 7.46　钢轨伤损检测结果示意图

其中，红色虚线框内为真实的伤损区域（Ground Truth），蓝色虚线框内算法预测的伤损区域（Prediction）；绿色区域为正确检测到的伤损区域（AreaCorrect），红色区域为漏检测的伤损区域（AreaMiss），蓝色区域为错误检测的伤损区域(AreaWrong)。IoU 的计算公式：IoU = AreaCorrect / (AreaMiss + AreaWrong + AreaCorrect) 。

通过上述实验设计与智能评测流程，本模块不仅能检验学生的理论知识应用能力，还可以强化其实战技能，特别是在处理复杂图像数据、精准识别与定位伤损方面的表现。智能评测系统的自动化与客观性，确保实验结果的公正与可信，为后续的研究与优化提供坚实的数据基础。此外，IoU 值与召回率、虚警率的引入，为伤损识别的量化分析提供科学依据，助力学生深入理解深度学习在解决实际问题中的强大潜力。

4. 整体实验报告模板

学生完成算法在线提交代码和识别结果图像后，系统将对提交结果进行自动量化评估，并生成实验报告，模板示例如图 7.47 所示。实验报告将记录学生整个实验过程中所有操作，并通过定性或定量的评价，直观展示每个实验操作的优劣，便于学生及时把握自己在实验操作中的不足，以进行针对性改进。

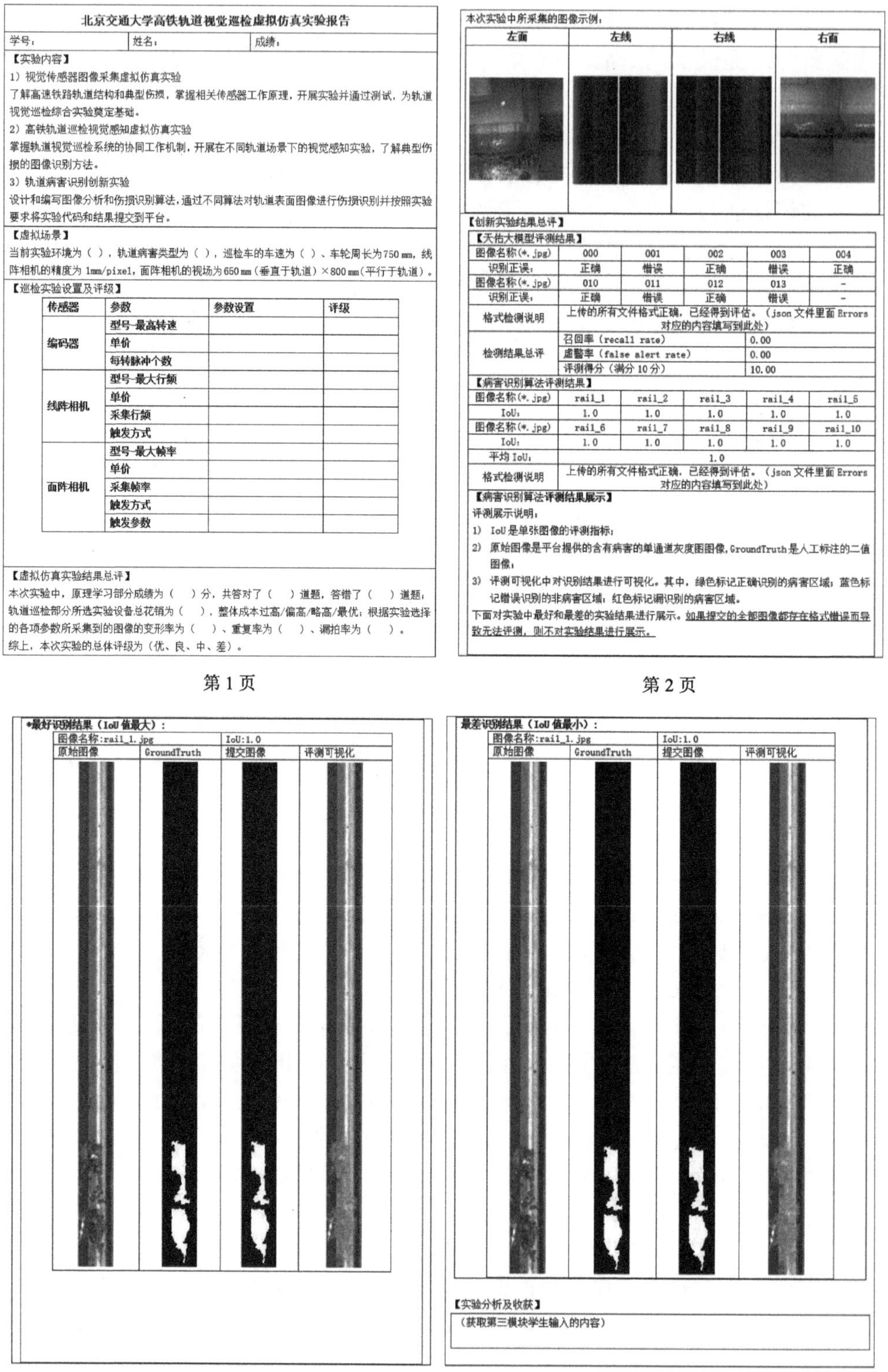

北京交通大学高铁轨道视觉巡检虚拟仿真实验报告

学号：	姓名：	成绩：

【实验内容】

1）视觉传感器图像采集虚拟仿真实验

了解高速铁路轨道结构和典型伤损，掌握相关传感器工作原理，开展实验并通过测试，为轨道视觉巡检综合实验奠定基础。

2）高铁轨道巡检视觉感知虚拟仿真实验

掌握轨道视觉巡检系统的协同工作机制，开展在不同轨道场景下的视觉感知实验，了解典型伤损的图像识别方法。

3）轨道病害识别创新实验

设计和编写图像分析和伤损识别算法，通过不同算法对轨道表面图像进行伤损识别并按照实验要求将实验代码和结果提交到平台。

【虚拟场景】

当前实验环境为（ ），轨道病害类型为（ ），巡检车的车速为（ ）、车轮周长为750 mm，线阵相机的精度为1mm/pixel，面阵相机的视场为650 mm（垂直于轨道）×800 mm（平行于轨道）。

【巡检实验设置及评级】

传感器	参数	参数设置	评级
编码器	型号-最高转速		
	单价		
	每转脉冲个数		
线阵相机	型号-最大行频		
	单价		
	采集行频		
	触发方式		
面阵相机	型号-最大帧率		
	单价		
	采集帧率		
	触发方式		
	触发参数		

【虚拟仿真实验结果总评】

本次实验中，原理学习部分成绩为（ ）分，共答对了（ ）道题，答错了（ ）道题；轨道巡检部分所选实验设备总花销为（ ），整体成本过高/偏高/略高/最优；根据实验选择的各项参数所采集到的图像的变形率为（ ）、重复率为（ ）、漏拍率为（ ）。

综上，本次实验的总体评级为（优、良、中、差）。

第 1 页

本次实验中所采集的图像示例：

左面	左线	右线	右面

【创新实验结果总评】

【天佑大模型评测结果】

图像名称(*.jpg)	000	001	002	003	004
识别正误：	正确	错误	正确	错误	正确
图像名称(*.jpg)	010	011	012	013	-
识别正误：	正确	错误	正确	错误	-
格式检测说明	上传的所有文件格式正确，已经得到评估。（json 文件里面 Errors 对应的内容填写到此处）				
检测结果总评	召回率（recall rate）		0.00		
	虚警率（false alert rate）		0.00		
	评测得分（满分 10 分）		10.00		

【病害识别算法评测结果】

图像名称(*.jpg)	rail_1	rail_2	rail_3	rail_4	rail_5
IoU：	1.0	1.0	1.0	1.0	1.0
图像名称(*.jpg)	rail_6	rail_7	rail_8	rail_9	rail_10
IoU：	1.0	1.0	1.0	1.0	1.0
平均 IoU：	1.0				
格式检测说明	上传的所有文件格式正确，已经得到评估。（json 文件里面 Errors 对应的内容填写到此处）				

【病害识别算法评测结果展示】

评测展示说明：

1）IoU 是单张图像的评测指标；

2）原始图像是平台提供的含有病害的单通道灰度图图像，GroundTruth 是人工标注的二值图像；

3）评测可视化中对识别结果进行可视化。其中，绿色标记正确识别的病害区域；蓝色标记错误识别的非病害区域；红色标记漏识别的病害区域。

下面对实验中最好和最差的实验结果进行展示。如果提交的全部图像都存在格式错误而导致无法评测，则不对实验结果进行展示。

第 2 页

*最好识别结果（IoU 值最大）：

图像名称:rail_1.jpg		IoU:1.0	
原始图像	GroundTruth	提交图像	评测可视化

第 3 页

最差识别结果（IoU 值最小）：

图像名称:rail_1.jpg		IoU:1.0	
原始图像	GroundTruth	提交图像	评测可视化

【实验分析及收获】

（获取第三模块学生输入的内容）

第 4 页

图 7.47 实验报告模板示例截图

7.5 本章小结

虚拟仿真技术正深刻改变着教育行业的面貌，尤其在专业技能实践训练等领域展现出前所未有的潜力。以面向高速铁路轨道巡检的虚拟仿真实验系统为例，它不仅突破了传统教育的时空限制，提供了高度逼真的实践环境，还极大地丰富了教学手段，使学生能够在安全、可控的条件下反复练习关键技能，加速了理论知识向实际技能的转化，提升了教学质量和效率。同时，也促进了教育公平，使优质教育资源得以跨越地理障碍，惠及更多学生。

尽管如此，虚拟仿真实验系统的发展也面临着一些挑战，如高昂的开发成本、难以完全复现真实世界经验等问题。未来，须通过技术创新与多方合作，降低成本、优化体验，实现虚拟与现实的深度融合，同时探索将人工智能、大数据等前沿技术整合进系统，以提供更加智能、个性化的学习路径。长远来看，虚拟仿真技术有望在教育领域发挥更广泛的作用，不局限于技能培训，还能应用于理论教学、创新思维培养等，助力构建终身学习的社会，培养适应未来需求的多元化人才，推动教育进入全新的发展阶段。

参考文献

[1] 尹春雷. 高铁综合运维的发展与展望[J]. 铁路通信信号工程技术, 2019, 16 (10): 106-110.

[2] 王保国, 张可新, 杨桉, 等. 高速铁路基础设施维护管理及综合维修体系研究[J]. 中国铁路, 2019 (3): 10-15.

[3] 魏秀琨, 所达, 魏德华, 等. 机器视觉在轨道交通系统状态检测中的应用综述[J]. 控制与决策, 2021, 36 (2): 257-282.

[4] 桂琼, 程小辉. 新工科物联网工程专业人才培养模式思考[J]. 高教学刊, 2018, 4 (12): 167-169.

[5] 陈善广. 虚拟现实仿真技术与应用[J]. 应用基础与工程科学学报, 1996, 4 (1): 106-112.

[6] 邹湘军, 孙健, 何汉武, 等. 虚拟现实技术的演变发展与展望[J]. 系统仿真学报, 2004, 16 (9): 1905-1909.

[7] 茹亚磊. 虚拟现实技术的发展及其行业应用[M]// 谢思全. 天津文化创意产业发展报告 (2017~2018) [M]. 北京: 社会科学文献出版社, 2018.

[8] 熊宏齐. 虚拟仿真实验教学助推理论教学与实验教学的融合改革与创新[J]. 实验技术与管理, 2020, 37 (5): 1-4, 16.

[9] 段峰, 王耀南, 雷晓峰, 等. 机器视觉技术及其应用综述[J]. 自动化博览, 2002, 19 (3): 59-61.

[10] 章炜. 机器视觉技术发展及其工业应用[J]. 红外, 2006. 27 (2): 11-17.

[11] 度申科技. 线阵相机：原理，技术及应用[EB/OL]. (2022-08-11)[2024-05-07]. https://mp.weixin.qq.com/s/ MVpCfxmDKpqGatd2odYVCA.

[12] 王建柱, 李清勇, 张靖, 等. 轨道病害视觉检测：背景、方法与趋势[J]. 中国图象图形学报, 2021, 26 (2): 287-296.

[13] 韩强. 基于机器视觉的轨道结构部件动态检测方法与技术研究[D]. 北京: 北京交通大学, 2021.

[14] Dosovitskiy A, Beyer L, Kolesnikov A, et al. An Image is Worth 16×16 Words: Transformers for Image Recognition at Scale[C]// Proceedings of the 9th International Conference on Learning Representations, 2021.

[15] 面向高铁轨道巡检的视觉感知虚拟仿真实验[CP/OL]. 北京: 北京交通大学, 2024. https://www.ilab-x.com/details/page?id=12093&isView=true.

[16] 彭文娟, 李清勇, 周围, 等. 高铁智能运维虚拟仿真实验设计与应用[C]// 第六届中国计算机实践教育学术会议暨第十五届全国高等学校计算机实践教学论坛. 桂林, 全国高等学校计算机教育研究会, 2022:49-56.

第 8 章　下一代轨道巡检技术

随着高速铁路网络的快速发展，轨道安全已成为日常运营中的关键环节。为了应对这一挑战，下一代轨道巡检技术正逐步引入先进的大数据分析与大模型应用，以提高检测精确率与效率，从而保障列车运行的安全性。本章将对这两种新兴技术在高速铁路安全维护领域中的具体应用及所面临的挑战进行介绍。

8.1　基于大数据的轨道巡检

如今，多种类型的传感器和无损检测（nondestructive evaluating，NDE）技术广泛应用于高速铁路轨道基础设施伤损检测。传统上，轨道巡检由巡线工人完成，巡线工人沿着轨道行走，通过视觉和听觉检测潜在轨道伤损。虽然人工巡线存在作业危险、效率不高等缺点，但是这种检查方式至今仍在大多数铁路网络中广泛应用。超声波检测是一种成熟的技术，用于检测钢轨内部伤损，但其无法发现钢轨表面伤损。作为替代，涡流检测方法可以检测表面和近表面裂纹，但是涡流探头对于“升空距离”（指探头接收面与钢轨表面的垂直距离）比较敏感：升空距离太低时，探头容易损坏；升空距离太高会产生严重噪声，影响检测性能。近年来，轨道巡检设备的研究受到广泛重视，研究者研发了多种新型 NDE 设备，包括高速相机、无人机等。

轨道巡检出现了两个明显趋势：多传感器综合感知和以数据为中心的检测系统。首先，轨道巡检系统应用多种类型的传感器，包括车载传感器、地面传感器、气象传感器等。车载传感器安装在巡检列车上，包括但不限于超声波探头、2D/3D 摄像头、磁粉探伤仪和涡流检测器等。地面传感器固定在高速铁路线路的特定位置，用于监测特定对象，如重要的铁路桥梁和隧道等。此外，气象传感器普遍用于观测天气要素，用于灾害天气预报与防治。其次，多种类型传感器采集的数据被存档，形成多源、异构的数据库甚至数据仓库。该数据库对于伤损检测和统计建模非常有用，因为它集成了由不同传感器捕获的多源数据，并且汇聚了历史数据。传统检测系统是以“计算为中心”，强调准确处理单一来源数据或即时数据。但是，随着多源异构数据库的形成，检测系统需要以“数据为中心”，综合分析与挖掘不同类型的传感器数据，形成轨道巡检新范式[1]。

随着新型传感器和信息技术的发展，轨道巡检数据的数量和复杂性都在迅速增加。这些数据包括来自不同传感器的多模态数据，如超声波、涡流和图像、视频等。这种多样化数据集为轨道巡检提供了丰富的信息来源，但同时也带来了分析和处理的挑战。

轨道巡检大数据具有以下特点。

（1）数据量大：轨道巡检过程中收集的数据规模非常庞大，尤其是高速检测设备和高分辨率传感器产生海量的感知数据。例如，视觉检测系统的高清彩色相机每巡检 10 km，就可以产生超过 1 GB 的图像、视频。

（2）多样性强：轨道巡检系统往往应用多种类型的传感器，它们产生不同类型的数据。例如，车载传感器的摄像头产生图像、视频，振动传感器捕获波形数据，气象传感器产生时间序列和结构化数据等，这些数据往往结构复杂，形式多样。

（3）生成速度快：轨道巡检作业速度快，传感器数据的生成和处理速度要求非常高，尤其是在实时检测和在线监测系统中。例如，轨道裂纹是一种非常严重的轨道伤损，可能会导致列车脱轨，因此，超声检测时需要实时识别并报警。

（4）数据干扰大：巡检数据始终面临一致性、可靠性的挑战。首先，部分数据是由巡检人员收集，不可避免地带有主观性。其次，大多数传感器安装在高速行驶的列车上，在开放的环境下作业，生成的数据很容易受到移动设备和开放环境的噪声干扰。

（5）数据价值高：轨道巡检数据非常有价值，可以用于以下几个层面。首先，它们用于实时监测轨道健康状态，以发现某些伤损，如超声波数据有助于检测轨道内部伤损。其次，这些数据被存档形成大型数据库，具有历史回溯、趋势分析及退化或故障预测的潜力。最后，这些数据及其数据库可以用于构建维修养护模型，以支持决策维护需求和安排维护活动。需要注意的是，这些定量模型对于不同铁路系统的最佳维护非常必要。

针对轨道巡检技术发展趋势及巡检大数据特性，基于大数据的下一代轨道巡检系统框图如图 8.1 所示。

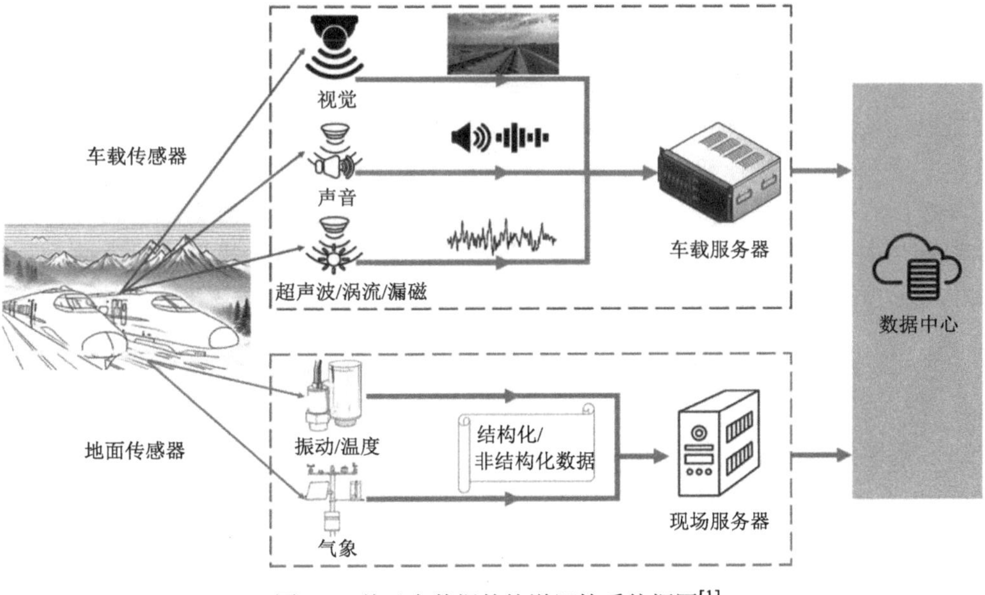

图 8.1　基于大数据的轨道巡检系统框图[1]

该系统包括全面感知、综合分析和智能决策三个层次。

第一层执行全面感知功能。车载传感器从不同方面捕捉铁路基础设施的状态。例如，摄像头获取钢轨表面的状况，超声波探头检测轨道内部结构的状态，振动传感器捕获轨道平顺状态信息。地面传感器监测特定的对象（如铁路桥梁和隧道）并捕捉其实时状态。此外，气象传感器也用于观测和预测天气灾害等自然条件。

第二层执行综合分析功能。数据预处理和综合分析是核心内容。车载传感器捕获的数据首先传输到车载服务器并完成必要的分析，然后以离线方式同步到数据中心。地面传感器获取的数据首先在边缘端（现场服务器）进行处理，然后通过专有网络传输到数据中心。需要注意的是，这些数据是异构的，需要通过空间和时间信息进行关联对齐。此外，这些数据需要去除噪声并检查完整性、一致性。

第三层执行智能决策功能。数据中心汇聚多种类型的感知数据，这些数据在空间上具有局部性和全局性，在时间上既包含历史记录也包括实时状态数据。基于巡检对象和巡检目标，系统应用先进的机器学习和数据挖掘算法，深度挖掘数据背后隐藏的规律与模型，准确检测轨道伤损，有效预测轨道基础设施使用寿命，并为基础设施养护维修提供辅助决策支持。

基于大数据的轨道巡检技术可以从以下几个方面提升轨道巡检的效率和效果。

（1）数据管理：数据仓库和分布式数据库技术可以有效地存储和管理海量数据，将来自不同传感器的数据进行归集和管理，以便在统一的平台上进行分析和处理。

（2）数据清洗：数据清洗和预处理技术用于去除感知数据的噪声和冗余信息，提高数据质量。常用的方法包括滤波、降噪、数据标准化等。

（3）伤损检测：应用先进机器学习和模式识别技术，从海量数据中提取有用的特征和模式，用于识别轨道伤损。例如，卷积神经网络等深度学习技术可以在大规模图像数据中自动检测和分类伤损。

（4）预测性维护：基于大数据分析，系统可以对基础设施的健康状态进行预测，提前识别可能发生的故障，从而实现预防性维护。

虽然大数据技术为轨道巡检带来了许多优势，但其应用也面临一些挑战。首先是数据隐私与安全，在大规模数据集成和共享的过程中，如何保护数据的隐私和安全是一个重要问题。其次是计算资源与效率，处理海量数据需要强大的计算资源，如何提高计算效率和降低能耗是需要解决的关键问题。最后是模型的解释性，机器学习模型，尤其是深度学习模型，往往缺乏可解释性，这可能影响分析结果的信任度和可用性。

8.2 基于大模型的轨道巡检

在深度学习背景下，2018 年是大规模语言模型（large language model，LLM）发展的重要转折点，基于语言模型的词嵌入（embedding from language models，ELMo）的提出具有里程碑的意义[2]。该模型通过预训练一个双向的 LSTM（bidirectional LSTM BiLSTM）网络来学习上下文感知的词表示。随后，基于自注意力机制的 Transformer 架构在大多数自然语言处理任务上取得了显著的效果。这促使生成式预训练（GPT）的提出，它基于 Transformer 的解码器构建了从左到右预测下一个词的单向语言模型。GPT 通过采用传统的语言模型建模作为学习目标，大幅提升了模型预测未来的能力。后续的研究通过加入多任务学习、增加预训练参数和语料规模，进一步提升了 GPT 在自然语言生成上的能力，并为 ChatGPT 等近年来兴起的生成式人工智能应用奠定了基础。

研究人员进一步发现，扩大模型的参数规模或者预训练语料数据规模可以使语言模型遵循一种扩展法则，从而不断提高下游任务的性能。因此，学术界涌现了一批不同尺寸或者在不同规模语料上的大语言模型，如 1750 亿参数的 GPT-3 和 5400 亿参数的 PaLM。随着模型参数量的增大，大语言模型逐渐展现出处理复杂任务的能力，包括上下文学习解决小样本学习任务的能力、指令遵循能力和思维链的能力。

上下文学习能力是指当为语言模型提供一个自然语言指令和几个指令对应的演示示例时，模型可以很好地完成测试示例。这种方式使得模型无须微调，在解决小样本学习任务上具有显著的优势。指令遵循能力是指经过在自然语言描述的通用指令数据集上进行微调（称为指令微调，通常包含丰富多样的任务指令）后，LLM 可以在未见过的、以指令形式描述的任务上表现出色。思维链能力是指通过利用包含多个中间步骤的提示机制，使得模型具有解决包含多个推理步骤任务的能力。

随着预训练模型技术的发展，受到大规模语言模型的启发，视觉大模型相继涌现。视觉图像转换器（visual image transformers，ViT）[3]将图像划分成多个图像块（patch）（类似自然语言的词），并将其输入 Transformer 编码器的架构中。在图像分类任务上，ViT 取得了显著的效果。然而，ViT 在处理同语义目标的不同尺寸问题及高分辨率图像计算量大的问题上存在局限性。为解决这些问题，Liu 等[4]引入一种包含滑窗操作、具有层级设计的 Swin Transformer。该方法通过将注意力计算限制在一个窗口中，在引入 CNN 卷积操作局部性的同时节省了计算量。Swin-Transformer 在视觉目标检测和语义分割任务上实现了较大的性能提升。

基于掩码自编码器（masked auto encoder，MAE）[5]采用类似 BERT 的完形填空方式进行预训练。该方法通过随机掩膜（mask）掉图片中一定比例的图像块，然后重建这部分的像素值，实现了对数据的压缩。此外，该模型还通过反向映射解码器将压缩后的特征向量恢复为原始输入数据，实现数据的重构。

与此同时，对比语言图像预训练（contrastive language-image pre-training，CLIP）[6]模型打破了固定种类标签的限制，采用自然语言监督信号来训练视觉模型。该方法无须对图像进行标注，将图像和文本联系到一起，学习到的不仅仅是视觉特征，而是一个多模态的特征。CLIP 使用对比学习的损失函数联合训练文本编码器和图像编码器，桥接视觉和语言两个模态。这种方法有效地建模了多模态的表示空间交互。

在工业界，华为公司研发的盘古 CV 大模型包含 30 亿参数，在图像数据库 ImageNet 1%、10%数据集上的小样本分类精确率达到了业界最高水平，极大地减少了通用视觉大模型的训练成本。此外，上海人工智能实验室联合商汤科技公司、香港中文大学、上海交通大学共同发布了新一代通用视觉技术体系“书生”（INTERN），旨在解决当前人工智能视觉领域中存在的任务通用、场景泛化和数据效率等一系列瓶颈问题。

近年来，自然语言处理和计算机视觉领域都取得了飞速的发展，然而很多实际问题本质上是多模态的，即它们同时涉及几种不同形式的数据，如图像和文本。因此，需要视觉语言模型来帮助解决一系列组合模态的挑战。多模态视觉语言模型在诸如图像标题生成、文本引导图像生成、文本引导图像操作和视觉问答等具有挑战性的任务中表现出色。视觉语言模型通常包括图像编码器、文本编码器和融合策略三个关键元素。

随着物联网和人工智能的发展，轨道基础设施运维由人工模式逐步过渡到“自动采集、离线分析和人工复核”的模式。由于在钢轨表面图像采集中难免受到环境、气候条件、光照等的影响，图像背景往往噪声较高，伤损表面也通常复杂多样，这给轨道伤损自动检测带来了极大挑战。当前，轨道伤损检测工作主要面临以下问题与挑战。

（1）领域内能够采集到的真实轨道伤损样本较少，数据分布高度不平衡。

（2）绝大多数现有系统都是针对不同的检测对象（如钢轨、扣件、轨道板等）和检测任务（如钢轨表面擦伤、钢轨波磨等）定制独立模型，这种“单模型”在实际应用中的虚警率往往偏高，用户需要比较多的人工复核，且系统的部署和更新也比较困难。

（3）目前关于预训练大模型技术在轨道伤损检测垂直领域的研究较少，且绝大多数现存系统只以轨道图像“单模态”信息作为输入，未曾充分探索如“文本+图像”的双模态表征技术。

面向轨道交通基础设施伤损检测的视觉语言大模型覆盖多种轨道伤损检测任务，支持“文本+图像”双模态输入、理解与生成，可以有效提升轨道交通基础设施伤损检测性能与效率。基于大模型的轨道巡检主要包括两个方面的内容。

首先是面向轨道交通基础设施伤损检测的视觉语言多模态预训练方法。其核心内容是从预训练好的冻结的轨道图像编码器和冻结的大规模语言模型中进行视觉语言预训练，如图 8.2 所示。预训练采用一个轻量级的多模态特征融合模块弥补模态上的差距，对齐视觉和语言表征。该多模态特征融合模块通过使用一组可学习的查询向量从冻结的轨道图像编码器中提取轨道图像视觉特征，为大规模语言模型的输入文本提供最有用的视觉特征。该多模态特征融合模块分两个阶段进行预训练：第一阶段从固定的轨道图像编码器中学习视觉语言表示，实现视觉语言多模态特征融合；第二阶段从固定的语言模型中引导视觉到语言的生成学习。其次是基于大模型的轨道伤损识别，多模态大模型自动分析输入轨道图像，判定图像中是否存在伤损，并进行语言交互。

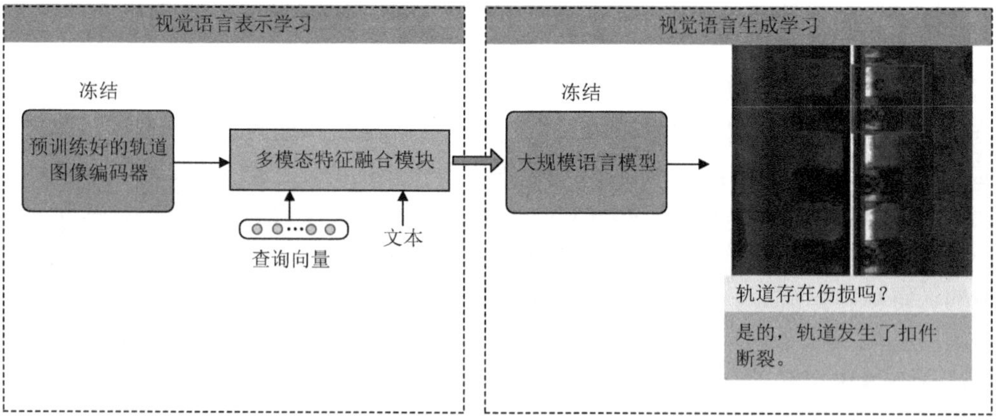

图 8.2　面向多种轨道伤损检测任务的视觉语言大模型架构图

1. 视觉语言多模态特征融合

多模态特征融合模块作为可训练模块，用以弥合冻结的轨道图像编码器和冻结的大规模语言模型之间的差距。其结构示意图如图 8.3 所示，多模态特征融合模块基于 Transformer 模型，由两个子模块组成，即图像和文本它们共享相同的自注意力层。

（1）图像 Transformer，与冻结的轨道图像编码器进行交互，以提取与文本最相似的视觉特征。

（2）文本 Transformer，既可以作为文本编码器又可以作为文本解码器。

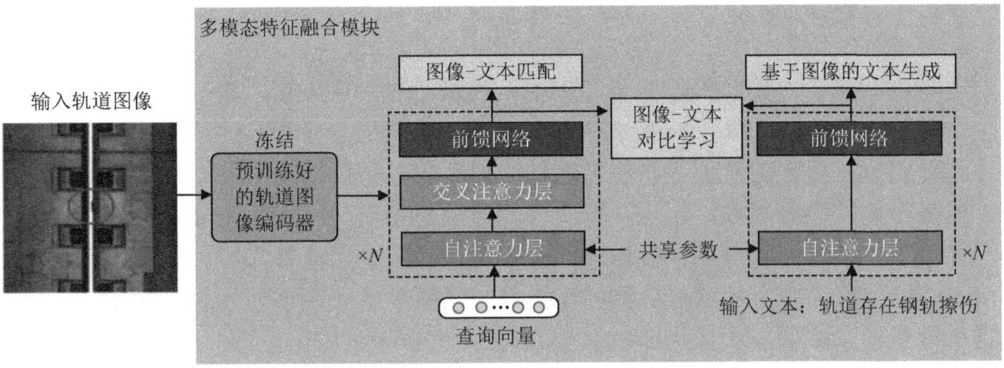

图 8.3　多模态特征融合模块结构示意图

图像 Transformer 的输入是一系列可学习的查询向量。文本 Transformer 的输入是词嵌入。查询向量可以同时与自身、轨道图像编码器提取到的图像特征及文本编码器的文本向量进行交互以实现各种学习目标。

在表示学习阶段，多模态特征融合模块将连接到改进后的掩码图像建模方法预训练得到的轨道图像编码器，并使用覆盖多种轨道伤损检测任务的轨道图像-文本对进行预训练。训练目标是使得图像 Transformer 提取到与文本最相关的视觉表示。具体地，通过以下三个训练目标对多模态特征融合模块进行训练。

（1）图像-文本对比学习：学习对齐图像表示和文本表示，使得它们的相互信息最大化。通过对比正例图像-文本对和负例图像-文本对的相似性来实现。

（2）基于图像的文本生成：训练多模态特征融合模块在给定输入轨道图像的条件下生成文本。

（3）图像-文本匹配：旨在学习图像和文本表示之间的细粒度对齐。这是一个二元分类任务，要求模型预测图像-文本对是正的（匹配的）还是负的（不匹配的）。本项目将采用难例挖掘（hard negative mining）技术来生成负样本，以提升模型对难样本的处理能力。

2. 视觉特征增强的语言生成

在生成预训练阶段，将多模态特征融合模块及冻结的轨道图像编码器连接到冻结的大规模语言模型，以获取语言模型的生成语言能力。具体地，模型使用一个全连接层将多模态特征融合模块输出的查询嵌入（embeddings）投影到与大规模语言模型的文本 embeddings 相同的维度中。然后将投影的查询 embeddings 添加到输入文本 embeddings 中，作为视觉提示。基于视觉提示，大模型可以完成与轨道巡检相关的伤损识别和语言生成等功能。

当然，大模型技术发展日新月异，随着技术的进步以及轨道巡检图像和知识库的完善，未来轨道巡检大模型在识别精度提升，以及养护维修方案生成等方面具有非常广阔的发展潜力。

8.3 本章小结

随着物联网、大数据和人工智能等新一代信息技术的发展，高速铁路轨道巡检呈现两个显著特征：多传感器综合感知和以数据为中心的综合分析。传统的轨道伤损检测模型往往针对单一检测对象而设计，巡检系统则集成多个伤损检测模型，存在“数据孤岛”和“模型不协同”等困难。因此，下一代轨道巡检系统将往两个主要方向发展。其一是基于大数据的轨道巡检技术，轨道巡检将由面向单模态、计算为中心的技术演进为面向多模态、以数据为中心的综合检测技术；其二是基于大模型的轨道巡检技术，它将基于先进的视觉语言多模态大模型研制轨道巡检领域的专用大模型，进一步提升轨道巡检系统的智能化水平。

参考文献

[1] LI Q Y, Zhong Z D, Liang Z P. Rail inspection meets big data: Methods and trends[C]// 2015 18th International Conference on Network-Based Information Systems. Taipei, IEEE, 2015: 302-308.

[2] Peters M, Neumann M, Iyyer M, et al. Deep contextualized word representations[C]// Proceedings of the 2018 Conference of the North American Chapter of the Association for Computational Linguistics: Human Language Technologies. New Orleans, NAACL, 2018: 2227-2237.

[3] Dosovitskiy A, Beyer L, Kolesnikov A, et al. An image is worth 16×16 words: transformers for image recognition at scale[J/OL]. arXiv preprint arXiv:2010.11929, 2020[2024-05-07]. https://arxiv.org/abs/2010.11929.

[4] Liu Z, Lin Y T, Cao Y, et al. Swin transformer: Hierarchical vision transformer using shifted windows[C]// Proceedings of the IEEE/CVF International Conference on Computer Vision. Montreal, IEEE/CVF, 2021:10012-10022.

[5] He K M, Chen X L, Xie S N, et al. Masked autoencoders are scalable vision learners[C]// Proceedings of the IEEE/CVF Conference on Computer Vision and Pattern Recognition. New Orleans, IEEE/CVF, 2022: 15979-15988.

[6] Radford A, Kim J W, Hallacy C, et al. Learning transferable visual models from natural language supervision[C]// Learning transferable visual models from natural language supervision. In International Conference on Machine Learning, 2022: 8748-8763.